市场营销核心课程规划教材

Marketing Textbooks Series

品牌管理学

■ 瞿艳平　主编

国家一级出版社
全国百佳图书出版单位

图书在版编目(CIP)数据

品牌管理学/瞿艳平编著.—厦门:厦门大学出版社,2012.3(2020.8 重印)
ISBN 978-7-5615-4091-6

Ⅰ.①品… Ⅱ.①瞿… Ⅲ.①品牌-企业管理:质量管理-高等学校-教材
Ⅳ.①F273.2

中国版本图书馆 CIP 数据核字(2011)第 213167 号

厦门大学出版社出版发行
(地址:厦门市软件园二期望海路 39 号 邮编:361008)
http://www.xmupress.com
xmup @ public.xm.fj.cn
厦门兴立通印刷设计有限公司
2012 年 3 月第 1 版 2020 年 8 月第 2 次印刷
开本:787×1092 1/16 印张:11
字数:258 千字 印数:3 001～4 000 册
定价:29.00 元

前　言

我们已经步入21世纪的知识经济时代，随着我国现代市场经济的快速发展，企业的发展模式已经从资源导向型转变为市场导向型，企业要想占领市场就必须具有强大的竞争力；我国已经加入WTO，企业将从依靠国家政策保护完全转入自由市场竞争。我国企业要想迎头挑战国际上实力强大的企业或企业集团，就必须强化竞争意识，建立和提高企业竞争能力，有效地改善参与市场竞争的环境和条件。因此，加快步伐，培养和树立竞争意识，在企业内部和企业之间强化竞争机制，促进企业在竞争中求生存、求发展。

当我们开始审视品牌时，却猛然发现：品牌已经进入了国际竞争时代！从国内情况看，许多名牌只是昙花一现。改革开放短短三十余年来，国际知名品牌已经占领了中国大片国内市场，企业之间的竞争已从产品竞争转向品牌竞争。品牌管理已经受到越来越多企业的重视，它是企业竞争力的新源泉。

在编写本书的过程中，作者始终贯彻从严治学的指导思想，使之具有如下特点：

第一，以全面推进素质教育为着眼点，以教育部《普通高等教育教材建设与改革的意见》为指导，面向现代化，面向未来，面向经济全球化，充分考虑学科体系和知识体系的完备性、系统性和科学性，同时适应培养高素质、创新型、复合型专业人才的需要，并力求教材具有体系新、内容新、资料新、方法新的特点。

第二，在选择教材内容以及确定知识体系和编写案例时，注意素质教育和创新能力、实践能力的综合培养，为学生在基础理论、专业知识、业务能力以及综合素质的协调发展方面创造条件。

本书适合作为大专院校营销管理、工商管理、旅游管理、公共管理等专业本科生和研究生(包括MBA)教材或参考教材，也可供企业的品牌管理人员及中高层营销管理人员阅读和参考。

本书在编写过程中，参考了许多著作和资料，特向这些作者表示由衷的感谢，并感谢厦门大学出版社的江珏玙老师及其他几位老师对本书的策划与编写提出的许多有益的建议。由于本人的水平有限，书中如有不当与遗漏之处，敬请读者批评指正。

编者

2012年1月

目 录

第 1 章

品牌管理概述

第一节　品牌管理理论起源

品牌现象可以追溯到古希腊、古罗马时代，以及中国的商周时期，品牌最初作为产品识别和保护的这些原始功能一直延续至今。直到 McElroy(1931)提出和建立品牌经理制和品牌管理系统时，品牌实践才开始真正繁荣起来。品牌理论研究的专业化，严格地说，到 1950 年世界著名广告大师 Ogilvy 和 Levy 在《哈佛商业评论》上发表《产品与品牌》一文才算正式开始。品牌管理开始主要依附于广告学和市场营销学，随后进入管理学、消费经济学和消费心理学的视野，到 20 世纪 80 年代，又进入了会计学的研究范畴(如品牌资产理论等)，本节将对此进行介绍。

一、品牌传统观点

品牌传统观点主要有如下几个：

(一)符号说

美国市场营销协会(AMA)定义委员会(1960)认为，品牌是用以识别一个或一群产品或劳务的名称、术语、标记、符号或设计，或是它们的组合运用，其目的是借以辨认某个销售者或某群销售者的产品或服务，并使之同竞争对手的产品和服务区别开来。美国管理协会认为，品牌是经营者或经营者集团为了使其产品或服务与其他竞争者有所区别，而赋予其产品或服务的名称、术语、记号、象征、设计，抑或是上述方式的结合(Peter D. Bennelt，1998)。Philip Kotler(1997)认为，品牌就是一个名字、称谓、符号或设计，或是上述方式的总和，其目的是要使自己的产品或服务有别于其他竞争者，从本质上说，品牌是销售者向购买者长期提供的一组特定的特点、利益和服务的允诺和质量的保证。同时，他还认识到品牌是一个更为复杂的符号，它表达了六层含义，即属性、利益、价值、文化、个性和使用者。美国学者 Lynn B. Upshaw(1995)则认为，品牌是名称、标识和其他可展示的标记，使某种产品或服务区别于其他产品或服务。

(二)情感说

Burleigh B. Gardner 和 Sidney J. Levy(1955)发表的第一篇有关品牌的论文是具有

创新性的，他们阐明了下列原理：品牌的发展是因为品牌具有一组能满足顾客理性和情感需要的价值，品牌的创建要超越差异性和功能主义，它应该注重开发一种个性价值，因此，品牌管理的一项任务就是要建立品牌的个性，创造性地运用广告资源来为品牌建设（即企业的长期收益）投资。

Lannon 和 Cooper(1983)坚持了品牌创建中的情感主题，他们运用人类学与心理学的理论对这一课题的研究作出了贡献，并指出美国的广告方式（广告是信息传播的工具）和欧洲的广告方式（广告是神话和仪式的具体化，即它使人们可以看到品牌如何随着文化而演变）的不同特点。英国品牌界(1989)普遍认为，一个品牌是消费者意识感觉的简单收集。Lambin(1993)指出，许多经理仍然十分强调产品功能性价值的重要性，而不关注建立其可持续发展的品牌心理价值，事实上，竞争对手能很快地模仿产品的功能特性，但要建立起一个品牌的心理价值却需要花费很长时间。Lannon(1994)又发展了上述观点，并利用人类学来探索品牌作为一种象征性手段所增加的价值。

（三）综合说——生产、营销与时空的结合

世界著名广告大师 David Ogilvy(1955)认为，品牌是一种错综复杂的象征，它是品牌的属性、名称、包装、价格、历史、声誉、广告风格的无形组合，品牌同时也因消费者对其使用的印象及自身的经验而有所界定。Lynn B. Upshaw(1995)从可视而不是隐藏于可视背后的角度谈及品牌特征时说，品牌是消费者眼中的产品和服务的全部，也就是人们看到的各种因素集合起来所形成的产品表现，包括销售政策、人性化的产品个性以及两者的结合等，或是全部有形或无形要素的自然参与，比如，品牌名称、标识、图案这些要素等。而王海涛认为，广泛意义上的品牌包括三个层次的内涵：首先，品牌是一种商标，这是从其法律意义上说的；其次，品牌是一种牌子，是金字招牌，这是从其经济或市场意义上说的；再次，品牌是一种口碑、一种品味、一种格调，这是从其文化或心理意义上说的。何君等认为，品牌不仅是不同企业产品的标识，更多的是营销价值资讯，这些资讯逐渐被市场广泛了解和接受，在消费者心中就成为特定的消费价值、消费情感的代表。

黄昌富(1999)认为，品牌是一个系统，一个包括产品与服务功能要素（如用途、品质、价格、包装等）、厂商和产品的形象要素（如图案、色调、广告、音乐等）、消费者的心理要素（如对企业及其产品和服务的认知、感受、态度、体验等）在内的多维综合体。

Chernatory 和 McDonald(1998)认为，一个成功的品牌能帮助顾客识别产品、服务、人员或地方，把品牌加在产品、服务、人员或地方上，能使购买者或使用者感受到与最好地满足他们需要相关的独特的增加价值，而且品牌的成功源于其在竞争环境下，能持续地保持这些增加的价值。

（四）浅层关系说——狭隘的关系营销

奥美公司认为，品牌是消费者与产品的关系，消费者才是品牌的最后拥有者，品牌是消费者经验的总和。Michael Perry 认为，品牌是消费者如何感受一个产品，它代表消费者在其生活中对产品和服务的感受而产生的信任、相关性与意义的总和。David Arnold 认为，品牌就是一种类似成见的偏见，成功的品牌是长期持续地建立产品定位及个性的结果，消费者对它有较高的认同。Alvin A. Achenbaum(1993)认为，使一个品牌与无品牌的同种产品相区别并使该品牌具有净值，是消费者对产品特征、产品功能、品牌名称以及名称所代表的意义和使用这一品牌的公司的总体感觉和知觉。Kevin Lane Keller(1998)也这样认同，品牌源于消费者反应的差异，如果没有差异发生，那么具有品牌名称的产品本质上仍然是一般的类别意义上的产品，而反应中的差别是消费者对品牌理解的结果，虽然公司通过其营销计划和其他行为为品牌提供了激励，但最终品牌是留存在消费者头脑中的东西，品牌是一个可感知的存在，植根于现实之中，但映射着个人的习性。王新新(2000)认为，品牌是一种关系性契约，品牌不仅包含物品之间的交换关系，而且还包括其他社会关系，如企业与顾客之间的情感关系。苏晓东等(2002)认为，品牌是一种复杂的关系符号，它包含了产品、消费者与企业三者之间的关系总和。

(五)资源说——会计、经济与市场中价值

Alexander L. Biel 认为，品牌资产是一种超越生产、商品及所有有形资产以外的无形资产，其带来的好处是可以预期未来的收益远超过推出具有竞争力的其他品牌所需的扩充成本。而陈伟航则指出，品牌会渗透人心，从而形成不可泯灭的无形资产，品牌资产的妥善运用可以给企业带来无穷的财富。韩志锋认为，品牌是企业内在属性在外部环境中创造出来的一种资源，它不仅是企业的内在属性在外部环境集中体现出来的(外化的)有价值的形象标志；而且因为其能整合企业外不同资源对企业内在属性发展产生的反作用，它更是一种资源。这些品牌定义方式，着眼在品牌的“价值功能”上，其侧重点在于品牌在市场营销中的作用，它主要站在经济学、财务会计学、市场营销学的立场上，从品牌的外延，如品牌资产方面进行阐述，突出品牌作为一种无形财产时能给企业带来多大的财富和利润，能给社会带来什么样的文化及时尚等价值意义。

(六)浅层媒介说——艺术层面的视角

余明阳(2002)认为，品牌是在营销或传播过程中形成的，用以将产品与消费者等关系利益团体联系起来，并带来新价值的一种媒介。这一定义，是在整合“生产和流通”两个层面上从品牌的“媒介功能”的角度来阐述的，强调了两点内容：第一，品牌是一种媒介，它将企业内部的生产与企业外部的环境联系起来；第二，强调品牌的形成是一种互动的传播过程，它既需要企业赋予产品一定的附加信息，又需要消费群体将自己的感觉、情感、态度附于品牌之上反馈给企业。

综观传统品牌的各种观点，它们存在五个方面的共性：一是其展开品牌定义的对象前提都是基于营利性组织，即经济现象的角度；二是只承认品牌的精神文化属性，即非物质性；三是它只是某种标记或符号，即静态性；四是品牌具有识别性，是用来区别主客体的；五是对品牌结构的理解，一般认为它是名称、标志、颜色等构成的显性要素。

传统品牌理论具有片面性，主要体现在以下五个方面：

(1)品牌存在的意义是广泛的，不仅仅体现在经济方面，更体现在社会、市场、文化等多个层面。

(2)品牌作为一个概念不仅是对该事物的抽象概括，它具有浓厚的观念、精神、文化特征，但同时也是具体的、物质的、动态的。没有可以脱离物质而独立存在的品牌，也没有可以脱离其观念、精神、文化属性而成为品牌的物质。品牌具有双重属性，即精神属性与物质属性，它是观念、精神、文化与一定经济、物质载体的融合物，这是品牌成立的必要条件。

(3)只看到了品牌的名称、标志与颜色等外在视觉要素构成的某种形象，而没有看到品牌构成来源的复杂性、丰富性、生态性。

(4)品牌不仅要由外在视觉要素决定的某种标准来构成,还要有完整的观念、精神、文化及其派生的如政治、生命等标准,以及与其物质载体的结合标准、行为文化系统的统一规范,以及由此形成的战略标准、管理标准、对内对外的一致性策略等来共同完成同一目标,因此品牌的含义不仅仅包括静态的符号、名称和颜色,它们只是品牌构成的一小部分。能够使某一事物达到品牌这种境界或程度的标准,来源于对品牌的整体性规划与缔造,而识别其要素也不仅限于视觉系统,单纯拥有良好视觉系统的组织有许多,但并不能因此成为现实意义上的品牌,充其量只能说,它具备了一定的识别能力或一定的审美水准。但是,它绝对不能替代经营水平,更不能因为单纯的视觉设计的美感而使企业成为强势品牌企业。

(5)传统的品牌解释并没有把品牌作为一种经济模式来观察,而是将其作为一种"样式",抹杀了它作为一种经济模式与经营模式的本质特点来论述品牌,从而失去了研究它的理论基础,使品牌成为一种不可知的东西。

二、品牌近现代观点

品牌近现代观点主要有以下几种:

(一)深层关系说:利益相关者互动

Tom Duncan 和 Sandra Moriarty(1998)基于 James F. Moore(1996)的"商业生态系统演化理论"、Evert Gummesson 的"想象结构"观点以及 Richard Norman 和 Refael Ramirez(1993)的"价值星座"认识,发展出了"价值范畴"的概念,并在此基础上提出了一种全新的品牌资产方程式,即"品牌资产=品牌支持度+品牌关系+沟通",同时他们还发展了追求品牌资产价值的十大策略——品牌关系驾驭法则,并认为,真正的品牌是存在于关系利益人的想法和内心的,数据库营销(Datebase Marketing,DM)以及整合传播营销(Integrated Marketing Communications,IMC)都只不过是整合营销不可或缺的一环,即冰山一角而已。"品牌整合模式"就是这种观念下的产物,但是,这种认识也不能代表品牌的全部,其只是一种从市场、社会的宏大角度进行"拍摄"的图片。

(二)品牌哲学说

陈放(2002)认为,品牌哲学是指从哲学高度研究品牌及其运动的基本哲学规律,并从哲学层面上为品牌实践提供指导。年小山(2003)认为,品牌是在整合先进生产力要素、经济要素的条件下,以无形资产为主要经营对象,以文化为存在方式,以物质为载体,具备并实行某种标准与规范,以达到一定目的为原则,并据此设定自身运动轨迹,因而带有显著个性化倾向的、具备优势存在基础的相关事物,它是精神、物质、行为有机融合的统一体。人的价值观决定着社会以及其中的各种组织的价值取向和人的以及人能动作用下的事物——品牌行为规范,因此,价值观念的转变是品牌变革最重要的前提。传统品牌观念是认识品牌本性的根基,而马克思主义哲学以及其他中西方哲学的思想和方法,则是认识品牌本性和架构深层品牌的助跑器。

(三)品牌生态说

随着现代网络经济的发展,传统的品牌管理理论与方法日渐落伍,为此,自 20 世纪

90 年代以来，国内外品牌学者一直在积极地寻求新的品牌理论和品牌管理模式。著名品牌战略专家大卫·A. 艾克([美]David A. Aaker，1998)在《创建强大的品牌》中明确提出了基于单个企业品牌系统的“品牌群”概念，并指出这是一个认识品牌的全新角度。随后，安格尼斯嘉·温克勒([美]Agnieszka Winkler，1999)在其著作《快速建立品牌：新经济时代的品牌策略》中提出并系统地探讨了“品牌生态环境”的概念和管理问题，并指出品牌生态环境是一个复杂的、充满活力的、不断变化的有机组织。

王兴元(1999，2000)则进一步扩展了名牌作为一种关系性契约的观点，明确提出“名牌生态系统”，并对名牌生态系统的构成、名牌生态环境、名牌生态系统的演化、名牌生态系统的核心竞争力及扩张性、名牌生态系统的竞争与合作，以及名牌生态系统的评价与诊断进行了具有开创性的探索。

张燚(2003)等人提出了“品牌生态系统”、“品牌生态管理”和“品牌生态学”的概念。所谓品牌生态系统，是一个由品牌与品牌产品、品牌拥有企业、企业股东、供应商、最终顾客、中间商、竞争者、金融机构、大众媒体、政府、社会公众、相关企业，以及品牌生态环境(包括社会、经济、文化、自然环境)等所组成的人工生态系统。所谓品牌生态管理就是对整个生态系统的管理。品牌生态管理除了构造企业内部品牌系统的战略外，还要通过组建相互关联、相互促进的品牌群(David A. Aaker，1998)来创造可持续的竞争优势。其目的不是对孤立的企业品牌系统进行投资，而是发展结构合理的品牌生态系统及其品牌关系，以便能够通过良好的合作与沟通产生生态协同效应，从而创造出远高于资本成本的收益，并带来持久的品牌价值和品牌力。品牌生态管理的实质就是要与利益相关者群体建立一种和谐共生的关系，塑造名牌，当然这并不排除品牌间的竞赛、争夺与对抗。而品牌生态学就是以生态学理论为基础，应用生态学的方法去研究以组织和人为核心的品牌生态系统的构造、功能、动态、系统组成成分间以及系统与周围生态环境间相互作用的规律，并利用这些规律优化系统结构，调节系统关系，提高组织运作能力和资源利用效率，以改善品牌“生态空间”，实现结构合理、功能高效和品牌关系协调的一门综合性科学。“品牌生态说”将成为解决企业品牌复杂性问题的一门指导性学科。

“品牌生态”的提出实现了四个根本性转变，把品牌理论与实践推向一个崭新的阶段。这四个根本性转变是：(1)从品牌个体研究转变到品牌系统研究；(2)从品牌系统研究转变到品牌生态系统研究；(3)从品牌生态系统研究转变到品牌生态自组织系统研究；(4)从品牌生态的要素和关系研究转变到品牌生态自组织系统的平衡与发展研究。这些理论为企事业组织提供了系统审视品牌及其生态系统的契机，使它们可以从品牌本质出发重新认识品牌的内涵，寻求品牌塑造的全新视野。因此，品牌生态研究将成为品牌理论发展与完善的重要趋势。

综观品牌管理的近现代观点，品牌哲学说是运用马克思主义哲学的思想和方法来认识品牌本性和架构深层品牌逻辑，它是我们认识深层品牌本性的重要方法。而品牌生态说则从生态学的角度来研究品牌建设与管理问题，它为品牌的管理和深入研究开创了新的视角和领域。尽管品牌哲学说和品牌生态说有许多不完善的地方，但这些学说必将成为品牌本性理论演化的重要方向，并将发展成为指导企业品牌塑造的重要指导理论和方法。

第二节 品牌管理的实践

一、西方国家的品牌管理发展历程

(一)1915—1929:品牌由职能部门管理

在此期间,品牌管理由企业内具有专业化知识的中层(或中高层)经理和广告机构承担。即把同一个品牌分配给两个或更多的职能经理及广告代理人来管理,这样虽然有利于发挥有关机构和人员的特长,但由于各方之间的利益冲突而使得品牌管理变得混乱和低效。

(二)1930—1945:品牌经理制出现

1929年爆发的全球性大危机使得生产者品牌受到了极大的挑战,因而促使企业寻找更有效的品牌方法。1931年宝洁公司首次为它的每一个品牌任命了一个品牌助理和品牌经理,并让他们负责协调各自品牌的广告和其他营销活动,品牌经理制于是应运而生。但是,在其诞生之后的一段时间内,这种管理方式并没有受到其他企业的重视。

(三)1950—1980:品牌经理制盛行

二战以后,西方各国经济出现了高速增长,品牌经理制开始盛行起来。以美国为例,到1976年,美国的大型包装类消费品生产企业中有84%设立了品牌经理,耐用消费品生产企业中也有34%设立了品牌经理。

(四)1980—1995:品牌整合观点形成

随着环境的变化,被世界上很多企业采用的品牌经理制表现出许多缺陷。首先,这种体制没有从整个企业的角度来对品牌进行管理,它把品牌决策权分散授予中下层管理者,造成了企业内部的过度竞争,也使得企业的整体品牌形象不好规划。其次,由于担任品牌经理的都是一些中基层管理者,比较年轻,他们需要业绩表现自己,所以他们很注重短期效应,这样会与企业的战略目标有冲突。这种分散的品牌管理方式,既浪费资源又不利于实现价值最大化,极容易使企业失去竞争优势。于是,越来越多的西方企业开始对原有的品牌管理体制进行调整。一种新的品牌管理方式——品牌整合应运而生。品牌整合就是企业把品牌管理的重点放在建立企业品牌(或旗帜品牌)上,明确企业品牌(或旗帜品牌)与其他品牌之间的关系,使他们能够相互支持。

(五)1995—至今:品牌关系管理出现

以上几种传统品牌观点的出发点在于提供产品、吸引和争取顾客、每次交易的价值最大化以及提升品牌资产,从而可见,品牌与顾客之间的关系实质上是一种短期的交易关系。随着企业的经营环境迅速、急剧地发生变化,传统的品牌管理已经越来越显得苍白无力。越来越多的企业经营者把眼光转移到品牌关系管理上来。品牌关系管理(Brand Relationship Management,简称BRM)是企业通过营销努力,建立、维持以及增强品牌与其顾客之间的关系,并通过互动的、个性化的、长期的、以增加价值为目的接触、交流与沟通来持续地增强这种关系,以达到盈利的目的。

二、我国的品牌管理发展历程

(一)品牌管理的史前阶段

我国企业在 1988 年之前,没有系统的品牌管理,企业偶尔给产品起个名字,一般不进行大规模宣传。因为在 20 世纪 80 年代初,我国改革开放刚开始,市场需求增长迅速导致整个市场很快就进入卖方市场,因此在这个阶段,企业的发展思路是大胆创新,进入不同的新的消费市场,满足不同消费者的需求。所以,这个阶段的许多企业大量引进国外的先进生产设备与技术,迅速满足增长的市场需求。此时的企业对整体管理水平、服务水平和产品质量都不是很重视,因为当时只要有产品就有市场,是不需要品牌的。但随着时代的发展和西方的一些管理理论的引进,品牌意识在一些企业开始产生。

(二)品牌经营阶段

1989 年到 1993 年前,由于许多产品已经出现了供过于求的情况,企业开始运用新的营销手段,扩大市场,进入品牌经营阶段。1989 年之后,真正意义上的促销与宣传广告开始进入营销界,例如:春都 57 万元上中央电视台,杉杉 6 万元上上海电视台,等等。一些企业开始在运用广告宣传自己的品牌,虽然广告费用投入不大,但却取得很好的效果。在这个阶段,只有那些率先进行广告投入,提高质量和品种的企业,才能迅速得到消费者的认可。因而,这些率先进行广告宣传的企业也就迅速取得了销售领先的地位,在全国的知名度迅速提升,最终成长为现在我国市场上的名牌。

(三)大力推广品牌阶段

1993 年之后,许多企业意识到广告对企业知名度提高的重要性,开始纷纷运用广告媒体进行宣传。有些企业在广告人的帮助下,开始进行了企业识别系统(CIS)的传播与推广。企业注重的是通过广告提高品牌的知名度,而没有注重品牌美誉度的提高。由于广告竞争激烈,媒体的价格也迅速上升,广告业得到了快速发展。企业的上述行为是由广告人与公关策划人本身的特征与素质决定的,这种创新主要是宣传方式上的创新,而不是企业进行整体营销的创新,也不是企业管理层真正开始重视品牌管理了。

从 20 世纪 80 年代到现在,我国企业的发展之路基本上可以说是一种以产品与生产为导向的发展之路。特别是 20 世纪 90 年代,一部分企业进入了以销售为导向的阶段,其特征是依靠产品质量与销售手段的竞争,而没有进入以消费者为中心的营销阶段。进入 21 世纪,特别是加入 WTO 后,外国强势品牌产品纷纷进入我国市场,占领我国的大部分消费品市场,我国企业才意识到品牌管理的重要性,品牌管理才真正开始进入一些企业家的视野。

第三节　品牌管理的理论分析

一、品牌的定义

著名营销学家菲利普·科特勒认为,品牌是一个名称、名词、标记、符号、设计,或是它们的组合，其目的是识别某个销售者或某群销售者的产品或劳务，并使之同竞争对手的产品和劳务区别开来。

品牌的含义可分成六个层次：属性——品牌首先使人们想到某种属性，就像奔驰牌意味着昂贵、做工精湛、马力强大、高贵、转卖价值高、速度快等等；利益——品牌需要转化为成功性或情感性的利益；价值——品牌还体现该制造商的某些价值感，就像奔驰牌代表着高绩效、安全、声望及其他东西；文化——品牌也可能代表着一种文化，奔驰汽车代表着德国文化的高度组织、效率和高质量；个性——品牌也反映一定的个性；用户——品牌暗示了购买或使用产品的消费者类型。

二、品牌的特征

从品牌含义的描述以及笔者研究发现，品牌具备如下几大特征：

(一)非物质性

品牌本身不具有独立的物质实体，是无形的，但它以物质为载体，是通过一系列物质载体来表现自己的。直接的载体主要有图形、品牌标记、文字、声音，间接载体主要有产品的价格、质量、服务、市场占有率、知名度、亲近度、美誉度等。

(二)资产性

品牌是企业的一种无形资产。品牌所代表的意义、个性、品质和特征具有某种价值。这种价值是我们看不见、摸不着的，但却能为品牌拥有者创造大量的超额利益。如可口可乐公司，多年来其品牌价值就是其有形资产的好几倍，创造的利润也是其有形产品创造的好几倍。可口可乐原总经理伍德拉夫曾说：即使可口可乐公司在一夜之间化为灰烬，仅凭可口可乐这块牌子就能在很短时间内恢复原样，这是完全可能的。

(三)集合性

品牌是一种沟通代码的集合体。品牌是一种错综复杂的象征，它把一个符号、一个单词、一个客体、一个概念同时集于一身，把各种符号如标识、色彩、包装都合并在一起。生产商(服务商)把品牌作为区别于其他生产商(服务商)产品(服务)的标识，以吸引人们，尤其是引起消费者和潜在消费者对自己产品(服务)的注意与识别。从消费者角度看，品牌作为一种速记符号与产品类别信息一同储存于消费者头脑中，而品牌也就成了他们搜寻记忆的线索和对象。

(四)专有性

品牌具有明显的排他专有性。品牌代表一个企业在市场中的形象和地位，是企业进入市场的一个通行证，是企业和市场的桥梁和纽带。从某种意义上说，品牌是企业参与市场竞争的法宝、武器和资本。同时品牌属于知识产权的范畴。企业有时通过保密和企业保护法来维护自己的品牌，有时通过在国家有关部门登记注册、申请专利等形式保护自己的品牌权益，有时又借助法律保护并以长期生产经营服务中的信誉取得社会的公认，如品牌名称、标志，这些都有力地说明了品牌的专有性。

(五)扩张性

品牌具有极强的扩张力、延伸力和影响力。品牌成为资产重组的旗帜，是公司品牌形成的重要标志。目前，我国许多企业亏损甚至倒闭，而我国最有价值品牌企业在市场中却有着越来越强的号召力、影响力。在品牌扩张延伸过程中,逐步形成集团化发展,随着公司集团化发展,品牌行业界限越来越模糊,而品牌的概念却越来越清晰。

(六)风险性和不确定性

品牌具有一定的风险性及不确定性,品牌潜在价值可能很大,也可能很小。它有时可使产品取得很高的附加值;有时则由于企业的产品或服务质量出现意外,或由于企业的资产运作状况不佳,及产品售后服务不过关等,而使企业迅速贬值,出现品牌“跳水”现象。例如可口可乐 1999 年品牌价值为 898.45 亿美元,2001 年品牌价值却为 689.5 亿美元,显然出现了大幅“缩水”的现象。

(七)承诺性

品牌是一种承诺和保证。这是以品牌提供的价值、利益和特征为基础的,品牌必须给消费者提供强劲的价值利益以满足消费者的需求与欲望,以赢得消费者的偏好,取得他们长期的信任与忠诚。

(八)竞争性

品牌是企业市场竞争的工具。在产品功能、结构等因素趋于一致的时代,要在竞争中取胜,关键是看谁的品牌过硬。拥有品牌的企业,就能在未来竞争中处于有利的位置,留住老顾客,开发出大量潜在顾客,树立起良好的品牌形象,提高市场覆盖率和占有率,赢得更大的利润和效益。在品牌对市场份额的切割中,意大利巴莱多定律也适用,20%的强势品牌占有 80%的市场份额,20%的品牌企业为社会提供 80%的经济贡献率。

(九)忠诚性

现代市场竞争从某种意义上说就是品牌竞争。史蒂芬·京曾说过,“产品,是工厂所生产的东西,品牌是消费者所购买的东西”。许多消费者购买的是品牌,而不是产品,他们往往会根据自己的消费体验来购买特定的品牌,甚至若没有指定的品牌,他们就不购买,如有些消费者喝饮料,就专喝可口可乐,其他饮料一概不喝。品牌是赢得消费者重复购买、大量购买的“魔力”,强势品牌比起一般品牌更是棋高一筹,强势品牌可以影响人们的生活态度和观点,甚至可以影响社会风气。

三、品牌的功能

纵观品牌对企业的作用轨迹,不难发现品牌具备如下几种基本功能:

(一)识别功能

识别功能是指品牌能够帮助消费者尽快地找出他所需的产品,缩短消费者在选购商品时所花费的时间和精力。品牌是一种无形的识别器,是产品和企业的“整休”概念,它能使消费者在面对琳琅满目的商品时,很快作出选择。正因为品牌是产品的标志,代表着产品的品质、特色、承诺,可以缩短消费者的购买时间和过程,所以品牌经过国家有关部门登记注册后,成为企业的代号,代表着企业的经营特色、质量管理要求、产品的形象等。如果企业品牌在消费者心目中已形成良好的印象,则易使消费者在种类繁多的商品中很快作出选择,认牌购买。

(二)维权功能

品牌通过登记注册后,受到法律法规保护,禁止他人非法利用。如果产品质量有问题，消费者可以根据品牌与企业进行交涉，依法向企业索赔，保护自身的正当权益。

（三）促销功能

促销功能主要表现在两个方面：一是由于品牌是产品品质、特色、档次的标志，易引起消费者的注意，满足他们的欲求，因此易赢得消费者的选择和厚爱，实现扩大产品销售的目的；二是由于消费者往往依照品牌选择产品，甚至指牌购买，这就促使生产经营管理者更加关心品牌的形象，不断开发新产品，推陈出新，加强质量和服务管理，提高其品牌知名度、美誉度，使品牌走上良性循环的轨道。

（四）旗帜功能

20世纪80年代初期，日本的家电产品进入中国市场时，就是依靠“东芝”、“索尼”、“松下”、“三洋”等几面大旗，迅速打开并占领了我国很大一部分市场，“日货”曾一度成为我国家电行业的霸主。

（五）增值功能

品牌是一种无形资产，它本身可以作为商品进行买卖，为企业带来巨大的经济效益。随着品牌知名度、美誉度的提高，品牌本身的价值也在攀升。例如可口可乐1994年品牌价值为359.50亿美元，到1999年为838.45亿美元。与其说是产品给生产经营者带来了财富，倒不如说是品牌给他们带来了财富。

（六）形象塑造功能

品牌代表着企业形象。在消费者的心目中，总是把品牌实力与企业的形象联系在一起的。品牌有利于塑造企业的形象，提高企业的知名度、美誉度，为企业多元化及品牌延伸打下坚实有力的基础。

四、品牌的分类

品牌是一个非常笼统的概念，只有对其进行较合理的分类，才能更好地认识它产生的规律性，研究它的价值。

（一）按照品牌的市场半径和影响范围大小，可划分为区域性品牌和国际品牌

区域性品牌，在某一特定地区（一国或一个民族地区等）具有较高的社会认知度，市场影响力和辐射力有限，但这类品牌在当地或毗邻地区确有较高的市场占有率，形成特定区域消费者的品牌偏好，对外来同类品牌具有很大的排他性。区域性品牌往往是形成世界品牌的必经之路，世界上很多著名的品牌都是从地区品牌起家的。但多数区域性品牌最终都无法成为世界品牌，究其原因是多方面的，如有些是因资源或生产能力有限，有些是因同类产品市场竞争过于激烈，有些是消费习惯所致。在开放的环境中，有些区域性品牌的市场地位是不稳定的，本身的质量、功能、文化含量和价格不能优于竞争对手，就可能迅速被市场淘汰；相反，有些则可能迅速成长。但也有一些区域性品牌具有稳定性，这类品牌往往具有资源和技术的垄断性，且适应某一特定市场的需要，这样的区域性品牌一般具有较强的生命力。

国际品牌，即在国际市场上具有极高的声誉，被全球公众广泛认知的品牌。这类品牌历经数载锤炼，经受国际市场竞争的洗礼，具有强大的生命力。同区域性品牌相比，国际品牌的市场半径更大，可以辐射到世界各地，有些大众性的国际品牌甚至可以伴随人类的

踪迹到达地球的每一个角落，具有很大的“征服力”，能够满足不同民族、不同文化、不同生活方式的消费者的需要。国际品牌既是竞争力与财富的象征，也是文化的象征。它折射出一种生产力、一种生活方式、一种消费水平、一种文化信念。据统计，目前国际顶级品牌多被发达国家，如美、日、英、法、意、德、荷等少数国家垄断。

（二）根据品牌目标顾客消费层次差异，品牌可划分为高端品牌和大众品牌

高端品牌，面向具有较高收入的少数或极少数消费者，因品质、自身价值和文化品位较高而成为目标市场中的“垄断者”或佼佼者。高端品牌的绝对市场占有率并不高，但辐射面很广、影响力很大，实际上有些高端品牌虽然为一般消费者的购买能力所不及，但却妇孺皆知，成为金钱、身份、地位和权力的象征，成为人们倾慕和追求的对象。多数高端品牌的绝对市场占有率不高，并不是因为生产资源和能力受限，而是生产者的一种营销战略。有些生产者有意限制产品生产量，满足拥有者的占有欲和优越感，以此在目标市场中造成“物以稀为贵”的特有品牌效应。生产者靠增加产品附加值的办法获取高额利润。

大众品牌，面向社会主流消费群体，与高端品牌相比，它的品质、价格和服务更适合一般或较高收入的消费者的需要。由于它的目标市场宽广，生产者能够以较低的生产成本实现规模生产，又能以适中的价格形成竞争优势，因此能够获得极高的市场占有率和极好的效益。大众品牌一般涉及人们的生活必需品，而不是奢侈品，不管是在发达国家，还是在发展中国家，它都有极大的市场。因此大众品牌是品牌大家族的主体，尤其是在发展中国家，总体消费水平不高，“大众品牌”更受市场推崇。

（三）按照品牌所包容的产品的品种分类，可划分为单一品牌和复合品牌

单一品牌，即企业生产单一产品使用单一商标而形成的品牌。这类品牌一般表现出企业、商标、产品的高度一致性，生产的专业化程度相当高，市场半径和市场份额大，品牌形象清晰具体，易于传播，易于消费者识别。依据竞争状况不同，有些单一品牌的市场容量极大，产品生命周期较长，且产品本身也有较强的竞争优势，因此在市场上相当稳定；相反，也有些单一品牌的市场容量不大，产品寿命周期较短，且同行竞争激烈，因此就表现出不稳定性。从发展角度看，这类品牌势必在巩固自身原有市场地位的同时，利用品牌商誉和技术优势，开发新的产品，扩展品牌的包容量，最终向复合品牌过渡。

复合品牌，指企业使用同一商标生产多种产品，或使用多种商标生产多种产品而形成的品牌，像“宝洁”，旗下不同产品还有不同品牌，就是典型的复合品牌。复合品牌的生产规模一般比较大，实行多样化经营，不同的产品都能获得较高的市场占有率，表现出雄厚的实力。复合品牌的形象在消费者心目中不像单一品牌形象那样具体，更突出商标形象和企业整体品牌形象．复合品牌与单一品牌相比，市场风险和财务风险较小，也能最大限度地利用无形资产。但如果实力不强、竞争优势不明显，那么滥用自身的品牌资产、盲目扩大多样化生产范围，就有可能因此陷入财务陷阱；一两个产品出问题，就可能使整个品牌声誉受损，甚至毁于一旦。

（四）按照品牌价值形成的特点不同，可划分为高技术品牌、高文化品牌、一般品牌和精英品牌

从广义来讲，品牌或多或少都有一定的技术含量。技术含量，既包括反映最先进的科技水平的专利、专有技术，也包括一些传统的秘方和特殊的工艺等。

高技术含量品牌（简称高技术品牌），或拥有特殊配方、工艺，或拥有体现高科技的专利技术，或使用新材料、新能源等。这类品牌的价值主要源于科技含量，开发的成本比较高，一旦应用于品牌生产，被市场认可，在一定时期内生产具有一定的垄断性，生产者能够因此获得丰厚的利润。由于当代世界科学技术日新月异，呈加速发展态势，高科技也是动态的，高技术产品是相对的，生产者只有不断创新，应用最新科技成果，加速产品的更新换代，才能保持高技术品牌的优势地位。高技术品牌一般价值较高，但因其先进的功能和给人们带来的无可比拟的便利而备受消费者的喜爱。

比较而言，有些品牌的技术含量并不太高，产品也并非不可模仿和替代，但却有庞大的、忠诚的消费者群体，具有丰厚的超额利润回报，这类品牌就是高文化含量品牌（简称高文化品牌）。这类品牌的价值主要源于文化特性与魅力，其开发成本不一定很高（有些纯属偶然获得某种文化灵感），功能也未必独特，但其鲜明的核心价值、深刻的文化个性寓意，尤其是给顾客带来的美好联想、体验、启迪、身份象征和精神满足，足以使它价值倍增。法国的“人头马”之所以驰名世界，是因为雷米·马丁公司从古战场上遗留的周围镶着百合花的一个瓶子得到启发，申请了复制这个瓶子的专利，命名为“路易十三”，创造了极品酒的概念；“红豆”服装，利市百倍，行销国内外，是因为红豆商标使人一下就想到唐代大诗人王维那首“红豆生南国，春来发几枝，愿君多采撷，此物最相思”的千古名句，同时，红豆在中国文化传统中象征着浓郁的情感、美满、吉祥、幸福，给人带来无限美好的联想。高文化品牌的卖点是文化，这类品牌的亲和力远远胜过其他品牌。

高技术品牌和高文化品牌是依品牌价值形成特点而区分的两种典型品牌。实际上，大凡品牌都包含技术和文化两种要素，只不过不同品牌所包含的这两种要素的构成比例不一样而已。根据技术与文化含量的差异，还可划分出以下两种类型品牌：中低技术中低文化品牌，可称为一般品牌或平衡型品牌；高技术高文化品牌，可称为精英品牌或双峰型品牌。多数品牌在技术与文化含量上均呈现不均衡性，完全平衡型，尤其是双峰型品牌是凤毛麟角的。

从品牌价值的形成和表现形式上看，这种划分方法具有科学意义。品牌由两个层次构成：第一层是物质层，表现为卓越的品质与功能，满足目标顾客的某种物质需求；第二层是精神层，表现为独特的个性魅力，满足目标顾客精神的审美需求。从品牌价值来源的角度看，品牌第一个层次的价值主要是由技术创造的，高技术是品牌卓越品质与功能的保证；品牌第二个层次的价值主要是由文化创造的，高文化是独特的个性魅力的源泉。这种分类有助于深化对品牌价值来源及构成的理解，也有助于创新和完善品牌价值评价模型，同时能够据此设计出有效提升品牌价值的途径。

五、品牌的成长规律

（一）品牌成长环境分析

为什么多数国际著名品牌相对集中于发达国家？这与品牌成长的市场、科技、人文环境密切相关。

1. 品牌的成长与一国的总体经济实力有关

品牌的成长与其生存土壤，即一国的总体经济实力有关。美国是当今世界上经济实力最强的国家，占世界GDP的比例约为30%，而品牌的数量也占世界第一。

2.品牌的生命力取决于一国的整体科技创新能力

国际品牌，不管是体现高科技的计算机、飞机、汽车，还是简单的生活用品，大多靠雄厚的科技实力和不断的产品创新，才保持着品牌旺盛的生命力。美、英、法、德等国家都是科技大国，具有雄厚的基础研究实力和实用技术开发能力，能够为品牌成长提供有力的科技支撑。日本的基础科学虽显薄弱，但它善于吸收和借鉴，能够充分利用欧美的科学研究成果，技术开发能力强是它创造世界级品牌的秘密所在。与科技创新能力相适应，较高的劳动力素质也是创造世界品牌的必要条件。仅从受教育程度看，1995年世界银行提供的数字表明：接受高等教育的人数占适龄年龄组人数的比例，美国达76%，法国为43%，荷兰为38%，德国为36%，意大利为32%，日本为31%，英国为28%。较高素质的劳动力资源和悠久的重视质量的传统，使世界级的品牌保持着相当稳定而且很高的品质。

3.规模巨大、实力雄厚的大集团公司往往是培育世界级品牌的摇篮

很多顶尖级的世界品牌出自这些大公司，如通用电气、通用汽车、福特、IBM、波音、埃克森、宝洁、惠普、丰田、本田、索尼、日立、松下、奔驰、西门子、大众、壳牌、菲亚特、雀巢、联合利华等等，无不出自经济实力和科技实力都非常雄厚的航空母舰式的超级公司。

4.有秩序的竞争环境和政府的有力支持促进了品牌的发展

品牌是竞争的结果。竞争促进产品成本下降、质量提高，经过多次竞争优胜劣汰，一直保持胜利者即成为品牌。老品牌如此，新品牌也是如此。英特尔公司和微软公司在计算机芯片和软件市场角逐中，战胜了不少竞争对手，才迅速成为世界级品牌。但这种竞争必须是有秩序的，在竞争无序、假冒伪劣盛行的市场中，绝不可能出现世界品牌。欧美等国家发展市场经济时间较长，基本形成了较好的市场环境和市场规则，这是品牌得以健康成长的重要原因。实际上，政府不仅通过创造良好的市场环境为品牌发展铺路架桥，还通过它的科技政策、税收政策、外贸政策，以及一定的"政治营销"手段，大大地支持品牌的发展，在这方面欧美等国为我们提供了不少有益的经验。

5.品牌的成长也与其特定的文化背景和文化传统有关

国际品牌有一个共同的特征，即历史比较悠久，大多数有100～200年的历史，品牌中积淀着深厚的民族文化底蕴。即使历史较短的一些品牌，也有民族烙印。因为品牌产生在特定的地区、特定的历史背景和特定的文化氛围中，它所满足的也是特定的市场需求。品牌市场的扩大并不表明品牌自诞生那天起就具有世界性，相反越是民族的，越是具有浓郁民族文化特色的品牌，越能走向世界。也就是说，品牌是以它的崇高品质，带着它的个性文化走向世界的。当然，在走向世界的过程中，也必须不断完善自身，使之适应更广大的市场需求。可口可乐和麦当劳是美国文化的品牌，但它也征服了中国消费者，使中国消费者在消费其产品的过程中，也潜移默化地接受了它所承载的美国文化。可以说，特定的历史与文化孕育了品牌，品牌又反过来传承和弘扬这些文化，并把这些文化传到世界各地。

六、品牌成长规律

不管是哪一类品牌，如果抽象掉它们的具体特征，都有着共同的成长规律。品牌的成

长过程受到市场和科技进步等多方面因素的影响，也取决于品牌设计者与生产者的素质以及文化的投入和管理水平的高低。

（一）市场引导

品牌成长离不开一定的市场环境。市场对品牌的引导作用主要体现在：

1.品牌是在市场需求中诞生的

当消费水平达到一定层次时，市场就对产品质量、功能、款式、包装等方面产生了更高的要求，品牌应运而生。一般而言，人均GDP 500美元为生存型需求结构，500～1 000美元为温饱型需求结构，1 000～3 000美元为小康型需求结构，3 000美元以上为富裕型需求结构。按此标准，我国正在向小康社会全面迈进，相当一部分居民的需求结构已经进入小康型，还有一部分已进入富裕型。其需求重点不再是满足温饱的必需品，而是满足高生活质量的商品，甚至开始追求满足人的发展与享受需求的商品。因此，各类品牌才如雨后春笋般涌现出来。品牌的成熟度是与消费层次高低成正比的。

2.品牌是在竞争中成长的

遵循优胜劣汰的法则，优质、新颖、奇异且诚信、感人的品牌，在竞争中获得优势，最终成为行业品牌的领导者。品牌的竞争与资本的竞争有差异，资本竞争往往造成垄断，而品牌竞争的结果虽然也向少数品牌集中，但品牌园地仍是百花齐放、生态平衡的。因为不同品牌都有不同的核心价值，在广阔的市场中有自己明确的"生态位"。

3.品牌需要靠有力的营销才能获得发展

准确的品牌定位，清晰的品牌战略与策略，明确的广告、公关诉求都是品牌成长必不可少的。比如广告，虽然不能造就品牌，但却可以提升品牌价值、树立品牌形象和赢得顾客忠诚。

（二）科技推动

现代品牌是人类智慧和科学技术的结晶，以科技为先导，有较大的研发投入，品牌才能顺利成长。日本人认为，研究开发费用占销售收入的5%以上，企业才有竞争力，2%仅能够维持原状，不足1%则企业难以生存。这虽是就企业竞争力而言的，但支撑一个品牌，即使因科技含量各有不同，对R&D的要求也绝不能低于这一比例。科技因素对品牌的推动作用体现在：

1.科技决定品牌的生命周期

有些品牌历经百年甚至几百年长盛不衰，是因为有巨大的科技投入支撑着的。诞生于1802年的"杜邦"，其实验站拥有30幢大楼，集中了5 000多名化学家和工程师，其中3 500人具有博士学位，每年耗资十几亿美元，因而保证了这个具有200多年历史的化学王国旺盛的生命力。开创于1900年的"通用"，其繁荣与兴旺完全依赖于它在世界上享有盛誉的"研究开发中心"，这个中心的经费占整个公司投资的1.5倍，占销售收入的9%。具有115年历史、驰名世界的"奔驰"，其质量之所以居于同行之首，也与它8 500人的庞大研究队伍、每年高达14亿马克的科研经费分不开。

2.科技决定品牌的质量

品牌卓越的品质，从根本上讲是靠科技支撑的。且不说高技术品牌，仅就一般品牌而言，对科技的依赖性就非常明显。"吉列"剃须刀，产品虽小，但细微之处真功夫。小小剃须刀，获得23项世界专利，被誉为“面颊上的革命”。“雀巢”为保持高质量、高品位、高营养的特色，且使雀巢产品适用于世界各地不同的消费特点，在美、英、法、德、意等11个国家建立了22个技术开发中心。仅在瑞士洛桑设立的基础应用性研究中心，年经费即达到1.3亿瑞士法郎。靠1 000美元起家的“耐克”，对于像鞋子这样极普遍的物品，却赋予它极高的科技含量，起用近100名研究人员专门从生物力学、实验生理学、工程技术学、工业设计学、化学等不同角度进行研究，因而使它的产品质量超群，近于完美。

3.科技决定品牌的创新力

随着科技革命和知识经济的发展，新技术不断涌现，产品的寿命周期不断缩短。40年前产品的寿命周期平均是8年，20年前为5年，10年前为3年，到现在有些产品仅有一年甚至半年的生命力。目前，发达国家一年创新产品产量要占全部产品产量的40%以上。品牌要推陈出新，保持自己的市场地位，最根本的是依赖科技投入与开发。科技含量较大的品牌尤其明显。德国的西门子公司每年把占销售额11%的上百亿马克用于技术革新，有48 000人的研发队伍，每年发明革新达2万项（次），开发的产品创造了不少“世界第一”。

（三）人才决定

人为物的主宰。品牌所代表的高品质、高性能，所蕴含的高科技、高文化，归根结底是由人创造的。品牌是一面镜子，它能折射出生产者的品德、智慧与情感，优秀的品牌出自优秀的人才。正因如此，日本的品牌理念才如此鲜明：造物先造人。这里所说的人才决定规律的“人才”，是广义的概念，既包括品牌的领导者、设计者，也包括品牌的具体生产者。

1.品牌成名离不开名企业家的培育

品牌与企业家共生，名企业家创立了著名品牌，著名品牌也成就了名企业家。从一定意义上讲，没有名企业家对品牌的追求、热爱与精心培育就不会有品牌。名企业家在品牌创造中承担着发现、发明、决策、管理、创新和市场开拓等多重角色。有些企业家从纷繁复杂的市场需要中把握需求变化规律和发展趋势，发现市场缺口或市场切入点，缔造了品牌。有些企业家以极强的科技意识和发明创造的兴趣与实力，以敏锐的市场眼光，发明某种技术、某种产品，又找到了这种技术、产品与市场的对接点。一百多年前，亨利·福特就靠他自己的发明，奠定了汽车王国的根基。索尼公司的创始人井深大和盛田昭夫都是物理学家，正是他们二人的引进、革新与创造，使“SONY”成为技术创新者和开拓者的象征。柯达公司的创始人伊斯曼研究出了第一片干片底片，引起了摄影界的一场革命，是他制作了第一台盒式相机，实现了人人“按快门”的愿望。比尔·盖茨是一个伟大的发明家，是他及其伙伴所发明的电脑软件影响了亿万人的生活，把人们引导到过去连想都不敢想的地方。

有些企业家未必是发明家，但却是优秀的决策者与管理者。如雷蒙·克罗克，既不是麦当劳的创业者，也不是汉堡包和炸薯条专利权的持有人，但他自从成为麦当劳的掌门人以后，严格质量管理，实行标准化，服务要求快捷、友善、可靠，环境要求舒适、优雅，“提供更有价值的高品质的物质给顾客”，把一个普通的快餐店推向极致：成为风靡世界的麦当劳帝国。享有全球第一CEO美誉的杰克·韦尔奇，执掌通用电气20年，把一个市值120亿美元的公司提升到2 000亿美元，他以“中子弹”的方式大胆改革，推行“倾力解决”和全公司质量行动计划(Six Sigma),塑造了一个新型公司的典范。

有些企业家是品牌创新的有利推动者。如美国蓝色巨人——IBM之所以有今天庞大的产业和巨大的市场,是它的实际创业者托马斯·沃森以及他的儿子小沃森前赴后继,始终使IBM品牌始终保持着一个创新者的形象。如今IBM公司的分公司仍遍布全球,2002年销售额达到859亿美元,品牌价值达到512亿美元,向市场供应着一万余种电脑及其相关产品,享受其全球售后服务的客户超过500万。海尔CEO张瑞敏以创新家的敏锐眼光,发现大容量洗衣机市场的夹缝中仍有小容量洗衣机的市场,组织开发出1.5公升的"小小神童",一炮打响;从农民用洗衣机洗地瓜的"不合理"行为中看到新的需求,生产出适合农民洗地瓜的"大地瓜洗衣机",开辟出一个全新的市场。张瑞敏倡导的SBU(Strategical Business Unit),即战略事业单位,强调每个人都是老板,因而使整个企业充满创造活力。品牌是有性格的,品牌的性格往往与企业家的性格相通,是企业家性格的市场化表现。

2.品牌是由名牌员工创造的

传统的品牌管理把人与物等同起来,忽略了人的能动性和创造性。实际上,企业员工身处生产第一线,他们是品牌质量好坏的直接把握者。国外经验证明,先进的科技加上训练有素的员工是取得产品质量优势和市场优势的关键。员工对品牌质量的影响是通过以下途径实现的:

一是员工以自身不断探索和创新的精神,通过合理化建议等形式,完善产品和服务的设计,进而提高质量。如在日本,员工通过各种独特的"改善方案运动"、QC小组制度等提出合理化建议,从促进了产品质量和经济效益的提高。日本500家大公司一年的建议接收量有数千万条,全日本活跃着超过100万个QC小组。丰田的一位经理说:"本公司每年有40多万件改善提案……缺乏石油、缺乏钢铁都不用担心。"他们认为,有了"好主意"就有"好产品"。在欧美,也以"初级董事会"、"自我管理"、"头脑风暴会议"及工人委员会、工作改善委员会、"半自治团体"等形式吸收员工参与生产管理,从而获得越来越多的提高品牌质量的"巧妙主意"。

二是员工以自身爱岗敬业的精神和精益求精的工作态度创造出高品质。在大生产方式下,产品的科技含量越来越高,产品的生产过程越来越复杂,一个品牌的诞生,仅就生产环节看,不仅取决于科学完备的设计、先进的技术,更取决于生产第一线的员工。在生产过程中,一件产品要经过几十人、几百人,甚至成千上万人的手才能创造出来,任何一个环节、一道工序出现问题,都会功亏一篑。木桶理论或"最差点决定原理"表明,产品与服务的质量,不是由做得最好的那个环节和工序决定的,也不是由各环节和各工序的平均水平决定的,而是由做得最差的那个环节和工序决定的。

北京开关厂有一个口号,叫99+"1"=0。企业和员工以此告诫自己,应该从自己的工作做起,从每一件小事做起,只有确保每项工作、每件小事都做得出色,才能确保品牌的高质量。

同仁堂品牌经久不衰、享誉国内外,是因为在中药复杂的制作过程中,员工坚守"原料虽贵不减物力,炮制虽繁不省人工"的古训,以"修合无人见,存心有天知"的道德自律,生产精益求精。

具有 460 多年历史的“六必居”,之所以能够延续至今并不断发展,也是因为历代六必居的员工能够传承祖制,制作酱菜时坚持做到“六必须”:“黍稻必齐,曲蘖必实,湛之必洁,陶瓷必良,火候必得,水泉必香。”

黄河小浪底工程按照国际惯例,与国际工程管理全方位接轨,意大利的英波吉罗公司、德国的旭普林公司、法国的杜美兹公司分别在大坝工程、泄洪工程和发电设施工程中中标。中国工人在施工中经历了种种难堪的事:一名中国工人在施工中掉了 4 颗钉子,被外方索赔 28 万;某工程局导流开挖时,因施工现场不清洁,外商派 90 名劳务帮助清理,被扣费用 200 万;某隧道局因质量问题被外方索赔5 700万。

透过这一切可以看出,国外大公司对工作现场和一线员工的工作质量有极高的要求。因为名牌工程需要名牌员工作保障。美国经济学家莱斯特·瑟罗指出,企业“提高竞争能力的关键,在于提高基层员工的能力,也就是要造就名牌员工”。

(四)管理保障

卓越的管理造就卓越的品牌。管理对品牌的保障作用显而易见。建立以顾客为本的质量管理模式,是创造卓越品牌的最基本要求。

从国内外众多品牌的成功经验来看,卓越品牌的质量管理主要体现在:

1.把市场作为衡量质量的最终标准

美国质量管理专家约瑟夫·M.朱兰博士在《朱兰质量手册》一书中,明确提出了“适用性”的概念,即产品质量就是产品的适应性。产品质量高,表明用户在使用中满足程度高;产品质量低,即用户在使用中满足程度低。由此可见,是否符合市场需要、对用户是否适用,是衡量质量的最终标志。品牌之所以有价值,关键在于它的质量在市场上久经考验,并得到用户的长期信赖。美国质量管理专家近几年来提出了“世界性质量”的概念,即指“在国际市场上有竞争力的产品质量”,这种具有“世界性质量”的产品具有最大适用性,这应是品牌质量追逐的最高境界。

2.实施全过程的质量管理

传统观点认为,质量好坏是生产线上的事情,或者认为质量好坏是检验员的事情,这显然是误区。20 世纪 60 年代,美国通用电气公司工程师费根堡姆提出了“全面质量管理”的概念。他认为质量管理是全过程的管理,即包括市场调查、产品设计、产品制造、销售服务等全过程控制,涉及企业每个部门、每个环节、每个岗位,企业中任何部门、环节、岗位出了问题,都会直接或间接地影响质量。因此,要想保证产品的质量,必须重视高层领导的质量决策,重视关乎质量的每一个因素,以系统的和事前预防的思想为指导,把质量问题消灭在萌芽之中。日本自从引进美国式的质量管理后,以石川馨博士为代表的日本质量管理专家,进一步发展了全面质量管理,他们进一步强调要建立全公司范围的质量保证体系,强调质量管理诊断、质量管理教育与训练,做到“始于教育,终于教育”。尤其是强调要开展质量管理小组活动,并把它作为全公司质量管理的一个组成部分。正是日本的质量管理小组,使得全面质量管理成为在尊重人的基础上自主进行管理的活动,使公司的每一个人都参与质量管理变成现实,全面质量管理与人本管理因此产生了最佳的结合,为全面质量管理找到了最根本的动力。全面质量管理作为一种全过程的管理,从西方传到东方,经过日本把它人性化,又从东方传向西方。经过不断完善和升华,已经成为众多知名企业保持品牌质量的根本途径与方法。

3.坚持"零缺陷"的质量管理原则

世界著名质量管理专家菲利浦·克劳斯比于20世纪60年代提出了"零缺陷"的质量管理思想。他认为,零缺陷是质量绩效的标准,应该成为企业毫不妥协的使命。所谓零缺陷,即做到尽善尽美,生产的产品没有废品,提供的服务没有纰漏。如何做到零缺陷?实践证明在生产的每一个环节都必须注入零缺陷的机制,其中,产品的设计是首要环节,产品设计有缺陷,以后材料采购、生产、检验等环节做得再好也无济于事。在国外,多年的市场反馈和统计分析发现,设计中的问题日渐明显,因此,很多品牌厂商已经将设计活动列为质量管理的重点。

从国外流行的"1∶10∶1000"法则中,也可以看出设计环节的重要。这个法则表明,在生产前发现一次缺陷改正起来如果只花一元钱,那么到了生产线上发现就得花10元,如果到了消费者那里才发现,就要花上1 000元的代价。把这个法则推而广之,如果在检验环节出现缺陷,可能有一件或几件产品进入流通领域,在产品线上出现缺陷,可能造成一批产品不合格,如果在设计中出现缺陷,生产出来的产品就可能是百分之百的废品。因此,控制产品质量必须把好第一关。当然,材料采购、生产过程、产品检验也不容忽视,这些环节只要严格按照质量要求,第一次就把事情做对,第一次就把事情做好,就可以避免失误,就可能实现真正的零缺陷,生产出百分之百的合格产品。

4.追求"顾客满意"的质量管理目标

近年来,顾客满意(Customer Satisfaction,简称CS)战略越来越为著名品牌所认可和推崇。在CS中,顾客是广义的,包括内部客户和外部客户。在公司内部,股东、员工是企业的基本顾客,生产部门是采购部门的基本顾客,各职能部门之间相互为顾客,在生产环节上,下一道工序是上一道工序的顾客;在公司外部,凡是已购买或可能购买本公司产品的单位或个人都算公司的顾客,只不过这些顾客有些对企业忠诚度很高,有些只处于游离层或潜在层而已。"顾客满意"是顾客在消费了企业提供的产品和服务后所感到的满足状态,这种满足状态是建立在道德、法律和社会责任的基础之上的。同时这种满足状态作为一种个体的心理体验,人与人之间存在着明显的差异,甲十分满意的产品和服务,乙未必满意,不存在统一的满意模式。因此,从总体满意出发,尽力做到因人而异,提供有差异的满意产品和服务成为企业永恒的追求。

5.推行面向全社会的质量管理

品牌在完善质量的过程中,不仅要考虑对目标顾客的满足,还要考虑对整个社会的满足,这种满足的支撑点是品牌要有道德价值、政治价值和生态价值。道德价值是指在产品生产和消费过程中,不会发生与社会先进道德相抵触的现象;政治价值是指在产品生产和消费过程中,不会导致社会的动荡和不安;生态价值是指在产品的生产和消费过程中,不会破坏生态平衡。在这三种社会价值中,如果说道德价值和政治价值较易鉴别和控制的话,生态价值鉴别和控制的难度则较大,这正是品牌的突破点。

目前,绿色革命席卷全球,世界上很多国家采取环境标志的办法,来证明某一产品不仅质量合格,而且在生产、使用和处理过程中符合特定的环境保护要求,与同类产品相比具有低毒少害、节约资源等环境优势。据统计,全世界有20多个国家和地区使用了图案不同的环境标志。德国的环境标志产品已达7 500种，日本的环境标志产品达2 500种，加拿大的环境标志产品也达 800 种。与此相适应，在瑞典，民意测验表明，80％的消费者宁可多花 10％的钱也要购买对环境有益的产品，40％的欧洲消费者喜欢购买有环境标志的而不是一般的商品。沃尔沃轿车早在 1972 年第一届联合国环境大会上就率先提出了自己的环保汽车生产计划，他们确信只有那些做好准备迎接未来环境挑战的公司，才能得到长期的发展和盈利。他们把环境保护贯穿于产品开发、材料选用和生产流程的整个过程中，而且认真解决汽车污染问题，使人们在拥有汽车所带来的便利的同时，也能享受新鲜的空气、清澈的水源和明媚的阳光，像这样的产品无疑是人们最为青睐的。“绿色”竞争是 21 世纪品牌竞争的关键，具有远见的品牌企业，也将会在环境保护上倾注更多的精力，使自己的产品更加符合社会大众的根本利益。

当然，品牌都是有个性的，品牌的管理也不例外。在遵从上述一般规律的前提下，著名品牌的管理不仅是卓越的管理，而且是有特色的管理。在长期追求高品质的过程中，不断谋求管理创新，创造自己独特的管理模式与管理风格，即开始由创造某些新方法，到产生新的理念，最终形成个性模式。如丰田公司的看板管理、通用电气公司的无边界管理、海尔集团的 OEC 管理等。这些个性化的管理模式对创造卓越品质、形成品牌个性起到了重要作用。

(五)文化支撑

品牌的一半是文化，品牌是由一定的文化精神铸就的。这里的文化主要不是指每个品牌具有的文化个性，而是一种内在的文化共性。大凡著名品牌都具有一些共性文化精神，是这些精神赋予品牌特有的生命基因。

1. 民族精神和爱国情结

品牌中具有深刻的民族性文化内涵，它源于品牌制造者的民族责任感和国家意识。在全球经济一体化的大趋势下，尽管各国市场紧密相连，很多公司的业务跨越国界，但品牌还是有国籍的。

在当今国际上综合国力的竞争中，企业作为经济主体，对国家和民族的发展肩负着不可推卸的历史使命。企业效益好、有竞争力，国家的经济实力就强，国家在国际社会中的地位就高。一个国家的形象在很大程度上是由它的优秀企业、优秀品牌在世界上的形象树立起来的。可口可乐、微软、IBM 代表的是美国的形象，丰田、索尼代表的则是日本的形象。当越来越多的人吃着麦当劳、肯德基，抽着万宝路的时候，谁又能否认这意味着美国人的价值观、生活方式对本民族的冲击呢？日本企业非常重视他们的“产品籍别”，看重产品所代表的国家形象和国家荣誉，他们的内心对产品寄托着浓厚的民族“情结”，这种“情结”促使他们多出优质品牌，不断涌现的品牌产品又加强了民族的自尊。日本经济学者中谷岩男就提醒日本企业家，要使自己的品牌在全球范围内树立起强有力的“产品籍别”，使人联想到日本的形象，必须创立一种教义——即文化理念，它就“像灿烂的北极星那样为世界各地的经营活动指明方向”。

爱国主义是中国品牌文化的核心价值观。这种价值观决定了中国品牌的民族情结，中国的品牌发展始终同中华民族经济的振兴、中国现代化的实现紧密联系在一起。改革开放使中国经济由封闭走向开放，而展现在国人面前的却是中国与世界日益拉大的差距，无数有着强烈民族责任感的企业家用自己的实际行动作出了选择：产业报国，保护民族品牌，争创国际品牌。海尔、长虹等企业明确提出了“敬业报国”、“产业报国”的创牌理念。张小泉刀剪总店在与德国双立人亨克斯公司的合资谈判中，具有240年历史的德国双立人亨克斯公司提出的条件是合资后的企业全部使用德方“双立人”品牌，张小泉则坚持生产“双立人”和“泉”字牌两种品牌。由于双方在品牌使用上各不妥协，谈判失败。张小泉总经理说：“老祖宗留下的宝贵无形资产，不能断送在我们手上。”这充分反映了中国人强烈的民族自尊心和民族责任感，反映了中国企业极力保护民族品牌的文化自觉性，因为这从表面看是产品竞争，而实质上是文化竞争。可见，品牌是衡量一个国家技术、产业基础和国际竞争力的标志，更是物化的国家形象。如果企业没有强烈的民族责任感，不能在对外开放中创造和发展自己的品牌，就谈不上树立国家形象、增强国际竞争力。

2.以人为本思想和人性化意识

这种文化精神体现为两个方面：

一是在经营中体现一切以顾客为本，把提高人类的生活水准、创造快乐和幸福作为生产和服务的基本出发点。那种不为人类着想、单纯追求企业利益最大化的经营意识，违反了人本性原则，创造不出著名品牌；那些偷工减料、生产假冒伪劣产品的行为，更是一种反人性化的行为。伴随着市场经济的发展，市场走向多元化，顾客走向差异化，这对企业惯于向顾客提供千篇一律的模式化产品和服务的做法，对以企业为导向控制市场的惯例提出了直接的挑战。近年来，在人性化意识的驱使下，一些美、日企业成立“人性设计中心”，提倡“现场第一主义”，企业在生产产品、提供服务时，将使用价值、文化价值和审美成分融为一体，避免雷同，体现品质、流行与个性，充满人情味，赋予产品和服务人格特征，使顾客最大限度地体会到方便、舒适、自尊和享受。品牌经营置于人本化旗帜下，一定是把顾客价值放在第一位的，企业价值是在追求顾客价值最大化过程中实现的，顾客是恒星，企业是行星，行星总是围绕恒星在运行。当然，品牌的人本性也延伸至对整个人类的关爱。

二是在管理中体现以员工为本，采用充满人性化的方法发挥全体员工的智慧和创造性。伴随着社会经济的变革与发展，人性的觉醒和人独立性的增强，管理中的人本化水平直接影响着品牌的人本化含量，进而影响品牌的品级。在传统生产方式下，人与物均被视为无差异性的资源。而在当今社会，知识成为生产的决定性要素，人是知识的创造者、使用者，人是最重要的资源，没有人的智慧与热情就无法胜任知识集约型的工作。可见，品牌的人本化必须基于管理的人本化。许多事例证明，大凡品牌企业，都是把员工而不是把资本和自动化技术作为创造品牌和提高生产率的最主要源泉。增强品牌管理的人本性，特别强调人的平等性，主张通过建立一套人本化的管理体制和制度，以避免容易滋生的阶层意识；强调在把人视为管理主体、塑造共同愿景的基础上，充分地尊重人、相信人，发挥人的创造性，使人有机会最大限度地实现自我、提升自我、张扬个性；让员工在共同愿景下，把理想、激情、个性和创造性融入工作，通过企业的经营行为潜移默化地传递给顾客，传递给社会，进一步增加品牌的人性光辉。

3.竞争进取精神

竞争性与进取性是品牌与生俱来的品格。竞争，从地球上出现生物时就开始了，林中树木拼命伸展枝叶，是为了争取阳光，以求长得挺直高大；动物拼命奔跑撕咬，是为了争夺食物，以图繁衍生存。“物竞天择，适者生存”，生物界的竞争以生物能否无意识地适应自然环境为淘汰的标准，企业间的竞争则以企业能否自觉地适应顾客为淘汰的准则。

美国哈佛大学教授 Michael E. Porter 把取得竞争优势概括为三种通用战略：成本领先、别具一格和集中一点。但是，随着竞争的深化，低成本和低价格的销售策略逐渐使得各竞争企业间的产品趋于“同质化”，产品价格之间的差别越来越小，消费者追逐的“价廉物美”中的“价廉”越来越失去竞争的实际意义。“物美”，即产品造型、企业形象，包括服务等，则成了竞争中举足轻重的砝码。企业必须把注意力放在消费心理需求的变化上。企业只有适应消费心理的变化趋势，满足消费者的心理需求，才能赢得竞争优势，才能获得因消费者心理认同而增加的“附加值”。品牌是市场经济条件下竞争的产物，品牌代表着不懈努力、争创第一的市场竞争意识，代表着居安思危、超越自我的进取精神。因此，从美国 IBM 公司的“追求卓越”、美国航空公司的“最佳服务”，再到日本日产汽车公司的“反复改善”和韩国三星公司的“第一主义”。任何国家、任何行业的品牌企业都把追求卓越、超越对手作为品牌文化的核心内容。当然，超越对手，并不意味着采取违规手段打倒对手，而是谋求既竞争又合作，获得共同发展，这是一个品牌应有的竞合观和双赢观。

4. 审美意识

品牌审美意识源于消费者的内在审美需要和生产者的审美价值观。美是一种价值，它能满足人的某种需求和愿望，能激发人的肯定性态度和情感，带给人身心的愉悦和精神的享受。人的需要是多层次、多种类的，人的精神享受表现为受人尊重、社会承认、有情传达、能力显示、财富炫耀等等；更高的精神需求是对自我价值、自身潜能的实现等方面的追求。审美需要本质上是精神享受的需要，它基于人的本性，基于人的感性生命的存在和运动。审美需要伴随着人们物质生活水平的提高和文化修养的提升，变得越来越强烈、越来越丰富。精神追求的最高境界是审美价值的追求。墨子说过，“食必常饱，然后求美”。美国现代经济学家加尔布雷斯也说，“我们没有理由主观地假定科学和工程上的成就是人类享受的最终目的”。消费发展到某一程度时，凌驾一切的兴趣也许就在于美感。现代消费者追求的不只是产品的质感、产品给他们带来的便捷与舒适，他们还希望产品能够从里到外地符合自己的情感和个性，体现自己的文化欣赏品位。品牌之所以能给消费者带来巨大的满足，原因在于品牌中具有审美价值，使顾客享受审美体验。品牌审美价值不仅停留在满足个别顾客的审美需要上，还符合社会长远利益。创造更加美好的自然生态环境和人类生活环境，是品牌更高层面的审美价值。

从广义来讲，品牌所体现的审美价值是指包括产品的内在品质、使用功能、外观款式和包装装潢等全方位内容的统一体。有的产品原材料好，具有很高的使用价值，但其他方面黯然失色，难以适应审美需求。审美性是凝聚在产品最深处的人类智慧和创造力。它不是以一般实体形态的形式存在的，而是渗透在品牌历史、品牌商标、工艺设计、专有技术、生产组织、包装广告、营销策略之中的。每一个真正的品牌都有一部传奇史，通过各种手段、形式，发掘、宣传其传奇故事，以提高其文化品位。它的意义与影响，有时甚至超过了产品本身的使用价值。法国干邑马爹利系列之所以成为世界名酒，就在于它集马爹利家族一百多年来葡萄栽培酿制的专用工艺、生产组织、广告宣传、销售策略于一身，甚至可以说，马爹利品牌本身就是一部关于世界优质葡萄酒的百科全书；可口可乐的价值不仅在于其居世界之首的无形资产价值，更在于它的配方工艺、推销策略本身就是一部神话。可以说，每一个品牌都有美的形态、美的内涵、美的故事，这就是品牌文化的审美性。人的审美需要促使企业自觉地遵循"美的规律"去创造品牌，使其兼具实用价值和审美价值。市场竞争越来越使同类品牌的发展在成本、使用效能上趋于一致，品牌的竞争力日益体现在它的审美价值上。

七、品牌成长阶梯

企业的"牌子"分为标识、名牌、品牌、强势品牌四个层次，其发展也相应经历了四个阶段。

(一)"标识"阶段

产品仅仅是有了一个牌子，在消费者看来，这个牌子并不代表什么特别的东西。由于定位、营销等方面的失败，这个牌子或者没有让消费者了解，或者没能唤起潜在消费者感情的共鸣，总之，没有成功地找到消费者的情感依托。这个牌子只具有品牌六个含义中的一部分，如属性含义、利益含义，还不具有文化含义、个性含义。从理论上说，牌子只具有品牌的形成和品牌的象征符号，不具有品牌的本质和品牌的对应。

(二)"名牌"阶段

企业已经成功地在某一点上打动了潜在消费者，让他们记住了牌子的名称，并成功地为产品树立了一个良好形象，牌子已经拥有了较高的知名度，但尚未形成稳定的品牌偏好度和品牌崇信度。它具有了品牌六大特性中的大部分，但在"使用者"这一特性上表现不稳定，大众一拥而上地跟用，使得它难以明确界定特定的使用者，也使其在价值和个性上非常模糊，也不够扎实。也就是说，企业在品牌深层内容的开发上，还做得比较薄弱。"名牌"层次与真正品牌的区别在于品牌的本质，即是否清晰界定和管理了品牌内在的价值、个性和文化。由于没有形成稳定的品牌偏好度和品牌崇信度，中国不少企业陶醉在"名牌"的虚假光芒中，急功近利，盲目扩张，"巨人"、"三株"等等，成为教科书上企业失败的典型案例。

(三)"品牌"阶段

企业只有通过有目的的设计、科学的营销管理、有序的宣传推广，通过对与消费者关系的有效管理之后，才能使其拥有属性、利益、价值、文化、个性、使用者等六方面清晰的含义，从而达到一个品牌所应有的完整内涵。发展相应的品牌价值，到了这一层次，品牌将成为企业的宝贵资产之一，成为企业走向新市场的通行证，企业将获得扩大规模、降低成本的经营利益。企业可以在适当的时机扩展产品线，在价格大战到来时，保护企业免受冲击或降低风险。

(四)"强势品牌"阶段

如果企业始终坚持品牌经营的法则，不断改善管理水平，不断拓展企业的销售范围，不断改进产品，坚持提高企业的品牌价值，从而使企业的品牌有了很高的知名度和美誉度，很高的品牌崇信度和品牌联想力，以至于在某个产品上获得了领导地位，占有了某类产品的绝对市场份额。如可乐就是可口可乐，胶卷就是柯达。企业到达了品牌经营的至高境界——强势品牌。这时，自然有人将你的品牌拿到全球更多的地方去生产与销售，哪怕有人一把火把工厂烧光,第二天一早就可能会有许多人拿着钱争着要求重建你的工厂。这时,你可以在世界各国请当地最优秀的人做你的雇员,大肆收购当地的工厂和产品,贴上你的品牌销售。你不用担心质量问题和管理问题,因为在长期的发展过程中,你已经拥有一套成熟有效的质量控制体系和流程管理体系,使得问题基本可以被及时发现与解决,从而为你带来源源不断的利润。因此强势品牌是品牌发展的方向。

八、品牌管理的定义

品牌管理的含义有广义和狭义两种。狭义的品牌管理是指对已经建立起来的品牌进行有机管理,以使品牌在整个企业管理中起到很好的驱动作用,不断提高企业的竞争能力和品牌资产,造就百年品牌。这是品牌创造过程中最为重要的工作,承担着对品牌创造活动进行计划、组织、协调、控制的职能,其本质在于调动企业的全部力量,以品牌为核心,实施对顾客购买认知与购买行为的全过程管理。

广义的品牌管理指的是对品牌创建到品牌生命终结的整个品牌生命周期进行管理的过程,包括品牌调研、品牌创建、品牌定位、品牌推广、品牌维护、品牌检测、品牌更新和品牌终结等等。由于广义的品牌管理涉及的内容太多,本书主要论述狭义上的品牌管理对企业竞争力的影响。

九、品牌管理模式的新挑战

品牌管理是品牌资产建立的重要保证,因此在观念上必须清醒地认识到品牌管理的基本原则。品牌不是由品牌经理管理的,而是由消费者管理的(Merry Baskin,2002)。品牌所有者不能控制品牌,但是消费者可以。品牌运作的成功或失败取决于它的公众,以及公众对其所有行为表现的反应。不断发展的市场环境,使传统的制造商品牌管理模式受到多方挑战。Chernatory(1996)指出这些挑战主要表现在六个方面:(1)技术创新与新产品推出速度加快,使品牌的技术竞争优势难以长期保持;(2)零售商规模与力量壮大,制造商的品牌面临生存危机;(3)著名品牌也开始降价,将优质和优价相结合,增强品牌的竞争力,如沃尔玛的“天天平价”策略就是成功的范例;(4)层级性的品牌管理机构受到挑战;(5)产品品牌与公司品牌相结合,通过突出公司品牌与形象增强品牌整体影响力;(6)新进入的品牌数量很大,企业必须要考虑对它们的竞争对策,传统的以现有主要竞争对手品牌为参照系的定位模式,需要调整。

菲利浦·科特勒认为,两大环境势力促使企业重新考虑品牌管理。第一,消费者、市场及营销战略已发生变化。今天的消费者面对的是不断增多的可接受的品牌,并处于日益激烈的价格促销的包围之中,其结果是,他们正变得不太忠实于品牌。还有,传统的品牌经理集中力量搞长期的、针对大众市场的全国品牌建设战略,而当今市场的现实要求是较短期的、针对当地市场的销售增长战略。第二,零售商力量不断增长。规模更大、势力更强、信息更灵敏的零售商正要求更多的贸易促销来交换稀有的货架空间。贸易促销费用的增多,减少了品牌经理的基本营销手段,即全国性广告的利润。零售商还要求厂商提供按照顾客定制的“多种品牌”产品促销。这些促销手段都超过了单个品牌经理的职能范围,必须引入企业高层管理。这些变化极大地改变了企业的营销方式,使营销人员开始重新考虑品牌管理制度。

面对纷繁变化的竞争环境，品牌管理方法必须进行动态调整，创立新的品牌管理模式。品牌管理方法的调整主要有以下方面：

(1)不断提高品牌产品的附加值，实现顾客价值最大化，而非产品利润最大化；

(2)制造商品牌要积极应对零售商品牌的竞争，既要发挥制造商在产品研发方面的优势，又要与零售商拥有的分销渠道与零售技术相结合，建立密切的合作伙伴关系；

(3)注意品牌创新，对品牌延伸问题尤应慎重；

(4)加强整合营销传播，提高广告传播效率，特别是充分认识广告与促销间互为促进的关系；

(5)充分认识品牌是由消费者管理的思想，在品牌创建、维护和价值提升等诸环节都要把消费者放在首位；

(6)根据营销环境的变化，重组营销部门，真正建立反应敏捷、运行高效的品牌管理组织，在竞争中把握主动权。

在品牌管理中，企业必须不再以品牌为出发点，而是以这些品牌所服务的消费者和零售商的需要为出发点，这一点比以往任何时候都显得迫切。

高露洁公司适应了这种变化，它从品牌管理(高露洁牙膏)转到种类管理(所有高露洁—帕默里夫牙膏品牌)，再到一个新的层次——顾客需求管理(顾客的口腔健康需要)。顾客需求管理使企业最终把注意力集中到顾客的需求上来，实现了以顾客为核心的品牌管理。

案例分析

腾讯 QQ:一个六亿人聊天的品牌

2006 年岁末，盘点一年的发展，互联网企业显现出更加多元化的趋势：专业网站纷纷崛起，而几大门户网站在固守主业的基础上，不断探究其他的创新方向。与其他国内门户网站相比，腾讯走出了一条与众不同的发展道路。自 2005 年起，腾讯的产业布局发生了极大变化，腾讯正从“青春期”走向“盛年期”；而在世人看来，2006 年的腾讯，已经不仅仅是 QQ 的代名词，从 5.7 亿人的即时通讯工具发展到具有“在线生活”概念的全新网络世界，腾讯企鹅的小脚如何跑遍中国的各个领域？

“QQ”是以“玩”、“聊天”为产品定位的，牢牢抓住了 16～30 岁年龄段的网络用户。只要架起一根细细的网线，你就可以坐在属于自己的空间里，对着电脑屏幕和天南海北、认识或不认识的朋友进行点对点的实时交流，发送信息、互换礼物，畅游在虚拟的网络世界，不亦乐乎。仰仗这个“玩”，腾讯推出广告业务、移动业务及付费会员制，并成功将品牌外包，延伸打造知名度和美誉度，由此获得 10％的代理费；仰仗这个“玩”，腾讯 2003 年的净利润为 3.38 亿元，比 2002 年翻了近一番，并成为亚洲第一、世界第三的即时通讯运营商；仰仗这个“玩”，很多人借助聊天平台相识、相知、相爱，实现网络奇缘……

一个小小的聊天工具是不能建造出一个“网络帝国”的。当 QQ 初步取得成功的时候，一个简单功能就可以满足用户的需求，但随着市场的变化，为了保证用户对品牌的忠诚度，腾讯所有的业务都紧紧围绕着“即时通信”这个核心产品做精、做细，为 QQ 注入新的娱乐休闲元素，开发新功能。腾讯先后推出 QQ 奥运版、2003 版、2004 完美版等，面对五花八门的小企鹅，有人说："选择更多了，QQ 越来越好玩了。"这句话正说明腾讯借助 QQ 的实时聊天功能平台，成功聚集了网络人气，为腾讯的扩张版图奠定了良好的基础。

从"QQ 私语"到 QQ 非常男女、QQ 加油站、QQ 群、魔法表情、移动 QQ、炫铃等等，腾讯将这一品牌从线上延伸到线下。当腾讯形象授权商的第一家 Q—GEN 服装专卖店开张之后，腾讯适时提出了"Q 世代，Q 人类，Q 生活"的口号。QQ 走下网络，走进"寻常百姓家"，手表、QQ 风铃、QQ 陶瓷公仔、QQ 鼠标垫，QQ 锦囊——从公仔到小饰品、衣帽、服装全面开花。

2006 年 3 月 29 日，腾讯与可口可乐宣布结成战略合作伙伴，联手打造全新的 3D 互动在线生活，此举开辟了网络与企业新型合作模式的先河。可口可乐(中国)饮料有限公司副总裁兼市场战略及创新总经理苏柏梁说："在中国，腾讯是即时信息与在线生活的领军企业。腾讯创新的强大技术使得可口可乐 www.iCoke.cn 网站可以通过 3D 形象的运用，突破性地为青少年提供无与伦比的个性主张，并为他们提供精彩纷呈的娱乐互动，体验可口可乐'要爽由自己'的激情生活。"

2004 年，作为即时通讯工具，企鹅 QQ 大获全胜。然而腾讯一直在酝酿一个转变：从单纯的即时通讯服务提供商转变为综合的互联网服务提供商。经过 2005 年的战略转变、打牢基础，2006 年，腾讯已经形成了 IM、QQ.com、QQ 游戏和拍拍网四大平台，也即腾讯一直强调的"在线生活"产业布局，围绕已经形成的社区(community)进行全面的业务布局，为社区用户(customer)提供信息获取、沟通、娱乐、商务等全方位的互联网内容服务(content)，并且借助几次"战役"凸显力量。

在竞争激烈的 2006 德国世界杯媒体大战上，腾讯取得了优异的成绩。在报道期间，各家门户网站使出了浑身解数，搜狐、新浪或是以独家网络视频版权作为卖点，或是以全天 24 小时报道加各路人马评论吸引眼球。而在这次世界杯狂欢中，腾讯正是依托庞大的互联网社区，通过 QQ.com 这一平台，整合无线、游戏等多方面的资源，通过 QQ 电台、QQ 群、BLOG、QQ 杂志、论坛、彩铃，以及与足球界名嘴的线上交流等多种形式，为广大网友、球迷打造全方位的精彩世界杯在线生活，开辟了一个与众不同的 2006 世界杯战局。

随着小企鹅的长大，特别是腾讯在香港成功上市以及马化腾在网上拍卖其个人"88888"QQ 号，资助印尼难民的慈善义举公布后，腾讯公司诚信健康、进取有为、创新经营的品牌形象深入用户内心。在 2005 年，作为中国最大的即时通信工具运营商，腾讯立志要成为一家肩负社会责任的上市企业，针对网络中欺诈、不健康和不道德的行为时有发生的情况，腾讯将大力开展"营造健康网风"活动，并希望借此推动互联网与正确文化导向的深度整合，营造积极向上的互联网环境，为卡通企鹅的可爱形象注入更加健康、可敬的品牌形象元素。

目前，腾讯占据了"即时通讯"70％以上的市场，这块大蛋糕正在被新浪、搜狐、网易等门户网站觊觎，它们争相杀进，威胁着腾讯的根据地。为此，腾讯将在提升 QQ 质量方面作出努力，特别是针对一些门户异常清晰的语音聊天质量，将采取购买技术、收购企业以及自我研发等多种措施来完成语音通信质量的提升。业界分析，从短期来看，腾讯的用户规模优势是无法被打破的，网易泡泡、雅虎通、新浪 UC、搜狐搜 Q 等尽管来势汹汹，但不会对腾讯构成威胁。现在“时尚一族”常问“网友”的是:“你有MSN吗?”QQ好像已有些过时?因而有人断定:腾讯主要的对手是微软的MSN——企业版即时通信,甚至预言,当MSN携领先的技术与服务、强大的功能、雄厚的资金、创新性的商务模式和本土化战略进入中国时,QQ将面临困境。对此,马化腾认为,尽管微软的威胁很大,但腾讯的优势同样是巨大的,而且,腾讯在与微软的竞争中始终不会懈怠。

(资料来源:根据全球品牌网、互联网实验室相关资料改编。)

案例讨论题:

1.腾讯是怎样塑造QQ品牌的?

2.归纳QQ网络品牌的传播特点。

3.目前,我国的网络环境已经发生了翻天覆地的变化,博客、播客等多种网站形式层出不穷,这种变化对网络品牌的创建与传播将会产生什么影响?

第 2 章

品牌定位管理

第一节　定位理论的演进

定位理论的诞生、发展与演变一直与营销的发展紧密相关。营销的发展历史经历了产品主导、形象主导和定位主导时代，相对应的，定位理论经历了 USP 理论、品牌形象理论和定位理论三个阶段。

三种理论的主要差异如表 2-1 所示。

表 2-1　定位理论的演进

	USP 理论	品牌形象论	定位论
产生时间	20 世纪 50 年代	20 世纪 60 年代	20 世纪 70 年代
时代背景	产品主导	形象主导	定位主导
核心观点	强调产品的特征及利益	塑造形象长远投资	占据第一心理位置
方法与依据	实证	精神和心理满足	差异化
沟通基点	产品属性	形象识别系统	消费者需要

一、USP 理论

20 世纪 50 年代之前，市场基本上属于供不应求的卖方市场，厂家最主要的问题是解决产能的问题。受当时生产力发展水平的限制，消费者比较注重实质利益，注意力集中在产品的属性与功能上。然而这一阶段的消费者已经自然而然地对某种产品形成了自己的看法，尽管这种看法可能是模糊的。20 世纪 50 年代后期，科技的进步和社会的发展使得企业产能迅速扩大，可以迅速仿造出相同或相近的产品，产品间的差异越来越小、同质性越来越高，令市场争夺日益激烈，消费者在众多可选择的商品面前也显得无所适从。此时，产品本身的优势在竞争中被削弱，单纯依靠产品本身的功能和特征来吸引消费者已显得越来越力不从心了。市场营销观念也从产品观念转向推销观念。在这种背景下，罗瑟・瑞夫斯提出了 USP 理论，即独具特点的销售主张，认为在确定广告主题时要把注意力集中于产品的特点和消费者的利益上，通过产品间差异的分析，选出消费者最易接受的特点作为广告主题。该理论的要点如下：

(1)找出该品牌独具的特性(unique)。这个特性必须是独特的、唯一的，其他同质竞争商品从来没采用的。即广告必须说出商品的独特之处，这一独特之处必须是竞争对手做不到或无法提供的。

(2)适合消费者需求的销售(selling)。广告所强调的内容必须对销售有实质作用，能打动顾客，促使其购买。

(3)发挥建议的功能(proposition)。广告必须包含特定的商品效益，即每一则广告都必须准确无误地告诉消费者，购买广告中的产品能得到什么好处。

二、品牌形象理论

20世纪60年代以后，科技的进步和规模化的大生产使得新建立的企业可迅速仿造出相近的产品，特别是产品间的差异化程度越来越小，同质化程度越来越高，众多品牌不断涌现，市场竞争日益激烈。同时，社会化大生产的分工协作原则使得不同企业都在按照相同的标准生产同样的产品，标准化的生产使产品难以产生较大的优势差别。与此同时，随着生活水平的提高，消费者购买心理开始发生变化，由注重实效向兼顾心理满足转变。消费者购买不仅追求"实质利益"，而且追求"心理利益"；不仅注重产品的特性，更注重产品背后的企业形象和产品声誉。企业要获取市场竞争的优势，应使自己的品牌具备有别于其他竞争者的形象。在这一背景下，广告大师奥格威首先提出了品牌形象(Brand Image)理论。该理论的要点如下：

(1)创造差异性：品牌因其差异性而给消费者留下深刻印象。品牌间的相似点越多，消费者选择的可能性越小。通过差异性为品牌树立一种突出的形象，可为企业获得较大的市场占有率和利润。品牌形象是创作具有销售力的广告的必要手段。

(2)广告是对品牌印象的长期投资：品牌是能给企业带来持续利润的长久资产。通过广告积累消费者心中的品牌印象，也就是对品牌进行长期投资。一般说来，强势的品牌享有较高的利润空间。

(3)属于某种商品概念的各个品牌之间，如果没有品质上的差异时，那么竞争胜负的关键就在于消费者对于商标和企业外在形象的印象。因此描绘品牌的形象比强调产品的具体功能特征更为重要。

三、定位理论

20世纪70年代，商品经济高度发达，商品日益丰富，在市场有限、消费者能力有限的情况下，丰富的同类商品不可避免地带来同行业之间的竞争。生产过剩使得企业之间的竞争不断升级。以往企业广告诉求的重点是企业形象，企业不仅要有良好的产品和形象，更重要的是要被人们所接受。在这种背景下，里斯和特劳特提出了"定位"的概念，认为企业要想战胜竞争对手，唯一的办法就是在消费者心中占据有利位置，进入消费者大脑中的阶梯。

里斯和特劳特从分析消费者的心理认知入手，从品牌传播的角度阐释定位的概念。

从某种程度上来说，里斯和特劳特作为两位广告人，是最成功的“定位理论”的定位者，以至于人们认为里斯和特劳特就等同于定位。然而，从 1969 年，里斯和特劳特首创“定位”的概念至今已有近 40 年的时间，这期间，又有众多的广告、营销领域的专家和学者对“定位”发表大量的简介，推动定位理论不断升级、完善。综合目前已有的研究，我们可以将定位的概念划分为以下三种：

(一)从传播角度定义的概念

关于品牌定位，最为世人关注的是里斯和特劳特的定义。1969 年，杰克·特劳特(Jack Trout)和艾·里斯(Al Ries)在《工业营销》杂志上发表的一篇论文中提出了“定位”的概念。它的出现立即在美国营销界产生了巨大的反响，并迅速风靡全球。1972 年，两人为专业刊物《广告时代》(*Advertising Age*)撰写了题为“定位时代”的系列文章。1981 年，McGraw-Hill 公司出版《定位》一书，系统阐述了定位理论。1995 年，杰克·特劳特又与瑞维金合作，出版了《定位》的刷新之作——《新定位》。可以说，定位及其衍生理论已经成为营销的主流指导思想，定位理论被公认是“有史以来对美国营销影响最大的观念”。

定位的起点是目标消费者的心智，而不是产品本身。“定位”不是为产品定位，而是在消费者头脑中找定位。消费者的头脑中存在一级极小阶梯，他们将产品或多个方面的要求在这些小阶梯上排队，而定位就是要找到这些小阶梯，并将产品与某一级阶梯联系上。

定位理论认为现有的产品一般在顾客心目中都有一个位置，因而定位应强调通过突出符合消费者心理需求的鲜明特点，确定特定品牌在商品竞争中的方位，以方便消费者处理大量的商品信息。

《新定位》补充道，为适应内外部环境的激烈变化，避免丧失原有的定位，厂商必须在竞争中再定位。

由此可以看出，里斯和特劳特把定位当作是一种纯粹的传播策略，要点是“消费者心中”和“相当于竞争对手”。

后来，当代美国著名品牌专家林恩·阿普什(Lynn B. Upshaw)在特劳特的基础上，将消费者对定位的意义推到极致，他认为只有一种真正有力的定位，即顾客定位。所谓的顾客定位：首先，定位就是确定产品品牌在顾客和潜在顾客头脑中的位置，必须把品牌由市场导入消费者理念；其次，销售者只提供关于品牌定位的建议和方案，而只有顾客才能成为定位主体，即有权决定接受还是拒绝销售者提出的品牌，销售者不能代替顾客定位，不能将品牌理念强加给顾客；最后，销售者必须从顾客的角度去思考和策划品牌定位，销售者必须善于引导顾客朝着他们策划的方向发展。

(二)从营销角度定义的概念

从营销角度出发，定位就是营销的必经环节。以世界著名营销大师菲利普·科特勒为代表，他认为：定位是对公司的产品(或服务)和形象的策划行为，目的是使它在目标消费者心中占据一个独特的、有价值的位置。因此，营销人员必须从零开始，开发所有的 4P(Product，Price，Place，Promotion)，使产品特色确实符合所选择的目标市场。

此外，菲利普·科特勒在 1980 年为《定位》一书撰写前言时，还阐释了“定位”的意义，即它存在于营销管理 4P 要素之前的环节，影响着所有的后续步骤，包括促销、传播、广告。在科特勒看来，里斯和特劳特的“定位”是对现有产品的心理定位和再定位。其实，定位是对潜在产品的实体定位,更是对目标市场的发现。“定位”是一种战略性的市场营销,定位理论是一个系统化的、完整的市场营销过程。市场定位必须根据企业内外部环境的变化作出相应的调整,市场定位是一个动态的市场营销过程。

(三)系统定位的观点

我国学者李飞在综合了特劳特和科特勒的定位理论的基础上,提出了具有实践意义、可操作性的钻石图综合定位模型。

他以纵轴表示定位过程,用横轴表示定位内容,用三角形表示定位范围,然后将三者组合,就构成了一个市场定位或营销定位的钻石图。定位过程由找位、选位、到位组成。所谓找位是市场细分,评估细分市场和选择目标市场;选位即是定位的内容,是由属性定位、利益定位和价值定位三个维度构成,对产品、价格、分销和沟通进行定位选择;到位就是通过产品、价格、分销和沟通四项营销要素的组合实现营销定位。

李飞的钻石图定位模型实质上是对科特勒的营销定位的进一步完善,对指导具体的定位实践具有实际意义。

第二节　品牌定位

一、品牌定位的概念

(一)品牌定位的定义

关于定位的定义,营销界的专家和学者并没有太大的争议。最早提出“定位”概念的里斯和特劳特是这样给“定位”下定义的:定位始于产品,一件商品、一项服务、一个机构、一个人……定位并非指对产品本身采取什么行动,而是指要针对潜在顾客的心理采取行动,即要在顾客的心目中确定一个适当的位置。营销大师科特勒为定位所下的定义是:企业设计出自己的产品和形象,从而在目标顾客中确定与众不同的、有价值的地位。两位大师都一致同意定位的目标是要在消费者心中确定一个有利的位置,定位的关键是给消费者提供差异化、有价值的特性。不同的是实现定位的方法和手段:特劳特认为要通过传播的方式实现品牌定位;而科特勒则认为应当将定位纳入整个营销体系中,定位是营销战略实现的关键环节,定位不只通过广告、传播、促销等方式实现。特劳特将定位看作是沟通战略的工具,给消费者提供差异化的利益,是为了有效地与目标市场沟通,占据消费者心中的特定位置,从而使营销战略富有竞争力,使选定的目标市场真正成为企业的市场。科特勒认为,产品和品牌是营销者用来满足各个细分市场中存在的差异化需要和欲望的载体。因此,对产品和品牌的定位实质是要为目标市场提供一种差异化的利益。

(二)品牌定位与企业定位的辨析

所谓企业定位,是对企业形象的一种定位,一个企业的全面定位是由它的经营历史、领导人物、产品质量、顾客评价、服务水准、社会价值等决定的。

企业定位的内容和范围比品牌定位和产品定位要大得多。一个良好的企业形象和较高的社会地位不仅应得到消费者的认可,还应得到所有企业利益相关者的认可,包括内部的管理者、员工、股东，外部的供应商、代理商、金融家、同盟者、政府、新闻机构、有关专家等。企业活动的所有环节——采购、生产、财务状况、销售、价格、广告和公共关系等，也都会对公司定位产生影响。

在品牌初创期，品牌知名度低，品牌定位尚在与消费者的持续沟通之中，尚未得到消费者的高度认可。企业定位要高于品牌定位和产品定位，而处于定位的最高层。企业必须先定位其产品和品牌，然后才能在公众中树立企业的美好形象。而作为定位的最后一步，企业定位又对前两步起着强化的作用。人们往往给社会评价高的企业更大的信任度，更愿意接触与其相关的品牌战略信息，接受由其提供的产品和服务，在品牌体验中加深对企业的印象。采用多品牌战略的企业，往往采用企业定位的方式，将多个品牌定位统一整合到企业定位上来。

当品牌成为强势品牌时，品牌已经得到消费者的高度认可，那么，其品牌定位可能会超越企业定位。企业的物质层面在品牌的精神、价值层面之下，由品牌定位来统摄企业定位。品牌扩张之初即企业扩张之初，采用单品牌战略或者突出产品品牌战略的公司，往往在与消费者沟通时淡化企业定位的色彩，将消费者的视线聚焦于产品品牌。

品牌定位与企业定位，到底哪一个居于更高地位？首先，要视品牌发展的阶段而定。对于普通品牌而言，企业定位高于品牌定位，甚至发挥决定性影响；而对于强势品牌而言，则品牌定位要高于企业定位。其次，要看企业到底采用何种品牌架构。品牌名称与企业名称相同的企业，企业定位与品牌定位关系最紧密。例如，海尔集团生产经营的冰箱、空调、洗衣机、电视机等全部产品都标有“海尔”(Haier)品牌，飞利浦公司生产的音响、电视、灯管、显示器等所有产品都以“PHILIPS”作为品牌，还有日本佳能公司旗下的全部产品都统一使用“Canon”品牌，这类企业的定位与品牌定位休戚相关。

（三）品牌定位与产品定位的辨析

所谓产品定位，就是将产品能够满足消费者需求的某个具体的属性或功效定位在消费者的心中，当消费者产生这类需求时，就会联想起这种品牌的产品。

产品定位侧重于渲染产品满足消费者需要的属性。按照营销大师菲利普·科特勒对产品的分析，一个产品应该包含五个层次：核心产品、形式产品、期望产品、附加产品和潜在产品。因此，产品定位也围绕着这五个层面做文章，它应该在五个层面上建立一个或几个差异点，表现在技术、质量、安装、应用、维护、价格、包装、销售渠道和售后服务等方面。这些差异点应该非常突出且是消费者关注的，因此能给消费者留下深刻印象，让消费者在心中将该属性和产品建立紧密联系。

产品定位是品牌定位的支撑点。消费者对品牌的第一印象首先来自对产品的实际使用，也就是对产品定位的认知。消费者对品牌的认可首先是以产品为实际载体，如果没有产品在消费者头脑中的鲜明形象，就不用再谈品牌在消费者头脑中的鲜明形象，更不要奢谈品牌在消费者心中占据有利位置。产品定位是所有定位的基础，是品牌定位的支撑和依托，离开了产品定位，品牌定位将成为“无源之水，无本之木”。

产品的五个层次仅仅是品牌内涵中的利益和属性两层关系，而没有体现品牌的价值、文化、个性和使用者。人们使用某种产品在很大程度上是为了体验品牌定位所表达的情感诉求。品牌定位成功后，品牌作为无形资产就会脱离具体的产品而单独显示其价值，远高于产品的价值。因此,产品会进入衰退期,而品牌能够超越产品的生命周期,在一代又一代的产品、一个又一个的产品上得到延续。产品只是承载品牌定位的物质载体,品牌定位是更高层次的营销思路与营销战略,远远超出了产品定位本身。

(四)品牌定位与市场定位的辨析

所谓市场定位,即确定企业提供产品或者服务的目标顾客,主要包括市场细分、评估细分市场和选择目标市场三大步骤。

在品牌定位的参照维度中,市场是需要参照的一个维度。品牌定位要以市场提供的信息作为定位的依据,并且在品牌定位的具体操作中找位,也就是市场定位,确定品牌的目标顾客。要完成一个明确而清晰的定位过程,企业必须了解自己的品牌所能获得的市场份额。这就需要对市场进行细分,确认品牌可以并且能够建立定位的目标市场。

所以,市场定位是品牌定位必经的一个环节,市场定位是品牌定位的组成部分。

(五)品牌定位与广告定位的辨析

广告定位是指广告宣传赋予产品某种特色,以便使企业的产品在市场上、消费者心目中找到一个独特的位置,从而有利于产品的销售。从广告的策划、创作过程看,正确的广告定位为广告的创作提供了最基本的题材。广告的构思、创作只有在正确的广告定位的基础上进行,才能打动消费者。广告定位,要分析消费者购买本商品的"理由",因此,从实现广告的功能来看,正确的广告定位是说服购买者的关键。

在里斯和特劳特看来,品牌定位从某种程度上就等同于广告定位。他们认为,定位从产品开始,但定位并不是对产品做什么,而是对未来的潜在顾客的观念所下的工夫,其基本目的就是要突破传播的屏障,把影响潜在消费者作为首要目标,使广告和品牌信息在受众心中找到一个位置。之后,科特勒将定位发展到营销战略层面,品牌定位和广告定位才截然区分开来。

比较品牌定位和广告定位的内涵与外延,品牌定位是主体,广告定位是实现品牌定位的手段,是将品牌定位信息传播给消费者的品牌传播中的一个环节。因此,品牌定位是广告定位的基础,为广告定位下基调,而广告定位帮助企业实现品牌定位。

二、品牌定位的原理

(一)需要层次理论

人类需要这个概念是营销学最基本的核心概念,同时也是品牌定位最基础的概念之一。品牌定位点的开发是以满足消费者的某种需要为重要参照的;品牌只有满足消费者的某种需要,才能在消费者心智中占据有利位置;品牌定位只有不断适应消费者变化的主导需要,才能保持在消费者心中的地位。

1.需要层次理论的内容

所谓人类需要,是指人类感受到的匮乏状态。早在1934年,美国心理学家马斯洛就对人类需要的类型进行了深入研究,提出了需要层次论,认为人的需要可以归纳为由低到高五个层次,即生理的需要、安全的需要、社交的需要、尊重的需要、自我实现的需要。20世纪50年代,马斯洛又补充了两个需要,即求知的需要和审美的需要。

(1)生理的需要。生理的需要是人类最原始的、最基本的需要,包括食物、水、栖身之地、性以及其他生理机能的需要。它是人类生存的基本条件，是产生其他需求的基础，在这一需要没有得到满足时，人们会无视其他需要或把其他需要搁置一边。

(2)安全的需要。安全的需要是保护自己免受身体和情感伤害，同时能保证生理需要得到持续满足的需要。

(3)社交的需要。人生活在社会大家庭中，必然要与周围的其他人发生交往与交流。这种需要包括爱情、归属、接纳、友谊的需要，具体表现为：人们希望与邻居、同事、朋友、同学等周围的人保持友好、融洽的关系，希望得到亲情、友情和爱情；人们希望从属于一定的集团或群体，被群体所接纳和认同，得到群体的重视与友爱，否则就会感到失落和空虚。

(4)尊重的需要。尊重的需要包括内部尊重和外部尊重。内部尊重包括自尊、自主和成就感等。人们都希望自己有实力、有成就，能够胜任工作，并要求独立自由、自主，希望受到别人的尊重。外部尊重包括地位、认可和关注等。人们都希望得到别人的信赖、赏识和好评，需要他人给予名誉、地位和权力，即使处于社会最底层的人也需要别人的尊重。

(5)求知的需要。求知的需要是指人们对各种事物好奇、探究并学习事物的哲理，对事物进行实验和尝试的需要。求知需要通常是人们用来获取知识、发展智能、提高思维修养等方面的需要。人的知识愈丰富、能力愈强，生存本领就愈大，因此，可以说人的一生都在自觉或不自觉地学习各种知识。

(6)审美的需要。审美的需要是人们对一切美的东西的追求，比如环境美、语言美、行为美、心灵美等，它既包含物质方面的需要，也包含精神方面的需要，是一种高层次的需要。

(7)自我实现的需要。自我实现的需要即成长与发展、发挥自身潜能、实现理想的需要。这是一种要成为自己所希望成为的那类人的内驱力，追求个人能力极限的内驱力，也就是希望把能力发挥至极限，从而实现个人理想和抱负的需要。

2.需要层次论对品牌定位的启示

需要层次论对品牌定位的启示主要有如下几点：

(1)有时人们会在同一时间内存在几种需要。由于个人的动机结构发展的状况不同，这些需要在体内形成的层次性也就不同，对行为的支配作用也不同。在进行品牌定位时，重要的是分析目标消费群当前的主导需要和未来的主导需要。

(2)只有当低层次需要得到满足后，人们才会产生高一层次的需要；需要的发展是交叠的，即一种需要只要得到某种程度的满足而不是完全的满足就可以产生更高层次的需要。因此，当市场上充斥着产品质量、外观、性能同质化的品牌时，品牌定位率先转移到高层次需要的品牌，往往更能在消费者心中占据有利位置。

(3)人们低层次需要和高层次需要都能得到满足时，往往会追求更高层次的需要，因为更高层次的需要更有价值，能给人们带来更深刻的幸福感和满足感。因此，如果某类产品只能给消费者提供单一的功能，那么品牌定位点的开发放在人性价值的强调上则更为有效。

(4)若一个人的需要层次已经发展到了高层次需要，但低层次需要却长时间得不到满足，这会导致其需要层次的降低。当然，也有极少数的人低层次需要尚未得到满足，却对高层次的需要有了强烈的追求。一般来说，需要层次越高，与生活的联系就会越少，也就越能反映人类的特征。

(5)人类的需要没有一种是完全得到满足的。消费者永不满足的需要正是品牌定位以及再定位的直接推动力。发现尚未满足的消费需要，就意味着找到了市场缝隙，从而有可能找到一片“蓝海”，成为细分目标市场中“第一”和“最佳”的产品提供者。研究消费需要层次发展变化的客观规律、分析消费者目前的主导需要层次、预测消费者需要的走势，甚至引导和推动消费需要的发展，就能取得先机成功定位品牌，并与时俱进保住品牌在消费者心目中的有利位置。

(二)消费者对品牌的知觉、认识与态度

品牌定位瞄准的是消费者的心智，品牌是在与消费者的沟通互动中建立起来的。那么，消费者对品牌的感知、认知及其态度的形成是品牌定位形成的心理基础。

1.消费者的直觉过程

从消费者行为的角度分析，消费者对外在物的知觉过程，是一个复杂的心理过程。在消费者与外在物的接触(或称为展露)过程中，有关外在物的存在信息通过消费者的个人感知系统进入大脑，从而引起消费者注意，并使之进一步搜集相关信息，外在物就在消费者的大脑中逐步形成一个完整的“图像”，达到了知觉的境界。

(1)展露阶段。展露，是指外界的刺激物出现在消费者感知接受的范围之内。消费者通过看、听、接触、品尝、闻等感官接收外界的刺激。据统计，90%的刺激通过视觉被感知，其余刺激大多通过听觉来感知。因此，在传达品牌定位信息时，要注意品牌识别系统的设计与品牌定位相称。同时，这也解释了为什么广告主高度依赖电视媒介传达品牌信息。按照麦克卢汉的观点，电视延伸了人的视觉和听觉系统，电视传递的信息能被消费者充分感知。

(2)注意阶段。注意，是指消费者在其接触范围之内对刺激物的关注程度。影响有意识的关注的因素很多。大量研究表明，其中第一个因素是客观刺激物本身的特点。消费者比较容易注意那些特征鲜明的刺激物，例如异常的广告信息、对比关系强烈的信息。其他影响因素还有刺激物的大小、所处的位置、颜色、音量、活跃状态等。

第二个影响注意的因素被称为“反应机会因素”，即消费者受到的其他刺激物的影响以及原始信息重复的数量，都可能会干扰其对某一刺激物的注意。

第三个因素是信息接收者的差异。消费者愿意接受多少信息，其价值观、动机和态度、兴趣及其社会地位、目前的兴趣和偏见等因素均会影响注意的对象。符合个体需要的信息最可能成为注意的中心，个体会对它产生知觉并储存在记忆中。

注意具有选择性，消费者只注意和解释能强化和巩固其世界观以及符合其自身特点和其所购产品和服务特点的刺激。一旦消费者注意到了某一事物，就会对它蕴含的信息进行解释，并储存在记忆中，以便加强和巩固已有的态度和行为。

(3)解释阶段。解释，是对个体感受赋予某种意思，若消费者接受的刺激不同，则对其赋予的最终含义也不同，消费者根据刺激所属的信仰范畴倾向解释刺激含义，例如，品牌名称能感染消费者对产品属性的预期及对性能的感觉。同时，消费者的个体主观因素会影响消费者对刺激的解释，包括价值观、动机、态度、兴趣及其社会定位等。

人们在知觉的过程中存在着选择性的定律，即受众在接受信息时根据个人需要有选择地接受信息，对接收到的信息有选择地分配注意力，同时受已有的知识、价值观、动机、受教育程度、宗教、文化等因素的影响，对注意到的信息进行选择性的理解，与自己既定的价值体系、知识体系以及思维方式尽量保持协调一致。

2. 消费者的认知学习原理

心理学家认为，学习是长时记忆内容的改变。记忆分为短时记忆与长时记忆，短时记忆保留信息的时间很短，对人们今后的信息接收和处理影响有限，而长时记忆则相反。那么，人们多次接收到关于同一事物的信息，进入长时记忆，并且累加，就形成了对该事物的认知。那么这个长时记忆内容的改变、叠加的过程就是学习。学习有多种形式，最简单的一种是通过重复加强记忆。消费者反复接收到一些信息，如品牌名称、标语或承诺，消费者通过无意识地注意便可记住这些信息。第二种是替代学习，即模仿他人行为，并应用到自己的生活中。消费者的各种行为，如购物、同售货员交流、选择品牌和消费等，都可以成为其他消费者观察、模仿的榜样。运用名人做广告，请明星代言品牌，就是这一原理的运用。第三种是正式的学习，即面对面的信息交流。儿童社会化的过程主要是采用这种学习形式完成。例如，家长或者老师教儿童技能、知识、信念及对社会环境的喜爱等。在营销中，导购员向消费者介绍有关产品的特殊知识即可视为这种学习。

无论是哪一种形式的学习，其实质过程都要经历一个接触信息→注意信息→解释和理解信息→短时记忆→长时记忆的过程，前面三步是知觉的过程，下面主要重点分析短时记忆与长时记忆对企业品牌定位的启示。短时记忆的信息数量有限，而且保持不超过一分钟；长时记忆则能保持数分钟乃至几年时间。记忆的四个功能提高了信息从短时记忆转化为长时记忆的可能性以备将来使用，这四个功能是：(1)复述，脑中不断重复信息，提高了该信息与其他信息发生联结的机会，因而得以保留；(2)编码，将信息转变为符号或文字特征，以便储存、与其他数据联结及提取；(3)储存，也包括上述信息的精心制作即信息组织化的操作；(4)提取，指信息从长时记忆回溯到短时记忆的过程，使信息可用于评价和决策。

如果品牌定位的信息想顺利地进入消费者的接触范围，引起消费者的注意，得到消费者的正确理解，再通过短时记忆进入长时记忆，就必须调动记忆的四个功能，采用有利于复述和编码的品牌信息，例如利用容易记忆的品牌名称、广告用语和包装设计等传递品牌定位信息。

同时消费者的认知和学习是一个长期的过程，已有的知识，即已经存储在长时记忆中的内容将成为下一轮认知活动的背景知识，影响消费者对新信息的接收和处理。如果新的信息与人们长时记忆中已有的相关知识矛盾，那么大多数消费者会启动知觉选择性机制，按照自己的需求处理信息。人们常说儿童就像一张纸，而成人往往戴着有色眼镜看世界，这正是因为成人比儿童储存了更多的关于世界万物的知识。选择机制中的影响因素并不多，基于这一点，品牌定位信息在传播时要进行整合，让消费者在不同时机、不同地点接触到的有关品牌的信息能相互印证、持续累加，不断加深消费者的记忆，从而在消费者心中占据有利位置。

3.消费者态度

态度是指对特定刺激的一般心理倾向，即以可预期的方式进行活动的倾向。态度有积极、消极之分，可以是喜欢或不喜欢某对象、思想等。在市场营销环境中，消费者对品牌、产品、公司、商场或广告持有一定态度，消费者的态度就是他们喜欢或不喜欢这些刺激。态度是后天习得的，而不是与生俱来的，它是通过个体经验、推理和与他人交往的经验而获得的。

态度有四项关键的功能：

(1)知识功能，个体构建自己的知识体系，为物理和元物理现象提供解释；

(2)价值表现功能，态度可以用来表达个人的价值观与自我概念，比如崇尚自然的消费者可能发展与此价值一致的关于产品与活动的态度；

(3)调节功能，个人评价客体对维持目标的有利性；

(4)自我防御功能，有的态度是为了自我保护或自我防卫而形成，例如，在社会中受到威胁的个体可能对使人觉得安全的品牌形成好感，这是他们自我保护的表现。

从这些功能的描述中可以看出，态度对人类(消费者)的行为作用广泛。对于市场营销的目的而言，态度是非常重要的，因为它反映了消费者如何评价广告、品牌、产品、商场等，以及如何作出反应，因为消费者要通过消费以满足其各种需要。态度的重要性还在于，它可能会影响消费者行为。态度及其结构，直接被应用于市场细分、选择目标市场、评估市场份额、评价广告效果、评估品牌影响力等。

(三)特劳特的消费者心智模式特点

1.大脑的有限性

人的大脑无法处理所有的信息。如果把人类的大脑比作一台复杂的生物计算机，那么它的“突触”——神经元传输点的功能就是容量控制器。当信息通过缓冲器之后，就进入了短期记忆区。短期记忆区承载的信息量非常有限，时间也很短暂。信息被放置到短期记忆区之后，很快就会永久性地丢失，除非有什么事情发生，它才会被转移到长期记忆区中。其实，80％的短期信息都不会被转移。哈佛大学心理学家乔治·米勒研究发现，短时记忆容量只有7±2个组块。就是说，普通人的大脑无法同时处理七件以上的信息单位。你看一眼能够记住的信息只有5～9个，所以人们在列出必须记牢的事项上多半只列到第七项。如一周有七天、音乐有七个音符、七位数的电话号码、世界七大奇迹、七仙女、白雪公主和七个小矮人等。这样的心理规律就要求传播信息要简洁、鲜明、不断重复，以争夺人们有限的心理空间。当信息呈现的次数达到一定程度时，它对人的心理影响就由以有意记忆为主转变为以无意记忆为主，就会对人的态度、观念产生潜移默化的影响。

人的大脑是有选择性的，记忆也有高度的选择性。面对信息过度的环境，人的大脑采用选择性曝光、选择性注意力和选择性保持力三个环节进行防御，兴趣、情感和过去的经历对大脑记忆起着重要作用。

2.大脑憎恨混乱

人们对复杂的事物有抵触情绪，喜欢简易的东西。让信息真正进入大脑的最佳方式就是简化信息。因为大脑憎恨复杂和混乱，在越来越多的情况下，厌烦情绪是由于过度刺激和过度的信息产生的。因此，人们要“残忍”地对待要编辑的信息，删掉其他人也能说得像你一样好的信息，扔掉需要复杂的分析过程才能证明的信息，避免同你的感知不合拍的信息，最后，不要忽视那些显而易见的信息，它们常常是最有力的信息，因为对于市场来说，这些信息也是显而易见的。

3. 大脑的不可靠性

大脑总是倾向于情感，而不是理智。人们有时不太清楚自己的购买动机，即使能回忆起来，大脑也是不可靠的。

大脑的不可靠性有多种原因，其中一个是感知风险，包括五种形式：

(1)金钱风险(我买这个东西可能会浪费钱)；

(2)功能风险(也许这个东西不好用，或并不像想象中的那么有用)；

(3)生理风险(它看上去有点危险，我可能会受伤的)；

(4)社会风险(我要是买回去，我的朋友会怎么想呢)；

(5)心理风险(我要买了这个东西可能会感到内疚或是不负责任)。

感知风险让消费者不断跟随，恰如罗伯特·西奥迪诺所说的“社会证明原则”：我们只有知道别人认为什么是对的，自己才认为什么是对的。这种以他人的正确做法为标准的倾向通常都很有效。沃森·汤普森公司总裁斯坦利·里索把这叫作“模仿意识”，他说：“我们总想模仿那些我们认为在品味、知识或经验方面比我们优秀的人。”

4. 大脑不会改变

品牌一旦在消费者头脑中形成特定形象，有了清晰定位，就不会轻易改变，而且这种印象越深刻，改变的难度就越大。

美国麻省理工学院前教师迈克尔·汉莫在《重建革命》(*Reengineering Revolution*)一书中把人们拒绝改变的顽固性称为“重建中最复杂、最讨厌、最痛苦、最混乱的部分”。

《社会心理学手册》(*The Handbook of Social Psychology*)也重申了改变人们态度的困难性：“任何改变人们态度的企图都会遇到艰难险阻。改变一个人的基本观念非常困难，即使运用了一些诸如心理疗法在内的精心准备的复杂方法也是如此。这是可以理解的，在改变人们态度方面，对某些人使用的方法对另外一些人却没有效果。”

如果贸然改变消费者的观念，那么导致失败的可能性会很大，有时甚至会付出惨重代价。既然改变消费者的固有观念如此困难，那么转过头来重申旧观念就很容易。他们把这作为一种营销策略。一位心理学家指出，借助产品的传统以求在新的市场营销战役中获胜的战略实际上毫无风险，“这种战略是在展示产品的历史和耐久力。它使人们感到此产品有根基，此外还有一种集体文化特性，它使消费者和公司联系在一起”。一位研究人员指出，经过 30 年的营销战役，产品已经建立起耐久性，拥有了绚丽的光环，你是在向消费者说，我们已经有了很长的历史，我们知道我们在说什么。

5. 大脑丧失焦点

随着时间的推移，许多知名品牌会在消费者大脑中留下深刻的印象。人的大脑就像照相机，能够清晰地留下它最钟爱的品牌形象。

消费者的购买行为是建立在对品牌认识的基础上的，如果品牌延伸，增加产品线的长度，则有可能模糊品牌的意义，从而使消费者不知品牌代表什么而失去焦点。

丧失焦点其实就是因为产品线的延伸，未经核实的产品线延伸会弱化品牌形象，破坏商业联系，掩盖增加的亏损。

品牌的焦点丧失越严重，企业利益就越容易受到伤害，只有专一品牌和高度集中的竞争者才是赢家。品牌延伸完全不如新商标名下的产品所带来的市场份额大。

专一品牌会给人们留下深刻印象。首先，专一品牌可以把精力集中到一种产品、一种利益，以及一种信息上。这种集中性可以使商家提供产品的某一强烈特征，很快深入消费者的头脑。其次，专一品牌拥有被看作专业或最佳品牌的能力。再次，专一品牌可以成为同类产品的代名词。比如，"施乐"已成为复印机的代名词，"联邦快递"已成为连夜快递的代名词。

三、品牌定位的意义

品牌定位是企业实施品牌战略的重要组成部分，品牌定位涉及品牌的创建、品牌资产的积累以及品牌的创新，品牌定位给消费者提供了清晰的品牌选择图；

品牌定位是指南针——为品牌建设者指引方向；

品牌定位是定海神针——为品牌在激烈竞争中胜出提供了帮助；

品牌定位是商业世界的"GPS定位系统"——帮助消费者在铺天盖地的广告信息中和琳琅满目的商品货架前辨识商品，不至于迷失在商品的海洋中。

品牌定位对于企业、品牌自身以及消费者都具有深刻的意义。

（一）对于企业的意义

（1）总体来说，品牌能给企业带来持久的利润贡献、更强的市场竞争力和更高的品牌溢价等；

（2）品牌的强势定位能够表明公司产品的质量，获取消费者的信任，培养一批忠诚的顾客群，从而获得长期稳定的销售；

（3）品牌定位基于消费者需求，参照了竞争对手的利益诉求，品牌定位的过程能够帮助企业积累品牌声望，筑起行业竞争壁垒，获取竞争优势；

（4）成功的品牌定位能够逐步积累品牌资产，通过品牌特许和品牌授权获取收益，同时在购并与合作投资方面兑现品牌价值，此外，还能在新产品推广、品牌延伸中发挥作用。

（二）对于品牌建设的意义

1. 品牌定位是为品牌创建奠定基础

品牌创建一般要经历提炼品牌价值→品牌定位→设计品牌个性→传播建立品牌形象的过程。品牌定位位于品牌创建的前端，需要解决以下问题：我们的目标消费市场在哪里？目标消费者的需求是什么？什么是最能影响目标消费者的因素？这些问题的明确有助于将品牌价值传递给消费者，有助于品牌个性的设计和品牌形象的传播定位。品牌定位为品牌的创建奠定了坚实的基础。

2. 品牌定位影响品牌价值的形成

美国最近的意向市场调研表明，品牌的价值取决于三个方面：（1）品牌定位、实施力度、概念、品行、准确而独特的品牌特征；（2）消费者对品牌标志的识别；（3）品牌在消费者心目中的权威性、声誉、地位，消费者对品牌产品的忠诚度。由此可见品牌定位对于品牌价值形成的重要性。

3. 品牌定位是品牌竞争力的重要源泉

企业通过品牌定位构建了品牌市场中的结构关系。品牌定位的过程，其实质就是与竞争对手争夺消费者、争夺市场的过程。成功的品牌定位，来自对市场竞争结构、消费者需求、竞争对手优劣势的正确分析。围绕着品牌定位，企业制定营销战略，通过品牌传播与消费者互动，将品牌价值传递给消费者，并获得消费者的认同，建立起品牌的知名度、美誉度和忠诚度，从而在产品高度同质化的市场竞争中胜出。

4. 品牌定位是确立品牌个性的重要途径

品牌个性最能代表一个品牌与其他品牌的差异性，个性让品牌脱颖而出。品牌个性具有强烈的感染力，可以吸引消费者的注意力，保持消费者对品牌的忠诚。更重要的是，清晰的品牌个性，能够让消费者和潜在的消费者把这个品牌想象成一个人，从而建立起品牌与消费者之间的亲密关系。到底如何设计和凸显品牌个性呢？那就需要品牌定位。品牌定位清晰，品牌个性就鲜明；品牌定位不明确，品牌个性就模糊。可见，品牌定位是确立品牌个性的重要途径。品牌定位清晰，意味着目标消费者与非目标消费者的追求、喜好、价值观、生活方式等都非常明显。根据这些信息设计品牌个性，可以塑造出鲜明的品牌个性，并引起目标消费者的共鸣。

5. 品牌定位是品牌传播的基础

品牌传播是指借助广告、公关、事件营销、人员接触等方式将品牌信息传递给消费者。品牌定位决定了应当将哪些品牌信息传递出去、哪些信息应当重点强调、哪些信息要淡化处理；决定了品牌传播的对象是哪些、采用怎样的传播方式比较合理。可以说，只有明确品牌定位，品牌传播才能合理使用传播费用，取得预定的传播效果。

（三）对于消费者的意义

1. 品牌的属性定位帮助消费者处理有关产品的信息

我们生活在一个信息社会，广告商品的信息犹如空气一般充塞在我们生活的空间，使我们无处躲避。但当我们真正要挑选商品时，面对众多商家同样炫目、诱人的广告劝导语和精美的广告画面，常会有无从下手的无奈感。消费者无力去搜寻关于商品挑选的所有信息，为了节省时间和精力，只能简化处理各类商品信息。品牌定位适应消费者的信息处理特点，尽可能压缩商品信息给出明晰的信息点，帮助消费者迅速把握品类中的各个品牌信息，使消费者能够清楚识别、理解产品，并快速识别产品，然后作出购买决策。

2. 品牌的利益定位帮助消费者优化购买决策

品牌的利益定位传递出明确的品牌信息，消费者可根据自身需求挑选合适的品牌，确保在品类中购买到最好的产品，或者为实现特定目的而购买到具有最好功能的品牌，并且通过重复购买和品牌忠诚，消费者优化了购买决策，可以节省大量的时间和精力。

3. 品牌的价值定位满足消费者高层次的心理需求

品牌的价值定位，能够帮助消费者展现自我形象、实现价值认同，同时联系到具有同样消费价值观的人群。例如，劳斯莱斯豪华轿车，给乘用者以尊贵、体面的社会形象，帮助彰显其身份、地位，并从某种程度上将拥有此类豪华车的人群与其他人区分开来。

(1)有助于降低消费者的信息搜集成本

房地产商品的异质性、效用持续性等特点，决定了房地产商品是一种典型的后验商品，也就是说消费者在没有对其进行实际消费之前，是无法准确判断自己消费这一商品的满意程度的，或者说，如果要准确判断自己的消费满意程度，消费者所支付的信息搜集成本是相当高的，这说明了房地产商品的信息不对称性。对于一种后验商品，品牌在其营销过程中所起的作用是相当大的，因为它可以最大限度地降低消费者的信息搜集成本。从博弈的角度讲，消费者非常清楚，为了建立一种品牌，或者是一种信誉，品牌所有者必须支付相当高的成本，成本越高的东西，越不容易被人所模仿、可信度越大。基于此，消费者对有品牌的房地产产品也就越信任，因为他只要根据产品的品牌知名度，就能够比较准确地判断自己的消费满意程度，有助于消费者避免购买风险，选购适合自己的产品。

(2)有利于消费者形成品牌偏好

消费者一旦形成对某房地产品牌的偏好，就可减少消费者消费失调行为，从而获得一种满足。再次置业时，就会认为他们购买了同类较好的商品，从而获得一种满足。再者他们已经了解了购买该品牌所能带来的好处或利益，他们也乐意继续购买，而且认为购买是值得的。另外，房地产品牌是有个性的，或代表一种生活方式，或体现较高的文化品位等，当这种个性与消费者个性相对一致时，消费者会购买该品牌并且认为该品牌是他们生活形象的一种象征性标志，可以获得消费同种产品的消费者群体的认同，或产生与自己喜爱的产品或公司交换的特殊感情。而用品牌来传递某种信息，也从使用该品牌中获得一种满足。

第三节　品牌定位的过程

品牌定位是一项涉及面广、设计环节多的系统工程，需要设定目标、制定执行的原则，按照一定的步骤依次进行，并且在定位形成过程中进行效果评估，视实际情况进行定位的微调。

一、品牌定位的目标

(一)品牌定位要以积累品牌资产为战略目标

积累品牌资产是实施品牌战略的目标。企业之所以争先恐后地不惜重金打造品牌，就是因为品牌作为无形资产，能带来远远超越产品本身价值的附加值。作为品牌战略实施的重要组成部分，势必要以整个品牌战略的目标作为战略目标。从财务会计的品牌资产观来看，品牌具有赋予产品溢价的无形资产的作用，品牌定位成功要以扩大产品销售、提高产品的附加价值、提升产品的市场占有率为目标。从构筑消费者—品牌关系的品牌资产观来看，品牌定位成功意味着品牌在众多的消费者心中占据了一席之地，要以构建品牌的知名度、美誉度乃至忠诚度为目标。从市场品牌力的品牌资产观来看，品牌定位的成功要以提升品牌影响力、为品牌的茁壮成长奠定坚实的基础为目标。

(二)品牌定位要以凝结品牌核心价值为重要目标

品牌的核心价值是品牌的灵魂,代表了一个品牌最核心、最能超越时间限制的要素。一个品牌最独一无二且最有价值的部分通常会表现在品牌核心价值上。品牌的核心价值是需要企业静态定格的部分,凝结品牌核心价值属于品牌战略定位层面要完成的目标。品牌定位只有真正凝结出品牌的核心价值,才能超越快速变化的外部环境,以核心价值的不变应对多维品牌定位维度的变化。

(三)品牌定位以塑造品牌个性为重要目标

广告大师奥格威曾说:“最终决定品牌市场地位的是品牌本身的性格,而不是产品间微不足道的差异”,他说的品牌性格就是品牌个性。品牌个性,是品牌核心价值的外在表现,具有个性的品牌更容易被识别和接受。品牌定位是要在消费者心中占据有利位置,那么稳定的品牌个性是持久地占据顾客心理的关键。具有个性的品牌,能够从消费者内心的自我价值体验出发,引起消费者的共鸣,从而常驻消费者的心灵。品牌个性具有外在的一致性和内在的稳定性,因此,它是品牌战略定位的重要目标。

二、品牌定位的原则

在品牌定位目标的指引下,品牌定位要遵循以下八个原则:

(一)消费者导向原则

无论是特劳特的传播定位,还是科特勒的营销定位,都强调在消费者心中占据有利位置。品牌定位的出发点是要满足消费者的需求,以给消费者提供品牌价值为核心,定位是在与消费者的互动过程中形成,并在传播定位信息的过程中考虑消费者接受信息的思维方式,突破信息传播沟通中的障碍,从而使定位信息进驻消费者内心。可见品牌定位的全过程都必须以消费者为导向,因此对消费者的消费需求、消费行为和消费心理把握得越准确,定位的策略就越有效。

(二)多维精确定位原则

品牌定位需要在定位策划时收集大量的信息,尤其是面对迅速变化的外部环境,要想挤占消费者早已充满信息的大脑,更是要从多个维度收集信息,进行精确的定位。我们要把握品牌 DPM 动态定位模型的精髓,从目标消费者、竞争对手和企业自身三个主维度以及宏观环境、行业等辅维度广泛收集信息、深入剖析,从而对品牌进行精确定位。

(三)静态定位与动态调整结合原则

品牌定位不是永恒不变的,这个世界永恒不变的只有变化。社会、政治、经济的宏观环境在变,技术发展一日千里,消费者需求千变万化,竞争对手诡谲多变,企业自身情况也在不断变化。因此,定位的参照维度在不断地变化,品牌定位自然也应该随之动态调整。然而,如果定位不断变化,那么品牌就无法在消费者心中定格,无法牢牢占据有利位置。因此,我们认为,品牌定位应秉持静态定位与动态调整相结合的原则。从品牌定位启动直至品牌定位成功,乃至品牌永续发展,都要坚持这个原则,才能既保持品牌在消费者心中的有利位置,又不被各种变化所抛弃。

（四）战略定位与战术定位相结合原则

品牌定位要将持久不变的战略定位与权宜调整的战术定位相结合。品牌定位是品牌战略实施的必经步骤，品牌定位的成功关系到品牌战略的成败。品牌定位确定好了，才能塑造品牌个性与品牌价值，才能有针对性地传播品牌形象，最终积累其品牌资产，为企业带来源源不断的利润。因此要从战略高度来把握品牌定位。同时，品牌定位在整个营销战略中占有重要地位，尤其是在竞争战略中，竞争对手是品牌定位的重要维度，从定位策划到定位实施乃至再定位都高度重视竞争对手的动向。根据竞争对手的动向调整自身的品牌竞争策略，是击退竞争对手、筑起行业壁垒的常用手段。例如，为打击新进入行业的潜在竞争对手，企业采用品牌促销手段或者推出多个新产品，这些品牌战术定位层面作出的权宜之计，也是面对市场激烈竞争的需要。

（五）个性化原则

品牌犹如人，个性突出才能给人留下深刻印象。在产品日益同质化的竞争环境中，个性化的品牌才能吸引具有相同价值观的消费者。品牌的个性与产品的物理特性和功能没有多大关系，而是通过品牌的定位手段赋予产品鲜明的品牌个性，然后通过品牌传播使得品牌个性得到消费者的认同。坚持个性化的定位原则，在品牌定位的形成过程中塑造品牌的个性，将品牌个性与目标消费者的自我价值观相结合，这才是长远的品牌战略定位之道。

（六）差异化原则

差异化是塑造品牌的目的之一，没有差异点的产品不能称为品牌产品，不具有差异化的企业不能称为品牌企业。品牌差异化要从品牌定位做起。差异化的品牌定位，才能将产品与其他品牌区别开来，才能将品牌信息烙在消费者心中，才能呈现给消费者一个与众不同的品牌，从而引起消费者的注意，在消费者心中占据一个独特的位置。

（七）考虑成本收益比

品牌是能给企业带来巨大收益的无形资产，同时也是需要不断投入的资本项目。品牌定位需要付出一定的经济成本，其成本的多少因定位不同而有所差异，不计成本的投入会影响定位所期望达到的经营目标的实现。考虑成本收益比是企业作出任何决策都要秉持的一个原则，收益小于品牌成本的品牌定位是失败的品牌定位。当然，由于品牌建设是一个长期的过程，评估品牌资产也不是一件简单的工作，具体执行这一原则时需要根据具体情况而定。

（八）考虑企业自身的资源

企业自身的资源是品牌定位的主要参照维度之一。无论哪一种品牌定位，在执行的过程中都需要动用企业的资源。只有了解企业的人力、物力、财力等内部资源，以及本企业可以整合的外部资源，并进行客观的分析，才能使品牌定位做到对资源的最优化利用，才不会造成资源的限制或浪费，也不会因资源配置出现问题而进入进退两难的困境。例如，如果一个企业将品牌定位于“技术创新，科技服务人类”，那么该企业就应该具备尖端的科技技术、一流的研发团队；如果企业定位于国际化的品牌，那么该企业就要有足以支撑全球化运作的资本实力和开拓全球市场的跨文化管理人员。总之，品牌定位需要考虑企业的内外部资源，可以适度超前，但不能脱离实际。

三、品牌定位的步骤

按照品牌初次定位形成的过程，品牌定位分为找位、选位、提位、到位、调位五个步骤。这一系列步骤的实施，都是建立在企业进行了充分调研的基础上，对多个品牌定位的参照维度进行扫描和信息收集，并且这些调研工作要贯彻于品牌定位形成的长期过程中。

(一)找位——确定品牌在市场中的位置

找位，其实质是市场定位，需要解决选定目标市场、确立品牌定位的对象问题。这个阶段的目标就是要找到合适的“人”，即解决“企业品牌为谁服务”的问题。

这一步骤具体说来，又可分为进行市场细分、评估细分市场、选择细分市场这三个阶段。

1. 进行市场细分

市场细分的营销理论是 20 世纪 50 年代由美国学者温德尔·史密斯(Wendell R. Smith)提出的。所谓的市场细分，是指以消费者的需求为立足点，将消费者总体市场分割为若干相类似的消费者群，其中每一个消费者群就是一个子市场或者细分市场。市场细分的依据主要是地理因素、人口因素、心理因素和行为因素等。

(1)按照地理因素划分

这是大多数市场细分的依据，一般根据国家或行政区划、地理位置、气候、人口密度和城乡情况进行划分。如按照地域标准，可以划分为国内和国际两个市场，全国市场又可分为华东区、华北区、东北区、西北区、西南区等区域市场，然后各个区域市场还可进一步划分为城镇市场和乡村市场。

(2)按照人口统计因素进行细分

这是指将市场按照统计变量如年龄、性别、家庭人口、家庭生命周期、收入、职业、受教育程度、民族、宗教和社会阶层等划分为不同的群体。基本上所有的营销学者关于市场细分的文献论述都考虑了人口统计细分变量。因为相关的人口信息比较容易获得，而且这些信息与消费者的购买习惯和购买行为直接相关。例如，按年龄可细分市场为儿童用品市场、青少年用品市场、成年人用品市场和老年人用品市场。而家庭生命周期，则可划分为如表 2-2 所示的细分市场。

表 2-2　按家庭生命周期细分的市场

主要阶段	家庭状况	经济状况和消费特点
单身阶段	年轻，单身，不与父母同住	几乎没有经济负担，大量花费用于娱乐消遣、外出度假、社交娱乐等
新婚阶段	年轻夫妇，无子女	经济状况良好，有双份收入，大量花费用于买房、添置一些耐用生活用品
满巢阶段Ⅰ	最年幼的子女不到 6 岁	家庭用品购买的高峰期，经济压力加大，可能只有一份收入，主要支出是购买家庭必需品
满巢阶段Ⅱ	最年幼的子女 6 岁或超过 6 岁	经济状况有所改善，有些夫妻两个人都工作

续表

主要阶段	家庭状况	经济状况和消费特点
满巢阶段Ⅲ	中年夫妇，与为独立的孩子	经济状况依然良好，主要支出用于更新家庭用品和家具，父母与子女住在一起
空巢阶段Ⅰ	年长的夫妇，孩子离家独立生活	大多数拥有自己的住宅，消费重点变为旅游和休闲活动，消费支出主要为购买奢侈品
空巢阶段Ⅱ	老年夫妇，退休在家，无子女同住	收入锐减，消费支出主要在医疗保健方面
鳏寡阶段Ⅰ	尚在工作	收入仍然较为可观，也许会出售住房
鳏寡阶段Ⅱ	退休在家	特别需要得到医疗保健、亲情和安全保障

社会学研究员陆学艺在《当代中国社会阶层研究报告》中指出，根据新的社会阶层划分标准，可将中国社会划分为9个阶层：国家与社会管理者阶层、经理人员阶层、私营企业主阶层、办事人员阶层、个体工商户阶层、商业服务人员阶层、产业工人阶层、农业劳动者阶层和城乡无业失业半失业者阶层；他们分属五种社会地位等级：上层、中上层、中层、中下层、底层，每个阶层都具有不同的特点，若能根据这些特点，找出品牌的定位，则能节省大量的成本。

(3)按照销售量进行细分

这种方法正得到日益广泛的使用，它是由Oscar Mayer公司Dik Warren Twedt提出的。所谓"重要的一半"(Heavy Half)理论指出的，对于大多数品种的产品来说，一半的顾客消费了其中80%的数量，所以，企业应该把钱花费到最有价值的顾客身上。

(4)按照心理因素进行细分

按照心理因素通常是按照性格特征进行划分。如果按照消费者占优势心理的机能来细分，则性格可分为理智型、情绪型和意志型；按消费态度来分，性格又可分成经济型、自由型、保守型和顺从型。这些类型消费者相应的消费心理以及对应品牌定位的重点层次如表2-3所示。

表2-3 按照心理因素细分的消费者的消费心理和定位重点

类型	消费心理	品牌定位的重点层次
理智型消费者	用理智衡量和支配行为，善于权衡商品的各种利弊因素，通过周密思考理智地作出购买与否的决定。此类消费者在选购商品时注重内心体验，不易受人影响，更不易为夸大的广告所打动	品牌属性定位
情绪型消费者	举止往往为情绪所左右，购买行为带有浓厚的感情色彩，易受营业现场各种因素的影响，他们通常是购买行动的从众者	品牌价值定位
意志型消费者	购买目标明确，积极主动，按自己的意图购买商品，购买决策果断、迅速	品牌属性或价值定位
经济型消费者	不事奢华，勤俭朴素；喜欢那些经济实用的商品，而对那些人为地赋予过多象征意义的商品持怀疑态度；特别容易接受能够说明商品内在质量的有关信息	品牌属性定位或价值定位

续表

类型	消　费　心　理	品牌定位的重点层次
自由型消费者	浪漫、豁达；在选购商品时既考虑商品的内在质量，也追求商品的外包装、商标等；想象力丰富、富于幻想，特别乐于追逐那些具有象征意义的商品	品牌价值定位
保守型消费者	安于过去的传统消费习惯，对过去用惯了的商品怀有深厚的感情，对新的商品则抱有强烈的怀疑情绪。此类消费者多是新商品的晚期采用者，甚至永远都不使用	品牌属性定位或者利益定位
顺从型消费者	在购买商品时很少有自己的见解，喜欢“随大流”、赶时髦。他们容易受亲朋好友、同学同事的影响，希望别人为其购买出谋划策	无偏重型

自由型消费者浪漫、豁达，在选购商品时既考虑商品的内在质量，也追求商品的外包装、商标等。他们想象力丰富、富于幻想，特别乐于追逐那些具有象征意义的商品。例如，获得成功的雪弗莱汽车公司推出的广告，其画面可以使这类消费者想象出自己驾车行驶在一条弯曲的乡间小路上的美妙情景，进而对雪弗莱汽车产生好感。

保守型消费者安于过去的传统消费习惯，对过去用惯了的商品怀有深厚的感情，对新的商品则抱有强烈的怀疑情绪。此类消费者多是新商品的晚期采用者，甚至永远都不使用。针对这类消费者，广告宣传应将注意力集中于产品质量上，使他们对产品产生信赖感。

顺从型消费者在购买商品时很少有自己的见解，喜欢“随大流”、赶时髦。他们容易受亲朋好友、同学同事的影响，希望别人为其出谋划策。这一类型的消费者不是广告的主要针对对象，广告宣传把其他类型消费者的购买欲激发起来了，顺从型的人自然也随之加入购买行列。市场上经常出现的某种商品的消费热，有很大部分原因是这类人竞相购买的缘故。

(5)按照消费者行为进行细分

消费者行为主要是指“时机、利益、使用者地位、使用率、忠诚度状况、购买者准备阶段和态度”等行为变量，如表 2-4 所示。

表 2-4　按照消费者行为细分市场

细分标准	细分类别
购买频率	很长时间购买一次、阶段性购买、经常购买
购买状态	无知、兴趣、尝试、认识、习惯
购买动机	实惠、经济、炫耀、从众、保值、收藏、便利
品牌信赖程度	信赖、一般、厌烦、惧怕
价格敏感程度	高度重视、轻度重视、一般、不重视
服务敏感程度	高度重视、轻度重视、可有可无
广告敏感程度	易受影响、无影响、反感

以上五种划分方法都是针对整个市场总体进行一级细分，有时还需要在品牌定位的过程中对一级细分市场进行进一步细分，即二次细分。这对战术层面的品牌定位和定位形成过程中的定位微调具有重大意义。首先，考虑到企业自身的资源和能力，企业要将精力放在能给企业带来持续高利润的顾客身上，在品牌定位微调时重点满足这部分顾客的需要。其次，定位微调对市场进行二次细分时战术层面的定位需要，可以让企业区分不同类型的顾客，便于企业品牌针对不同类型的顾客进行同一品牌下的产品定位。最后，这种细分也是品牌初次定位形成后进行微调的需要，区分不同类型的顾客并洞察他们的行为动因，可以帮助诊断现有品牌的定位状况，并有针对性地采取措施，保证品牌定位目标的实现。

在进行市场的二次细分时，重在研究顾客的购买行为和态度，即重点考察动态定位模型中的顾客维度。例如，基于顾客战略，对企业最初选定的目标市场，以消费者购买次数和对企业品牌的感知度建立二维细分坐标轴。其中横坐标为购买次数，纵坐标为对企业品牌的感知度，并将整个坐标划分为三个区域：购买 0 次、购买 1 次、购买 2 次及以上。这样划分的主要目的是区分顾客类型，一般而言可以将购买行为 2 次及以上的顾客称为老顾客，购买 1 次的顾客称为新顾客，而尚未发生购买行为的顾客称为潜在顾客。感知度是顾客的主观评价，这种评价决定了顾客购买行为是否发生。同样，将整个纵坐标划分为好和差两大区域。这样整个坐标轴（即目标市场）被划分为六个区域，也就形成了六大不同的顾客群体。

(1)潜在新顾客：此类顾客对企业品牌的感知度好，但是可能限于某些原因暂时没有购买企业的产品，只要购买条件成熟，这类顾客就会积极采取购买行为。

(2)竞争对手顾客：此类顾客对企业品牌的感知度差，也没有购买过企业的产品。一般来说，这类顾客应该是企业竞争对手的顾客。由于对企业品牌的感知度差，因此很难转换为企业的顾客。

(3)忠实型新顾客：此类顾客对企业产品及品牌的感知度较好，到目前为止只购买过一次，由于对企业产品及品牌主观评价较好，因此此类顾客很有可能发生重复购买的行为。

(4)随意型新顾客：此类顾客对企业产品的感知度差，购买过一次企业的产品，购买行为可能带有尝试性质或由于突发情况所致。

(5)忠诚型顾客：此类顾客对企业产品的感知度好，多次购买了企业的产品，是企业较为理想的目标顾客。

(6)勉强滞留型顾客：此类顾客也可以称为资源限制型顾客。虽然对企业品牌的感知度较差，但是由于某些资源，如信息、时间、货币、体力、精力、空间等限制多次购买了企业的产品，或者由于其他企业产品的销售渠道可能未覆盖到这些顾客所在区域，一旦这些限制性因素消失了，这些顾客将会很容易流失。

基于顾客战略，企业的目标顾客又可以分为两大层次：第一，新顾客，这包含潜在新顾客、忠实型新顾客及部分随意型新顾客；第二，老顾客，这主要是指忠诚型顾客和部分资源限制型顾客。

对于企业而言，应重点分析潜在新顾客、忠实型新顾客及部分随意型新顾客的消费动机，更深入地洞察他们的深层需求，然后有针对性地采取措施，更好地满足这部分顾客的需求，促使他们转为老顾客。同时要分析竞争对手的忠诚型顾客、随意型顾客、勉强滞留型顾客，找出他们作出否定性评价的原因何在，现在品牌定位是否存在不足之处，是否需要作出改进。例如，如果勉强滞留型顾客，是因为该品牌的产品类型不多、挑选余地不大而对该品牌的评价不好，同时却因为购买很方便而重复购买，那么企业要视具体情况，如果这部分的顾客类型比例很大，就有必要丰富产品线，以长期留住这部分顾客。

2. 评估细分市场

根据各种细分标准，可将市场划分为众多的细分市场乃至二级细分市场。然而对于企业而言，不同的细分市场具有不同的价值，因此在确定细分市场之前需要对不同的细分市场进行评估。重点要考虑以下三个因素：

(1)细分市场的规模和发展前景

评价细分市场时，企业要提出的首要问题是：潜在的细分市场是否具备适度规模和发展特征？当然，适度规模是一个相对的概念。大公司一般重视销售量大的细分市场，而常忽视或避免进入销售量小的细分市场；而小公司则避免进入规模较大的细分市场，因为需要太多的资源投入。细分市场的发展前景通常是一种期望特征，因为企业总是希望销售额和利润能不断上升。但要注意，竞争对手会迅速抢占正在发展的细分市场，从而抑制本企业的盈利水平。

(2)细分市场结构的吸引力

有些细分市场虽具备了企业所期望的规模和发展前景，但可能缺乏盈利潜力。按照波特提出的五力竞争力模型，企业要评价五种力量对长期盈利的影响：行业内现有的竞争者、潜在的竞争加入者、替代产品、购买者和供应商。它们相应地具有下列五种威胁：①细分市场内竞争对手的威胁；②新的竞争加入者的威胁；③替代产品的威胁；④购买者议价能力提高形成的威胁；⑤供应商议价能力提高形成的威胁。来自这五个方面的威胁较小，行业的吸引力就大，反之则小。

(3)企业的目标和资源

即使某个细分市场具有较大的规模、良好的发展前景和富有吸引力的结构，企业仍需结合自己的目标和资源进行考虑。企业有时会自动放弃一些有吸引力的细分市场，因为它们还必须考虑自己是否拥有足够的技能和资源，能保证在细分市场上取得成功。只有当企业能够提供具有高价值的产品和服务时，它才可以进入这个细分市场。

综合以上三方面因素，在评估细分市场时，应从企业内部适应性和外部市场吸引力两个方面来进行评价和策略排序。对于市场吸引力，可以在销售额规模、复合成长率、利润前景、价格敏感顾客比例和竞争程度等五个方面作得分评估。而公司适应性可以从销售能力、设计能力、供应链能力、制造能力和制造可塑性等五个方面进行评估。同时根据情况为各个方面赋予权重，最后加总各项评估得分，构建一个两维坐标图，处于坐标右上角的细分市场群意味着两方面都得到较高的分数，可以作为备选的品牌对象或是目标市场。

3. 选择目标市场

评估完目标市场后，接下来要结合企业自身情况，选择目标市场。根据企业自身的竞争优势和市场吸引力的大小，将目标市场的选择顺序排列如表 2-5 所示。

表 2-5　目标市场的选择策略

	无市场吸引力	中等市场吸引力	强市场吸引力
弱竞争优势	避免	避免	避免
中等竞争优势	避免	避免	三选目标
强竞争优势	三选目标	三选目标	三选目标

根据对各个细分市场的评估情况，企业对目标进行选择。按照菲利普·科特勒的观点，以市场和产品为两个维度，把进入目标市场的策略分为五种。

(1)单一市场单一产品。选择密集的单一市场，这样可以使资源集中，能够更好地满足定义狭窄的细分市场的需求，使一些小企业能更好地跟大企业竞争。当个别细分市场出现不景气的时候，这种做法会有一定的风险。

(2)单一市场多种产品。有选择的专门化，即公司选择若干个细分市场，其中每个细分市场在客观上都有吸引力。

(3)产品专门化。公司集中生产一种产品，向各类顾客销售这种产品。

(4)市场专门化。公司生产的产品专门为满足某个顾客群体的各种需要而服务。

(5)完全的市场覆盖策略。公司想用各种产品满足顾客群体的需要，这可能会节省生产和营销成本，但一般只有大公司才能采用完全市场覆盖的策略。例如，宝洁公司旗下的海飞丝、飘柔、潘婷、沙宣，以不同的利益点满足消费者的多样化需求，以完全覆盖洗发水市场。

(二)选位——确定品牌在消费者心中的位置

找位阶段，完成了对目标消费者群体的整体把握，接下来的选位阶段，重点要完成对消费者需要的满足。由于消费者需求存在多种层次，所以这个阶段要解决的问题是具体应该采取哪一种层次的定位，以及以何种方式传递有效的定位信息。这些都涉及对消费者心理的深入分析和把握。

选位阶段，具体来说又可分为对消费者需要的细分和选择消费者需要两个步骤。

1.细分品牌对象需求

如前所述，消费者的需要存在层次，从低到高可排列为：生理需要、安全需要、归属和爱的需要、尊重需要、求知需要、求美需要、自我实现的需要。

根据“手段—目的”理论，目标顾客购买某企业品牌的商品或服务的目的是要实现一定的价值，为了实现这一价值需要取得一定的利益，为了实现这一利益需要购买一定品牌产品或服务的属性。根据品牌能够满足消费者需要的层次，品牌定位也可以从低到高划分为：企业品牌属性定位、企业品牌利益定位和企业品牌价值定位，合称为“三位需求定位”。故下面将从价值需求、利益需求以及属性需求来细分消费者的需求。

(1)价值需求细分

心理学家米尔顿·罗克奇认为，个人价值分为终极价值和工具价值。终极价值是指人们渴望实现的最终状态，工具价值是指人们实现最终价值的理想行为规范。将价值需求细分为最终价值和工具价值，有助于在品牌定位时进行适当的取舍和正确的阐释。

许多白酒品牌充分考虑品牌对象的价值需求，并在品牌价值中予以体现，如："孔府家酒，让人想家"，"喝杯青酒，交个朋友"，"金六福，庆功的酒，好日子离不开它"。这些品牌理念都充分考虑了品牌对象的感情价值需求，突出了"亲情、友情"和对"分享成功的喜悦"等人类情感，属于工具价值的层面。

(2)利益需求细分

"手段—目的"原理把利益细分为心理利益和工具利益。由于实用利益主要包括三类：功能利益、体验利益和财务利益，因此企业应本着为目标客户服务的宗旨，从目标顾客的利益差别入手来思考企业的经营活动，在企业利益中设法体现目标顾客的三类利益。如"中海地产"(中国海外集团)在品牌建设中充分考虑顾客的体验利益和功能利益，提出了"优质服务造就物业管理的第一品牌、过程精品原则打造产品品牌、科学管理成就品牌、创新开发让品牌保持竞争力"等品牌经营管理体系。

(3)属性需求细分

各种利益的实现在很大程度上取决于企业及其提供产品的属性。马克·E.佩里博士认为，产品属性包括内在属性、外在属性、表现属性和抽象属性。内在属性主要是指产品的物理属性，包括原材料、制造和外观等方面的内容。外在属性指的是脱离产品使用情况下进行评估的属性，包括品牌、包装、服务和价格等内容，例如公司名称、外包装、安装、售后服务等。表现属性是指根据产品发挥作用的方式进行评估的属性，例如，空调的耗电量只有在空调开启时才能测量。抽象属性是指将多种属性包含在一起的某种属性，例如将外观质量、可靠性和耐用性等多种属性通过加权方法合并为一个属性。

2. 选择目标消费者的主导需求进行位置确定

(1)根据对消费者的深入分析辨识其主导需求

如前所述，根据马斯洛需要层次论，人们有时会在同一时间内存在集中需要。由于个人的动机结构发展的状况不同，这些需要在体内形成的优势位置也就不同，对行为的支配作用也不同。在进行品牌定位时，重要的是分析出目标消费者有哪些需求，哪一个是当前的主导需求。如果企业以温饱线上徘徊的人群作为目标消费者，同时将品牌单纯定位于成功、自信等美好的精神价值，那么定位必然是失败的。

同时，在选择具体的定位内容时，要兼顾主导需求和其他需求之间的关系。如果既有人类美好情感的高层次定位，又辅助以品牌属性定位，那么品牌定位成功的可能性更大。因为在任何时候，品牌都要先能给消费者提供实际的功能属性，否则"皮之不存，毛将焉附"？例如，诺基亚不仅有"科技以人为本"的情感定位，而且给消费者提供了一系列人性化的功能属性。诺基亚最早推出了彩壳机和外壳随心换，把手机推向了时尚化，握着诺基亚手机，觉得十分贴合手型和手的结构，拿着它打电话，其曲线十分吻合人的脸部特征。诺基亚率先把游戏功能添加到手机上，因为诺基亚想到了商旅人士在旅途中是很寂寞的，手机的游戏功能能给旅行者带来很大的快乐。

(2)以占据消费者心中独特、清晰的位置为依据进行选择

企业目标顾客的价值需求有很大的相似性，相同的个人需要可以通过不同的利益满足来实现，所以企业往往从更具差异性的目标顾客的利益差别入手，来思考企业的经营活

动，在企业品牌利益中设法体现目标顾客的利益。例如，麦当劳和肯德基同为外来的洋快餐，提供的产品也并无多大差异，经营风格也相差无几。这意味着，两家快餐企业在品牌属性定位、利益定位层面并没有多大的差异，然而在品牌价值定位上却有各自的独到之处。麦当劳定位于"快乐地去生活"，肯德基则定位于"美好时刻共同分享"，突出的是群体的"分享"。由于两家都有各自清晰的品牌定位，因此在人们心中，肯德基和麦当劳的形象、内涵也都随之区别开来：麦当劳，"I am love in it"，突出的是个人的"快乐"，麦当劳是可以在城市里给人们提供这样一个角落——用一种年轻的心态去生活，在一个个金黄色的餐厅中度过一段快乐的时光；而肯德基，则是能够买上一大桶"外卖全家桶"，全家其乐融融地分享美食，分享亲情、友情的地方。

(3)品牌属性定位和品牌价值通过品牌利益定位连接在一起

品牌定位在上述三个层次上要协调统一。无论在企业品牌利益定位点上是否实现与竞争对手的差异化，都必须在价值方面找到并确定差异化的企业品牌价值定位点。因为品牌价值定位和品牌利益定位是与品牌对象沟通的主要内容。

(三)提位——为品牌定位赋予人性化特征

所谓提位，就是从人性的角度提升品牌定位，将品牌定位人格化，赋予品牌文化内涵、人性特征的过程。即从战略层面上进行品牌定位、塑造品牌个性、打造品牌的核心价值。这个步骤是让品牌"活化"以使品牌更容易打动消费者内心的阶段。

提位并非每一个企业都必经的步骤，但它对大众消费品行业或者服务业的品牌定位具有重大意义。有许多企业并没有经历这个步骤，因此即使有正确的市场定位和产品定位，并且投入大量资金进行品牌定位的传播，也很难取得成功。例如，中国的包子、饺子等风味食品，比麦当劳、肯德基更有风味，更有营养价值，我们也完全可以制造出比麦当劳、肯德基更好的食品，然而中国荣华鸡挑战肯德基、红高粱挑战麦当劳却都失败了。在消费者心中，中国荣华鸡和红高粱就是比不上麦当劳和肯德基，这是因为，它们缺少世界品牌所具有的人性化特征，缺少文化内涵和精神特质，故而无法在更高的精神层面满足消费者的需要。

这一步骤的目标就是要根据目标消费者的文化品位和个性倾向塑造品牌个性，让品牌在消费者心中占据独特的位置。具体说来，又可以分为细分品牌个性和选择品牌个性两个阶段。

1. 细分品牌个性

每个人都有自己的个性，为了迎合目标顾客的个性审美倾向，品牌形象也被赋予自身个性这一人格化特征，品牌个性与品牌文化密切相关。美国著名品牌学专家阿克尔(D. Aaker)提出，人格化品牌个性有 5 个主要维度：真诚、刺激、可靠、老练和强悍。学者黄胜兵和卢泰宏从中国文化角度也研究过中国市场衡量品牌个性的 60 个维度，可以归纳为仁、勇、乐、雅和智这五大类。品牌个性是品牌人格化以后所具有的特征，而人的个性的形成是离不开人所处的社会环境，特别是文化环境的。在中国文化的社会背景下，个性被分为 5 大类 60 个维度，如表 2-6 所示。

表 2-6　中国市场衡量品牌个性的 60 个维度(包括空格)

仁	平和	环保	和谐	仁慈	家庭	温馨
	经济	正直	义气	忠诚	务实	勤奋
勇	勇敢	威严	果断	动感	奔放	强壮
	新颖	粗犷				
乐	欢乐	吉祥	乐观	自信	积极	酷
	时尚					
雅	高雅	浪漫	品位	体面	气派	魅力
	美丽					
智	专业	权威	信赖	专家	领导	沉稳
	成熟	责任	严谨	创新	文化	

2. 选择品牌个性

首先,根据品牌提供的属性定位用几个词汇描述出与之相称的个性;其次,扫描多维度参照系的信息,结合企业自身的特点列出企业文化和企业个性倾向;再次,分析最直接的竞争对手的品牌个性;最后,从中挑出最能打动消费者内心、最独特的词汇来,作为对品牌个性的描述。

在选择的过程中,可以以瑞夫斯基提出的"USP"理论为指引,选择具有差异性并能与消费者引起共鸣的品牌个性。

(四)到位——寻找到消费者心中定格品牌的路径

所谓到位,是指通过产品、价格、渠道、促销(沟通)的路径将品牌定位的信息送达消费者心中,从而最终在消费者心中确立有利位置。

找位、选位、提位这三个阶段都是在企业内部,通过对品牌定位模型的各个参照系的信息收集、调研、策划之后形成一整套的品牌定位方案,品牌定位信息仅限于在企业内部的小范围内传播,而到位这个阶段则是要将品牌定位从纸上的方案落实到消费者心中,这属于品牌方案的执行阶段。

企业在选择定位点之后,营销成功的关键就在于是否能够使定位了的目标的人格形象进入目标消费者心中。里斯提出要用传播的办法,科特勒提出将 4P 等营销要素有机地组合运用,来解决到位问题。鉴于品牌传播对于品牌定位形成的关键作用,我们将在第五章详细地展开论述,在此,我们主要概略地谈谈由产品、价格和分销构建品牌到消费者心中的路径。

1. 产品

如前所述,产品定位是品牌定位的基础,产品必须满足消费者最基本的需求,也就是给消费者提供功能性价值。因此,要塑造品牌个性、凝结品牌价值,产品是基石。首先,产品的质量、款式、风格、包装要能向消费者传递与品牌相称的定位信息。此外,产品的种类、数量、性能、同一品牌下产品之间的关联度,都会对消费者感知品牌构成影响。如果定位为高档次产品,那么产品的方方面面都要传导出相关的信息。例如,奢侈品常常采用限量生产的方式，控制产品数量以保持一定的稀缺性，从而维持其稀有、珍贵的品牌定位。

2.价格

大量证据表明，消费者通过价格来评价产品与服务的质量。如果提供同一产品，只是在价格上有差异，那么一些消费者会选择比较贵的那种，这种行为在经济学上是不理智的，但在收入高、社会地位是通过消费水平来判定的富裕阶层却是常见的现象。这也正是品牌得以产生的社会基础。

有研究者提出，许多消费者对产品的价格水平有很强烈的期望，但是在一定范围内的价格变动通常不会影响其购买愿望。若价格低于这个范围，消费者会怀疑产品的质量；若高于这个范围，产品就会处于不利的竞争地位。因此，要给产品制定一个与品牌定位相称同时又被消费者认可的价格，而不仅仅考虑成本、收益的财务因素。此外，还要谨慎运用价格竞争这把双刃剑，谨防降价造成的销量一时增长而品牌长期受损的后果。

价格同时也能成为品牌定位的核心要点。例如，沃尔玛的“天天低价”显然在消费者心中占据了一个有利的位置，吸引了大量精打细算的主妇。

3.分销

根据格式塔心理学，消费者对品牌形成的整体印象来自于与产品相关的每一个接触点和环节。因此，消费者通过何种方式接触到产品，构成了品牌评价的一个重要影响因素。以商场为例，商场的位置、设计、产品分类、服务和全体职员，每一个要素都会对消费者的品牌购买经历产生知觉影响，从而对消费者购买到的产品的品牌产生延伸效应。例如，在“巴黎春天”买到的家居拖鞋要比其他普通商场买到的高档得多。

除了要为品牌选择与之相称的分销点外，还可以设计独特的分销渠道，以分销本身作为定位点。例如，DELL电脑公司的直销模式在激烈竞争的PC市场占据了一席之地，给消费者心中留下了方便、快捷、个性化定制的品牌印象。

(五)调位——根据定位参照系微调品牌定位

所谓调位，是指在初次定位形成中，由于各个定位参照维度的变化或者由于品牌定位信息本身的传递出现偏差，而需要进行品牌定位的调整。调位并不是大幅度地修改定位，而只是在战术层面对品牌定位进行调整，并且始终以战略层面的定位为指导，围绕着品牌个性的塑造，是应激性的权宜之计，一旦外界环境恢复正常，则又可回调到原来的位置。调位并不改变原来设定的品牌核心价值定位。这一过程，好比是正弦波，振幅为固定值，波形在某个水平位置上下来回波动、调整。调位通常是针对竞争对手的动向、消费者临时兴起的偏好，企业突发的危机等定位参照主维度的变化而进行的。例如，可口可乐一直代表着美国精神，在与百事可乐的营销大战中一直以市场领导者的地位独领风骚，“真正的可乐”的品牌定位压得百事可乐喘不过气来。然而后来百事可乐将自己定位为“新一代的可乐”，暗示自己代表了新生一代，而可口可乐却是落后、守旧的代名词，是父辈们的选择，两者的竞争局势就向着有利于百事可乐的方向发展。百事可乐成功的定位策略，逼得可口可乐不得不针对竞争对手的动向进行调位，将品牌的形象塑造得更年轻、时尚、活力，以便留住年轻的消费者群体。

第四节　品牌再定位

品牌定位是一项系统的、长期的工程。在实施了找位、选位、提位、到位和调位等步骤后，品牌管理者需要对品牌定位的成效进行评估，若现有的定位是一个有利的定位（即该定位很接近目标市场的需要，并且与竞争者截然不同），往往只需要巩固该定位，通过保持类似的产品结构及类似的营销沟通来实现。当现有定位具有一定效用，但还算不上足够有效时，往往需要找到阻碍效用充分发挥的关键点，对定位进行调整修正，这属于调位阶段的工作。当品牌定位的目标市场与自身不对路或没法从竞争者中脱颖而出时，往往需要对现状作出很大改变，甚至全部推倒重来，也就是品牌再定位。

一、品牌再定位的内涵

（一）品牌再定位的定义

通常，品牌定位完成之后，不能轻易改变和随意变动，定位应该保持未定型、连续性和持续性。也就是说，品牌定位一般是静态的。然而，即使是受技术变革影响不那么大的行业，定位的静态也是相对的。因为消费者的要求是不断变化的，市场形势变幻莫测，竞争对手也在变化；并且不断有新一代的消费者成长起来，他们接收、处理品牌信息的方式在变化。品牌的永续发展需要稳定老顾客、补充新顾客。

大多数企业将重心放在了品牌初次定位的"第一印象"塑造，没有给予品牌再定位应有的重视。首先，企业品牌的初次定位并不见得是十全十美的，往往有这样或那样的缺陷，或者是传播的困难使原有定位不能如预期的那样被消费者所接受，或者是定位在消费者心目中占据了一席之地，但无法实现预期的市场占有率和利润，此时品牌初次定位的效果评价和品牌的再定位势在必行。其次，品牌的定位是随环境、时间而不断发展的，不可能一蹴而就。在企业发展过程中，企业面对新的市场环境和不同文化、社会背景的消费者，原有定位也可能变得不再适应，需要品牌重新定位为企业发展新市场提供决策依据。最后，面临着市场中的行业领导者或行业追随者的竞争，为避免被动挨打，采用品牌再定位是一种防御反击型的竞争手段，是为企业竞争塑造竞争优势的重要途径。可见，对品牌的重新定位具有重要的实践价值和现实意义。

我们生活在一个快速变化的信息时代，消费者被各类广告信息包围，并不断被新的商品信息刺激着；消费者的需求被众多商家开发着；消费者被一个又一个新的广告信息诱惑着；产品的数量、种类以惊人的速度增长着。市场成长的速度越来越快，不断有新的竞争者进入，即使再成熟的市场似乎也能被进一步地细分——消费者面临着前所未有的多样化的新选择，大脑不断经受着新涌入信息的冲刷。对此，品牌建设者有理由相信，即使在消费者心目中已经占据了最有利的位置，也可能受到各方面的挑战。要想保持目前的有利位置，品牌管理者应该每隔一段时间就进行一番品牌审计，并自我反思旗下品牌是否需要再定位。

经过品牌审计，我们发现很多品牌由于最初定位的失误或者即使最初定位是正确的，但随着市场需求的变化，原来的定位也可能已无法再适应新的环境，此时，进行品牌的重新定位就势在必行了。

所谓品牌再定位是指品牌打破在消费者心智中保持的原有位置和结构，使品牌按照新的观念在消费者心中重新排位，调理关系，以创造一个有利于自己的新秩序。

品牌再定位，旨在摆脱困境，使品牌获得新的增长和活力。品牌重新定位与原有定位有截然不同的内涵，它不是原有定位的简单重复，而是在对定位进行认真分析后，对原有品牌战略的一次扬弃。在不改变消费者对品牌核心价值认知的基础之上，维持甚至提升消费者的忠诚度，使品牌再定位在维持消费者对品牌的认知的基础上，延长产品的生命周期，增加消费者的购买量。

（二）品牌再定位的内容

根据品牌再定位后消费者对原有的品牌认识的变动程度，品牌再定位包括以下几种情况：

1. 在给消费者提供的利益上重新定位

这主要是指品牌提供新的产品功能、属性、情感利益等。这一层次的再定位，主要动因是产品这一定位维度的变化，或者消费者的需求因素的排序发生了变化。例如，“王老吉”自王泽帮于 1828 年创建以来，它在消费者心目中一直被视为一种中药凉茶，但凉茶性太凉，消费者又将“王老吉”当作药品，因而不经常饮用，只是在上火时才购买，这样就大大束缚了其发展。为了追求更大的发展，“王老吉”打破既有的定位束缚，跳出药茶行业，为自己打造了一张新面孔——“预防上火的饮料”。通过重新定位，“王老吉”从治疗上火的带浓重药性的产品变为预防上火的日常饮料，摆脱了“药”的纠缠，潜在市场范围一下子扩大了，同时又通过“怕上火，就喝王老吉”的新的定位宣传，强化其“降火”特色，避免饮料行业的过度竞争。“王老吉”的重新定位使得它在 2004 年成功进入肯德基连锁店，与百事可乐等国际饮料品牌站在了同一起跑线上，稳稳占据了“降火饮料”的巨无霸地位。

2. 在传播品牌定位的方式上重新定位

这主要是指采用变革性的广告语、变革性的创意表现、变革性的媒体投放等。这一层次的再定位，主要动因是消费者的信息接收方式发生了变化，包括媒体接触习惯、广告接受心理等。例如，百事可乐“新一代的可乐”的品牌定位理念在很大程度上是借助广告再定位的方式实现的。再如万宝路以其西部牛仔的品牌代言人形象而闻名全世界，然而在 20 世纪 70 年代进军香港市场时却碰到了问题，香港人对其广告中优美的背景和音乐比较欣赏，但对“终日策马牧牛的牛仔形象”没有好感，在香港人看来，牛仔是低下的劳工，在感情上难以接受，于是万宝路调整品牌定位，在广告中出现的不再是美国西部牛仔，而换成年轻、洒脱、事业有成的牧场主，将目标群定位在成功的白领阶层，万宝路因此在香港大获成功。

3. 在品牌定位的外在表现形式上重新定位

这主要是指品牌识别系统发生变动。这一层次的再定位，主要动因来自社会的发展，人们的审美观发生了改变。例如，柯达公司的品牌标志，从公司创立至今已经数次更换品牌标志，以下是柯达公司品牌标志的历史变迁。

20 世纪早期，柯达是世界上第一家把公司名称和标志融为一体并将之作为公司标志的企业；

20 世纪 30 年代，进一步突出柯达的名称在标志中的形象，并以红黄两色作为公司色调；

20 世纪 60 年代，推出带弧线的三角形标志；

20 世纪 70 年代，柯达的标志更加丰富，标志中仍保留着红黄两色以及 Kodak 字样，增添了方框和字母“K”的图形；

20 世纪 80 年代，柯达的标志更具现代的流线型设计；

2006 年，柯达公司更是将用了 36 年的黄色方框和“K”图形，更改为简单的“Kodak”标志，新标志更加简化，方框被取消，圆润的字体与独特的字母“a”设计使其外观更符合现代审美。

4. 在品牌的核心价值上重新定位

品牌再定位一般很少在这一层次发生改动，通常是因为品牌原有的定位与品牌的核心价值不匹配，或者品牌的核心价值还未显著形成，无法真正打动消费者的内心。世界著名的香烟品牌万宝路就曾在品牌的核心价值层面进行了彻底的重新定位。万宝路当年刚进入市场时，是以女性作为目标消费者的，从产品的包装设计到广告宣传，万宝路都致力于明确的目标消费群——女性烟民，因此品牌的形象比较阴柔，产品销量一直上不去。公司通过市场调查发现，造成这种结果的原因是女性香烟市场小，产品形象给人以“太柔”的感觉，男士完全不接受这种香烟，甚至连女士也难以接受。于是公司果断变革，在品牌定位上作出重大调整，针对当时美国人喜欢牛仔的潮流，推出牛仔广告，产品也由女性专用的香烟变为代表勇敢、冒险的牛仔形象的男士香烟。通过这一重新定位，万宝路重新凝结了代表美国精神的“自由、野性和冒险”的核心价值。再定位之后，万宝路产品的销量得到大幅提升。

二、品牌再定位的前提

(一)品牌再定位的原因

如前所述，品牌定位需要保持一定的持续性与稳定性，然而因为种种原因，企业不得不实施品牌的再定位。品牌再定位的驱动因素是市场、消费者、竞争者的变化以及品牌的原有定位不合时宜。企业面对新的市场环境和不同文化、社会背景的消费者，原有定位可能变得不再适应，需要品牌重新定位为企业发展新市场提供决策依据；面临着市场中的行业领导者或行业追随者的竞争，为避免被动挨打，品牌重新定位是随着时间的推移、外界环境的变化而发展的，不可能一蹴而就。在品牌定位的形成过程中，企业品牌的初次定位并不见得十全十美，往往有这样那样的缺陷，或者是因为传播的困难使原有定位不能如期被消费者所接受，或者是定位在消费者心目中开辟了一席之地，但无法实现市场占有率和利润。具体说来有以下几类原因：

1. 来自品牌原有定位的缺陷

(1)原定位本身是错误的

品牌定位是否成功，要看能否得到消费者的认可，最终要接受市场的检验。当产品投放到市场上以后，如果市场反应冷淡，销售情况与预测差距太大，那么企业就应该进行市场分析。如果是因为品牌原有定位错误所致，就应该进行品牌的重新定位。例如，世界著名的香烟品牌万宝路，最初因为定位为女性香烟，市场表现极其一般。后来该公司及时改变原有定位，将万宝路重新定位为男士香烟，并用具有男子汉气概的西部牛仔形象作为品牌形象。通过品牌的重新定位，万宝路树立了自由、野性与冒险的形象，在众多的香烟品牌当中脱颖而出，并一举成为全球驰名的香烟品牌。

(2)原有定位模糊

消费者对品牌只有一个大概的印象，并不知道它与其他品牌相比有何特殊之处。造成这种状况可能是由于品牌定位太多或者时常改变定位的缘故。例如，以"非可乐"的定位闻名全世界的"七喜"一开始也并非美国百事可乐公司的品牌，它是豪迪饮料公司1929年上市的一种柠檬口味饮料。早在20世纪30年代，"七喜"宣传自己是"消除胃部不舒服的良药"，"这是一种碳化饮料，它能使你的胃部舒适，并帮助你解除饭后压抑的感觉，在晚上，你发困打呵欠时，开一瓶7Up，提提神"。这一定位得不到消费者的认同。1942年，"七喜"又将自己描绘成"清新的家庭饮料"。进入20世纪60年代，"七喜"又放弃家庭的温馨定位，而于1966年推出"不含酒精的清凉饮料"的定位。"七喜"的品牌定位历经变迁，一直无法得到消费者的认同，在调查不含酒精的五种饮料时80%受访者未列出"七喜"，有的消费者认为它是调酒用的饮料，有的认为它是药水。直到1968年，"七喜"与百事可乐、可口可乐比附，再定位为"非可乐"，这一定位取得了巨大的成功，成为品牌定位的一大经典。

(3)原有定位过窄

原有定位描绘的细分市场过小，或者目标消费群太小，品牌在消费者心中甚至成了某类产品的代名词，比如娃哈哈＝儿童乳酸奶，康师傅＝方便面，雀巢＝咖啡。如果狭窄的定位不能为企业取得应有的市场占有率和利润，那么，这时就需要调整品牌的定位维度，扩大定位。例如，一种保健品只是定位于礼品，或者在人们的脑海中已经等同于礼品，那么销售的淡季与旺季就会非常明显，这属于定位过窄，需要拓宽。此外，许多企业采用品牌延伸的方式对品牌定位的范围进行拓展。然而随着品牌向更多类产品的成功延伸，品牌在消费者心目中明晰的形象有可能变得模糊了，品牌原来的定位就不适用了，再定位也成为企业的必然选择。

(4)原有定位遭遇危机

品牌原有定位遭遇不可抗力的损害，例如，新规定的出台等。这种变故通常不是企业的意志所能决定的，而品牌往往是最大的受害者，如感冒药康泰克在国家有关部门明令禁止销售含有PPA成分的感冒药之后，不得不对品牌进行重新定位，特别强调其新品不含PPA。

2.来自市场环境的变化

(1)企业需要开拓新市场，而新市场的环境与原先的有着巨大差异，原有的品牌定位不仅不能降低营销费用反而成为障碍。在企业发展过程中，原有定位可能会成为制约因素，阻碍企业开拓新的市场；或者由于外界环境的变化，企业有可能获得新的市场机会，但原来的定位不适应外界环境的变化，这时，企业出于发展和扩张的目的，需要调整和改变原有定位。例如，我国的黄酒品牌古越龙山，现在的主要消费群体是中老年人，为了维持现有消费者并获得新一代消费者的青睐，古越龙山一改以前仅仅停留在物化表面上和传统文化上的品牌诉求，将品牌重新定位为“进取的人生、优雅的人生——品味生活真情趣”。

(2)市场类型发生转变，市场结构发生变化，原有的品牌定位无法再为企业赢得竞争优势。新兴的市场由导入期进入成长期，或者由成长期进入成熟期，市场的集中度和竞争状况发生改变，原定位提供给消费者的利益已经不能满足消费者的需求，维持消费者的持续购买，这时需要品牌再定位，或者进一步定位细分市场，精确品牌定位的侧重点向满足消费者的心理需求、给消费者提供情感利益或者人性化利益的层面转移。市场逐渐成熟后，如果企业不能及时构思新的定位，就会陷入困境。由于内部和外部原因，会出现企业品牌在市场竞争者产品的知名度、美誉度下降以及销售、市场占有率降低等品牌老化现象。例如，手机行业处于导入期时，手机的移动通话质量是消费者最关注的，摩托罗拉以稳定的通话质量定位于技术领先，并凭着这一定位占据了手机市场的领导者地位。随着技术的发展和市场的成熟，新企业纷纷涌入，产品质量趋同，市场升级为成熟市场，众多商家激烈争夺市场，摩托罗拉的原定位对消费者失去了吸引力。其竞争对手诺基亚率先将手机定位为时尚数码产品，夺取了大量的市场份额。面对市场占有率一再下滑的趋势，摩托罗拉一改原有的技术领先的定位，把品牌与时尚联系在一起，重点区隔并定位在年轻人市场，使动感、时尚、引领潮流与摩托罗拉品牌结合在一起。摩托罗拉索性将品牌名称缩减为个性化的“MOTO”，并启动了声势浩大的再定位传播运动。

3. 来自消费者的变化

(1)消费者的偏好和需求发生变化，原有定位不能满足消费者的偏好与新需求，并且影响品牌的市场份额。消费者心理永远都存在着“错过新奇事物”的遗憾，这是消费者行为发生改变的主要原因之一，也是人们不断寻求新产品、新品牌的动机。该动机让消费者乐于、勇于尝新，而且理由很单纯——就是东西新奇、新鲜感十足。消费者转而喜欢其他能够满足他们的新需求的品牌，导致市场对该品牌的需求减少，这也要求企业进行品牌再定位。品牌原有的定位是正确的，但由于目标顾客群的偏好发生了改变，他们原本喜欢本企业的品牌，但由于款式、价格等方面的原因，转而喜欢竞争对手的产品；或是随着时代的变迁，消费者的消费观念发生改变，消费者由原先注重产品的功能，转而注重产品的外观或者品牌的形象。

(2)消费者的消费观念、消费行为发生巨大变化。由于消费者观念、消费行为的变化，消费者的兴趣点发生转移，品牌的核心价值不再是消费者渴望获得的利益，这时即使对品牌进行再多的促销宣传投入，消费者也无动于衷。这时，就要通过市场调查发现消费者新的兴奋点，摆脱旧观念的束缚，对品牌进行重新定位。例如，我国 20 世纪六七十年代，手表与收音机、自行车并列为“三大件”，那时是非常珍贵的东西，全家只有一两块手表，一只手表要戴十几年。那时候，婚礼上女方能有这“三大件”作为聘礼或者嫁妆，那是相当风光、体面的事情。而在现代社会，手表远远脱离“耐用品”的概念，早已是大众化产品，一只手表便宜的十几块钱，幼儿园的小朋友都有手表。人们买手表更多的是看中其装饰、身份地位象征等方面的价值，如果手表还定位于“定时准确”、“计时之宝”和“耐用”等，势必会失去消费者的关注。

4.来自竞争者的变化

(1)新产品问世,夺取原品牌产品的部分目标市场,从而使原品牌的市场占有率下降,原品牌不得不发掘新的定位点来引导消费者的需求。这有两种情况,一种是企业内部的子品牌之间相互竞争,争夺市场;另一种是其他竞争品牌进入市场,争夺市场。如果是前者,则可对两个子品牌都进行再定位,通常采用渠道再定位、目标消费者的层次再定位等方式,使两个子品牌的定位界限更清晰,重叠部分尽可能小。针对后者,企业需要做认真分析,或者将定位的层次提高,例如从产品功能、属性定位升级为情感利益、心理价值高层次定位。

(2)竞争品牌模仿,或者与该品牌比附定位。其他竞争品牌在争夺市场时往往采用比附定位的方式,或者在价值理念上,或者在品牌形象的塑造上,或者在产品属性的开发上模仿领先者的品牌,想要一举进入市场竞争的第一集团军。面对这种情况,领先品牌需要做的是在品牌传播上再定位,提升、完善原定位。例如,世界上最成功的快递公司——联邦快递以快速服务为定位,取得了令人瞩目的成绩。但有一天,联邦快递公司发现其他公司纷纷效仿自己,也以快速服务为定位,于是联邦快递提出,不论条件如何恶劣,联邦快递都将按时交货,从而与其他效仿者区别开来。这并没有脱离快速服务的定位,不过是在此基础上再次加强原有定位并赋予新的含义。

(3)原有定位削弱品牌的竞争力。企业在竞争中可能会丧失原来的优势,而建立在此优势上的定位也就会削弱品牌竞争力,甚至竞争对手会针对企业定位的缺陷,塑造他们自身的优势,比如推出性能更好的同类产品。企业如果仍死守原来的定位不放,就会处于被动挨打的地位,最终丧失市场。在这样的情况下,企业应对品牌进行重新定位。如莲花1—2—3试算表在软件业获得成功后,遭到了微软 Excel 的攻击,莲花公司面临绝境,后来莲花公司将软件重新定位为“群组软件”,用来解决联网电脑上的同步运算,此举使莲花公司重获生机,并凭此赢得 IBM 青睐,卖出了 35 亿美元的天价。

5.来自企业自身的发展变化

(1)企业战略做重大调整。迈克尔·波特提出的三种基本竞争战略:总成本领先战略、差异化战略、目标集聚战略,每种战略各有利弊。企业到底选择何种战略要视企业远期愿景、内部资源、优劣势以及外部环境的机会和挑战而定,并且随着内外部环境的变化,企业不会固守一种战略,当企业发现需要调整发展、进行重大转型时,必然会涉及品牌定位的重大调整。因为品牌定位本身就是企业竞争战略的组成部分。

(2)企业实行多角化战略、多品牌经营战略,原有的品牌定位无法统摄。企业不断扩张生产线和进行多元化经营,使消费者对产品的印象越来越模糊;实施多品牌经营战略后,消费者对品牌的关注丧失焦点。这时候,需要重新审视品牌定位,在调整品牌架构的基础上进行多品牌或者母子品牌的再定位。

(3)品牌战略转移。如果公司需要进入新的行业,推出与核心业务并不相关的新产品,就需要进行品牌再定位,以使新产品能纳入品牌的整体定位之中。如果公司要彻底与过去的业务决裂,就需要彻底性的再定位,而不是改良性的再定位。如果品牌再定位的成本过高,也可以采用推出新品牌的做法,不必强行进行品牌再定位。

(4)产品功能扩展、转换或有了新发现。产品功能的升级、转换往往意味着品牌发展的新机遇，有时候甚至可能开创新行业、新市场、新品类，也就是发现一片蓝海。这时候，适时进行品牌再定位，有可能成为新市场、新行业的“第一”品牌、“最佳”品牌。例如，100多年来，发酵粉是美国大众烘焙蛋糕与面包的必需品，所以销量一直稳定增长。可是，到了 20 世纪 60 年代，由于蛋糕与调配方的出现，取代了部分发酵粉市场；到了 20 世纪 70 年代，由于冷藏糕的问世，发酵粉的销量一落千丈。当然，斧头牌发酵粉也未能幸免，遭遇了前所未有的危机。危难关头，有消费者发现，发酵粉除了能够烘焙蛋糕外，把它放置在冰箱内能消除冰箱内的异味，把它倒入厕所的马桶中还能消除恶臭。公司在得到了这一重要消息后，决定对斧头牌发酵粉进行用途的再定位，并制作了一系列题为“我发现了一个秘密”的电视广告。广告宣称：把用剩的斧头牌发酵粉放在冰箱内，能够消除冰箱内的异味，冰箱内的发酵粉放置一段时间后，除臭的功能会降低，此时应换新的发酵粉，然后把旧的发酵粉倒入厨房内的水槽或厕所下水道中，能够消除恶臭。新用途广告播出后，引起消费者的极大反响，不但“我发现了一个秘密”变成了大众的话题，而且美国各地经销商的订货电话蜂拥而至。

(5)产品进入衰退期。众所周知，产品是有市场生命周期的，任何一种产品，在进入市场之后，会经过导入期、成长期、成熟期、衰退期四个阶段，而产品是品牌的载体，正是因为产品在不断地更新换代、推陈出新，才使得品牌能够延续下去，产品创新是品牌延续的基础。市场上现存的品牌，有传世百年、享誉全球的老品牌，也有独领风骚一时，随后却销声匿迹的，还有昙花一现的品牌。并非品牌也和产品一样有生命周期，而是品牌管理者没有协调好产品生命周期与品牌永续发展之间的关系，产品不断更新换代，品牌定位却没有随之跟上调整的步伐。当产品进入衰退期，企业就应调整营销策略，对品牌进行重新定位，避免品牌随着产品的衰退而衰退。

(二)品牌再定位应考虑的因素

在作出品牌再定位的决策之前，企业必须从投资回报率的角度考虑多方面的因素，重点考虑以下因素：

1. 品牌再定位所需的资金、人力、物力的投入

品牌再定位需要耗费大量的资金、人力和物力。许多企业在品牌再定位之前，为保证再定位的成功，通常会请专业的品牌咨询公司进行诊断和定位；在制订了品牌再定位的方案后，将品牌再定位的信息真正传递到消费者心中，还需要经历营销推广的阶段；如果对品牌的识别系统进行了更新，那么，还需要制作和修改许多物品的标志。这些牵涉到调研费用、咨询费用、识别系统的设计制作费用、营销推广费用等，而且费用往往很高昂。一般说来，新的定位离原定位越远，所需费用越高。品牌再定位的资金、人力、物力的投入通常会超过第一次定位。因为新定位的建立需要消除原有定位的影响，而这一环节将会耗费大量的营销传播资金；在信息泛滥、传播过度的当今社会，要让新的定位获得消费者认同也需要加大营销传播的力度；同时，对于消费者接收新定位的时间，要有充分的估计，在从原有定位转入新定位的过渡阶段，消费者不可能马上就接受新定位，产品的销售势必会受影响。因此，是否有足够的资金和实力，就成为企业预先估算能否成功实施品牌再定位的首要因素。

2.品牌再定位能获得多大的回报

既然品牌再定位需要耗费高额费用，那么就需要仔细估算再定位后带来的收益，简单地说，就是一个值不值得的问题，只有收益大于投入才值得去实施。目标市场的容量、发展潜力、消费者数量和平均购买率、竞争者的数量和实力等因素都是影响企业品牌再定位的重要因素。当然，在预测评估时，要将眼前收益与长远利益结合起来，在经过仔细分析和研究后，预测投入产出比，再决定品牌再定位是否值得实施。

3.品牌再定位面临的困难和风险

企业在品牌再定位的过程中，会面临一定的困难和风险，具体说来有如下表现：

(1)企业内部难以达成共识

从企业高层来说，品牌再定位牵涉到整个品牌战略的诸多层面，需要耗费大量的资金、人力和物力，决策时势必会有多种声音；从企业整体来说，品牌再定位需要面临不确定的未来，人们总是天性厌恶不确定和风险性的，因循守旧总是比改革创新的阻力更小；从企业员工来说，原有的品牌定位已经深入人心，出于怀旧的心理，有些员工难以进行改变。

(2)现有企业文化是否支持品牌再定位

虽然品牌再定位的目标是要使品牌按照新的观念在消费者心中重新排位，调理关系，以创造一个有利于自己的新秩序，这似乎只牵涉到品牌与消费者的互动，然而，品牌再定位离不开企业员工的付出。从某种程度上来说，品牌再定位也是一种变革，会牵涉到企业内部各个部门和员工个体的利益调整。变革总是会遭遇阻力，现有的企业文化对待风险、不确定性因素、变化的态度如何，也是品牌再定位的风险来源之一。

(3)消费者不认同新的定位

产生这种情况的原因是多方面的，或者因为原定位的忠诚客户已经与品牌建立紧密的关系，不愿意看到品牌定位的变动；或者新的定位有可能在诸多环节中的某一处出现偏差，无法打动消费者的心。

(4)品牌再定位可能使品牌丧失原有的市场

品牌再定位面临的困境之一就是在维持老顾客和吸引新顾客之间如何取舍、平衡。再定位之后的品牌增强了对新顾客的吸引力，但是却失去了老顾客的心。这意味着品牌再定位花费了大力气开拓了新市场，却丧失了原有的市场。如果新的市场带来的利润不能弥补老市场的收益，或者两者之间的利润差不能弥补品牌再定位的投入，那么，就是得不偿失的。因此，在品牌再定位时，要考虑原有市场的消费者与新市场的消费者之间的差异是否太大。

以上这些因素，都是企业再定位前需要权衡考虑的。

三、品牌再定位的要求

(一)品牌再定位的基本要求

1.深入调研，收集品牌再定位的信息

品牌再定位要想取得成功，必须全面收集有关品牌的信息，主要包括品牌原定位的评估信息、存在的问题；市场现状及其发展变化趋势的信息；竞争对手的信息与最新动态；消费者对该品牌的品牌感知，消费者行为和消费心理的变化；产品属性的发展变化以及所处的生命周期;企业内部条件的变化等。调研的目的有两个,一是为品牌再定位的决策提供信息参考;二是为了准备定位,防止盲目重新定位造成重大的损失。

2.着眼于品牌长远发展,寻找品牌成长空间

企业应着眼于品牌的长久发展,与企业愿景相结合来审视品牌再定位。从企业实际情况出发,以市场为向导,发挥本企业的优势以及采取将劣势转化为优势的种种措施,寻找市场空隙,扩大市场空隙,占据市场空隙,开拓出新的市场空间。将品牌再定位与市场未来发展趋势相匹配,使品牌再定位获得较大的市场发展空间。

3.对再定位的品牌进行新形象设计与推广

消费者对品牌再定位的感知的最重要来源就是品牌的形象。通过品牌识别系统的新设计以及导入CI系统,使品牌再定位的信息在众多的商品中凸显出来,重塑新的品牌形象,引起消费者的注意,从而使品牌重新在市场上站稳脚跟,并有新的发展。

4.关注品牌再定位的收益情况

在进行品牌再定位时,要求尽可能多地获取收益。在投入大量资金、人力、物力的情况下,尽量实现收益回报最大化。这需要分析和研究市场的偏好群有多少消费者;他们的平均购买率的大小;在这部分偏好群有多少竞争对手;本企业品牌在这个市场部分的销售价格要定在什么水平才合适;如何才能既卖得快、买得多,又能获取较好的收益、较高的利润。企业必须权衡品牌再定位的多种收入和费用,然后进行品牌重新定位决策,要把品牌再定位过程中对新消费者的追求和企业的预期收益结合起来,把新市场的开拓与企业的中长期效益结合起来。

(二)品牌再定位的关键成功要素

1.协调处理好原定位的品牌形象与新定位品牌形象之间的差异

如前所述,品牌再定位后,新的定位离原定位越远,所需费用越高。也就是说,原定位与新定位之间品牌形象的差异越大,所需的费用越高,并且最终得到消费者认可的难度越大。一旦消费者不认可新的定位,则意味着品牌再定位的失败,有时甚至会给原品牌带来毁灭性的后果。

2.协调处理好原定位的目标消费群与新定位的目标消费群之间的关系

品牌再定位最核心的触发因素来自于消费者的变化,包括消费者的偏好、消费心理和消费行为的变化,以及新一代消费者的品牌信息接收、处理的方式的变化。品牌再定位一般都希望能扩大目标消费群的规模。营销界有一句名言:如果你希望满足所有人的需要,那么或许你最后会发现谁的需求也满足不了。因此,处理衔接好原目标消费群和新目标消费群之间的关系,将会成为品牌再定位成功的关键环节。

3.协调处理好品牌再定位的当前收益与长期收益之间的关系

品牌再定位,至少要能超越原有定位,才值得付出高昂的代价。品牌再定位如果满足于产品属性的更新这样低层次的再定位,花费的时间、资金成本都较小,并且很快就能见到当期收益。然而,这样的再定位很快又会被竞争对手超越,变得不合时宜,需要再次更新,从而无法带来长远利益。品牌再定位,要考虑提升品牌再定位的层次,从满足消费者高层次的心理、价值实现的需求出发,这样再定位后的品牌才能统摄更长远的成长空间。

四、品牌再定位的步骤

品牌再定位的步骤与品牌定位的步骤基本相同，只是在实行品牌再定位之前，还需要经历品牌再定位的时机识别和对品牌原定位的评估和监测。具体来说，有如下步骤：

（一）对品牌再定位的时机识别

如前所述，今时今日的品牌定位，是在一个动态的社会环境中形成的，在形成定位的整个传播过程中，市场环境的变化、消费者的变化、竞争对手的攻势、技术的进步、社会潮流的变化等都可能制造、传播噪声，阻碍品牌定位的形成或削弱已经形成的品牌定位。面对这一必然趋势，品牌拥有者的任务是尽可能早地发现品牌定位遇到的各种挑战，并抓住时机对品牌进行重新定位。对下列问题的回答往往可以帮助我们较早地发现品牌定位是否被削弱的问题：

(1)竞争对手是否对该品牌定位进行了模仿；

(2)消费者对该品牌的认知是否发生偏差或模糊；

(3)品牌是否延伸到了其他领域；

(4)新上市的同类产品与该品牌的区别何在；

(5)生产该类产品的技术有哪些革新；

(6)消费者对该类产品的消费习惯发生了哪些改变，等等。

当企业发现品牌定位被削弱、品牌资产受到影响时，应综合考虑影响品牌定位形成的因素，做好重新定位的准备。

（二）对品牌原定位的评估和监测

当识别出品牌再定位的时机后，并不是马上启动品牌再定位，而是需要做进一步的调查研究。因为对品牌管理者而言，品牌再定位就是另一次品牌定位形成过程的开始，品牌再定位耗费的资本、人力、物力比初次定位更大，而且如果品牌定位变化过于频繁，就等于没有定位，且不断地变化会损害品牌资产的积累。因此，接下来的工作是要站在梳理品牌长期战略的高度，换一种角度重新审视品牌定位，确定它是否仍然与目标市场、顾客转换、市场发展趋势和动力以及企业目标等相关联。斯科特·戴维斯提出了有效定位的五项原则，来判断是否需要更新或者更改定位，如表2-7所示。

表2-7　有效定位的五项原则

原　则	具　体　内　容
价值评估	将重点放在顾客认知的价值上，由顾客模型来决定是否适合
独特性	到竞争对手没有涉足的领域里去
可靠性	在企业和由消费者模型预期的供应商之间获得可靠度
可持续性	最大限度扩大定位在竞争态势中的有效期
适合	寻找运用现有品牌形象优势的方法

具体来说，是要围绕着有效定位的五项原则，根据原定位，列出以下问题清单：

1. 价值评估：我们的目标市场重视品牌定位吗？

(1)品牌定位能激励顾客放弃其他竞争对手转而选择我们的品牌吗？

(2)它是否满足了顾客的关键需要？

(3)它能够赢得并保持顾客的忠诚吗？

(4)它能让我们掌握价格溢价吗？

(5)它在细分市场中有价值吗？尤其是对最有价值的顾客来说。

(6)它是否给出了物有所值的购买前提，或至少是采取行动的需要？

(7)它是否为我们的品牌在多重细分市场上采用相同的实际定位策略提供了捷径？

2. 独特性：品牌定位是否排除了竞争对手的产品特性？

(1)市场是否认知到我们的定位给出的是只有我们的品牌和企业才能提供的产品和服务？

(2)我们的定位与竞争对手有明显的区别吗？还是相互模仿？

(3)我们的品牌策略只是在为了区别而区别，还是真正具有重要价值的独特定位？

(4)在没有指明品牌名称的情况下向顾客提到这种定位时，顾客会不会想到其他品牌？

(5)我们的定位是否能够清晰地表达且易于理解？

3. 可靠性：我们的品牌定位在市场上的可信度高吗？

(1)凭借对我们品牌的了解，消费者或目标市场会信任我们的定位吗？

(2)要传达什么样的信息才能让消费者信任我们的定位？

(3)消费者会认为其他品牌更可靠吗？

(4)通过内部考察，这一定位是否具有投资价值，或者我们应该追求“下一个更好的”？

(5)我们是否确实按照品牌定位的承诺提供产品和服务？

4. 可持续性：我们能长期保持这种品牌定位吗？

(1)这个定位在 3～5 年内仍能保持有效性吗？

(2)竞争者在多长的时间内会加以效仿？

(3)我们进行了足够的市场调查来判断今天顾客的需要依然与以前一样吗？

(4)应该采取哪些举措以便在内外部都保持这个定位？

5. 适合：品牌定位是否适用于企业？

(1)品牌定位支持企业的整体战略目标吗？

(2)它能帮助我们填补长期增长差距吗？

(3)它是驱动要素吗？

(4)它有助于提高盈利水平吗？

(5)它能凝聚我们的员工吗？

(6)我们能够通过它们连续和有意义的方式来衡量我们的成功吗？

(7)它能帮助我们集中精力在计划布局和日常工作上吗？

根据有效定位的五项原则来监测原定位，如果多项问题的答案不容乐观，那么就应该启动品牌再定位程序。在接下来的步骤中，我们需要进行经营领域的再界定、目标市场的再选择、竞争对手的再分析、目标顾客的再了解、定位点的再确定。在这个过程中不单要分析外部要素中可供利用的机会，还要对品牌原定位的失误根源和值得继承保留的因素作深入的剖析。

(三)经营领域的再界定

经营领域的再界定,就是重新审视自己的经营领域。重新界定的范围与原品牌定位应有相关性,不能相离太远。

现有的哪一些领域是自己的弱项,企业需要考虑是否从该领域中退出。当年杰克·韦尔奇刚上任时,对GE进行调整的原则就是:凡是不能在该领域保持第一的一律撤出。

有哪些领域是与现有领域相关,可以共享品牌价值,同时又有发展前景的呢?企业要考虑新进入的领域是否适用同样的定位诉求来延伸。例如,索尼公司所开发的电器产品自然都可以沿用高品质、高新技术这一定位诉求来体现,但有些企业则不能盲目延伸。例如,雅戈尔从衬衣延伸到西服,香脆饼干延伸到宜人月饼,由于营销和服务存在相同之处,可共享品牌,品牌就可能获得成功。

(四)目标市场的再选择

企业在重新审视经营领域之后,需要重新审视产品进入的目标市场。有时候可能由于市场细分不够深入、企业目标市场过大、目标顾客的偏好不统一,品牌以一个定位诉求进行宣传难以抓住所有目标顾客的心。这时就需要在调查研究的基础上,根据消费者的需要、购买动机与爱好差异等市场因素重新划分不同类型的消费者群,每个消费者群即是一个细分市场。然后,进一步针对顾客需要和产品用途作深入的研究,重新确定一个细分市场或几个细分市场作为企业的目标市场。例如,本田的喜美(CIVIC)三门车,最初在台湾地区推出时,定位为"满足潜意识的自我,是浪漫前卫的新个人主义的实现",目标消费者是25～35岁、个人年收入在30万元台币的男女青年,据此拍摄的一系列电视广告效果良好,媒体接触率、品牌认知度都很高,但车的销量却在不断下降。经过调查公司发现,消费者并不认同它的跑车定位。不购买的原因是"进出后座不方便"以及"车身小,不太适合全家人使用",因而转向购买四门车。调查结果使公司认识到原有的定位不当,必须重新进行定位,经过概念测试,"喜美三门车是孩子最安全的乘坐空间"这一概念得到最广泛认同,因此公司将产品重新定位为家庭用车,目标消费者扩大为有13岁以下儿童的家庭,广告从原来"前卫、浪漫、个性化"诉求改变为"安全性"诉求,重点改变消费者对三门车后座的看法,将原来的缺点(后座没有门)变成优点(保证孩子安全),重新定位扭转了销售滑坡的局面,使销售量不断上升。

有时,企业可能实行了超细分策略,许多市场被过度细分,产品销售范围被限制,从而导致产品成本增高和利润水平下降。实际上,这是对市场细分的一种误解,真正的市场细分不是以细分为目的、为细分而细分,而应以发掘市场机会为目的。这时,企业可以将几个较小的细分市场集合起来,用提供较低价格或较普通的产品来吸引消费者,形成较大的目标市场。有些企业通过提供标准化产品,有效地满足了不同消费者的需要。如建筑公司推出由基本组件构成的可拆卸房屋,在房屋造价越来越高、消费者要求越来越复杂的情况下,获得了较大的成功。

(五)竞争对手的再分析

某种品牌投放市场之后销售不畅的原因之一很可能是受到竞争对手的制约和影响。这就需要重新分析竞争对手,从而打开销售的空间。竞争对手分析主要包括:

(1)基本条件:企业规模、资金水平、技术水平、技术准备;

(2)产品情况:品种、质量、价格、产量等;

(3)服务情况:售前服务、售中服务和售后服务;

(4)市场占有率;

(5)竞争对手发展新产品的方向;

(6)竞争对手品牌的定位诉求,是否为消费者所接受。

根据以上分析结果,重新采取相应策略和措施。如果竞争对手较强,就要及时改进产品质量和服务水平,甚至转移市场。

(六)目标顾客的了解

在确定目标市场之后,必须对目标消费群的消费心理和消费行为,重点是对偏好、需求进行重新研究,以了解消费者最关心的问题以及潜在的没有被人发现的关注焦点是什么。例如,某文具制造商生产一种办公用的胶水,一般胶水厂商宣传自己的产品一定是质量如何好、黏性如何佳的特点,而这家制造商用此诉求宣传后发现效果不大,因此很多消费者并不太关心胶水的黏度,只要符合一般黏度就可以了,于是,他们进一步挖掘消费者的心理偏好,发现消费者在使用时最讨厌把手弄脏,或胶水倒出来太多造成浪费的心理。因此,这家公司特别以不黏手等流行商品的特色为定位,推出"不黏手型"胶水,迅速走俏市场。

(七)定位点的再确定

当企业已了解目标顾客的偏好和竞争对手的情况之后,就要根据自己的优势重新定位品牌。这一定位可以从产品本身、价格、渠道、服务等其他方面来考虑。例如,从产品本身来说可以从以下几点来寻找新的定位点:

(1)现有品牌的使用情况,可能产生何种新用途,今后可向哪方面发展;

(2)品牌能够给消费者提供什么样的新的附加价值;

(3)产品的改良与创新;

(4)品牌现有包装如何,使用程度、美观程度与产品本身的配合是否协调,与产品的价值是否适应等。

品牌再定位后,需从营销组合要求方面,整合各种营销传播工具,对品牌定位点进行传播,对品牌再定位进行具体的实施。

案例分析

"乐百氏"的再定位

乐百氏在上海少儿酸奶市场上一直处于独霸地位,大小商店的柜台上,儿童酸奶一般只有乐百氏一个品牌。从 1995 年开始,乐百氏酸奶在上海的销量虽然仍保持增长的势头,但增势趋缓。为了深入挖掘市场潜力,1997 年 11 月乐百氏上海分公司邀请了杰信营销策划有限公司策划 1998 年的营销战略。杰信创造性地对乐百氏进行了"再定位",使乐百氏老树发新枝。乐百氏酸奶在上海市场的销售额由 1997 年的5 300万元上升到 1998 年的7 200万元,在整个消费市场比较低迷的 1998 年,乐百氏酸奶的销量仍迅猛增长显得格外引人注目。

杰信为乐百氏"再定位"是从"脚"开始的，即通过文献查询、小组座谈、消费者问卷调查等方式获得大量材料，在此基础上深入分析了乐百氏酸奶销量增势趋缓的原因。

一、现有市场定位分析

1. 乐百氏的目标市场划分过窄，主要消费群体人口剧减并趋于低龄化造成了乐百氏酸奶销量增势趋缓。乐百氏酸奶的主要目标市场消费者群是1～9岁的孩子，如今这一群体的人口数量在急剧减少。1994年，上海市10岁以下的人口数为125.1万，1997年为94.96万，下降了24%，对企业而言，这是营销环境中的不可控制因素。而且，乐百氏酸奶的消费群体趋于低龄化，在各年龄段孩子喝的酸奶中以乐百氏品牌为主的更集中在4～9岁，超过9岁的孩子就很少喝乐百氏而成为达能、优诺、光明等竞争品的主要消费者。0.5～3岁孩子的决策权更多地在父母，乐百氏专门针对儿童的广告尚不能对这一低龄群体产生影响。由于原有定位是针对10岁以下的儿童，在这一部分群体减少的情况下，乐百氏如果仍然坚持这一定位，将会导致乐百氏儿童品牌的形象受损。

2. 竞争品牌过多，购买分流造成了乐百氏酸奶销售增势趋缓。如今市场上的饮料多样化，达能、优诺、光明等品牌分流了很大一部分购买群，而六年前乐百氏酸奶是儿童饮料的绝对主力，这是乐百氏酸奶增长趋缓的重要原因。

3. 成人品牌的入侵造成乐百氏酸奶销售量增势趋缓。为什么年龄一超过9岁，喝乐百氏的比例与对乐百氏的认同就明显地下降。经深入分析发现，上海的孩子营养好、身体发育快、心理也成熟，10岁的孩子就觉得自己是小大人了，而乐百氏的广告画面是一群4～6岁的孩子在蹦蹦跳跳，大孩子们就觉得乐百氏是弟弟妹妹们喝的东西了，潜意识里对乐百氏的认同度降低，而逐渐转向达能、优诺、光明饮料。达能、优诺、光明三者的市场占有率之和已略微超过了乐百氏，这表明：乐百氏的专业儿童品牌形象受到了严重的威胁。

4. 营销渠道的潜力未充分发挥造成了乐百氏酸奶销量增势趋缓。调查还表明，在超市购买乳酸奶的比例最高，达到72.5%，而其他营销渠道的购买比例明显偏低，食品店为9.2%，小杂货店为8.5%，中等百货商店为8.3%，大百货商店仅为1.5%。

5. 广告实际效果减少也造成了乐百氏酸奶销售量增势趋缓。乐百氏的第一代消费者感受过很多乐百氏的爱，但他们大多已读高中甚至上大学了，已经不可能再在一群蹦蹦跳跳嘴上喊着"今天你喝了没有"的孩子的感召下喝乐百氏酸奶了。但目前本应该属于乐百氏主要消费群体的孩子(0.5～10岁)却很少感受到乐百氏酸奶对他们的爱了，其原因当然是广告的减少，这种减少主要指的是广告产生的实际效果而不仅仅是广告费用的绝对额。如果继续这样下去，当孩子们感受到乐百氏的爱越来越少，当孩子们已不再强烈地感受到乐百氏是他们最好的朋友的时候，乐百氏相对于达能、优诺、光明的竞争优势也就土崩瓦解了。达能、优诺、光明在少儿市场上的总份额已逐渐超过乐百氏，而乐百氏销量仍在增长更多的是由于购买力增加，饮料总消费支出上升带来的。

二、对这些从市场第一线得来的第一手资料和分析得出的原因，确定了1998年上海乐百氏市场的再定位策略

1. 扩大乐百氏的目标市场范围。乐百氏调整后的目标市场是所有儿童，针对10岁以上的孩子，杰信展开情感攻势，争夺竞争品牌市场，推出了"大孩子，乐百氏也爱你"的计划。于是在电视画面上大孩子勤奋读书的情节，代替了幼儿欢天喜地的游戏，少年骑车、

踢足球的活动取代了幼儿学 a、b、c 的场面。很快地，大孩子又回到了乐百氏的身边，更为可喜的是，以大孩子为主要对象的广告对低龄孩子也形成强烈的情感渗透，因为他们渴望长大，低龄孩子认同的品牌依然是乐百氏。

针对 0.5～3 岁以及 4～6 岁中的幼儿也以喝达能之类饮料为主，而他们喝酸奶的决策权主要在父母身上这种情况，杰信打出了“年轻的父母，只有乐百氏才最适合你的孩子”的招牌，提出了“不同年龄的人所需的营养是不一样的，只有乐百氏才最能为孩子提供最全面、最适合你的孩子的营养”的理念。言下之意，年轻的父母，别的品牌对你的孩子用处不大，一些父母在广告的影响下逐渐转向购买乐百氏。

2. 在上海市场上加大广告投入、不时举行公共关系活动吸引公众的注意力。经过前面的分析，乐百氏品牌在孩子们中间影响力下降最主要的原因就是广告的投入不够，乐百氏的品牌形象没有在孩子们中间得到加强。为此，要加大广告特别是电视广告的投入，并且把广告投放时段定在每日下午的儿童节目时段。通过广告加强乐百氏的重新定位——不仅是 10 岁以下儿童的品牌，还强调乐百氏是所有儿童的品牌。举行公共关系活动的目的就是要引起人们对乐百氏的更多关注，这就需要乐百氏不时地制造一些新闻点。

3. 全面提高超市、大卖场的走货量，深控营销渠道潜力。调查表明了超市在酸奶流通中的重要地位，而乐百氏产品在超市的走货量远未挖掘其潜力。1998 年其在主要超市的铺货率达到 100%，同时，加强和经销商的联系，并配备理货员常年巡视各超市，使乐百氏产品获得最佳陈列位置、较大陈列面积，定期在超市举办优惠、堆箱、赠饮等促销活动，1997 年乐百氏在超市的销售额仅为 800 万，而 1998 年上升到2 000万元。

经过再定位后，乐百氏由于抓住了市场增长的机会点的突破口，立竿见影地吸引了 10 岁以上的大孩子，提高了消费量，并遏制了成人品牌的入侵，使乐百氏少儿品牌的优势得到淋漓尽致的发挥。乐百氏乳酸奶销售额从 1997 年的5 300万元上升到 1998 年的7 200万元。这在乳酸奶市场十分成熟且整个消费市场处于疲软的 1998 年颇为难得。

案例思考题：

1.“乐百氏”的原有定位出现了什么样的问题？

2.“乐百氏”的再定位策略有什么特点？试讨论一下“乐百氏”还可以采用哪些定位策略？

第五节　品牌定位存在的问题及对策

一、目前品牌定位存在的问题

(一)品牌求全定位

企业某一品牌可能确实有多方面功能，或同时在几项指标上都处于领先地位。这时候，企业总希望将品牌的所有优点都告诉消费者，想以此来打动消费者。这种全功能的定位，可能会导致消费者的怀疑或对品牌形象认识的模糊不清，定位的目的反而不能实现。消费者难以相信广告或其他定位沟通手段对产品特征、价格或企业的宣传，因而定位诉求无法得到消费者的认同。即使品牌的优点很多，企业也应该集中宣传某一方面，如在汽车市场上，奔驰津津乐道于它的“做工精良”，菲亚特诉说“精力充沛”，沃尔沃强调“安全与耐用”。国外许多知名品牌往往只依靠某一方面的优势而成为名牌。每一个品牌都必须挖掘消费者的兴趣点所在，而一旦消费者产生了这一方面的需求，首先就会想到它；并且，品牌个性越突出、特别，给人的印象就越深刻，也就越容易在消费者心中占据最佳位置，消费者首先想到它的可能性就越大。

(二)品牌定位不足

自我国市场从卖方市场转向买方市场后，企业之间的竞争进入白热化，一个品牌要想脱颖而出，必须具有差异性，只有与众不同的特点才能吸引人们的注意力。目前市场上同类产品之间的实际差异已经非常小，如对于洗衣粉而言，各厂家都宣称无磷加酶高效洗衣粉；各 VCD 品牌都在诉说“超强纠错、数码科技、全面兼容”等等。虽然在强大的广告攻势下，消费者能勉强记住几个品牌名称，但却难以分辨它们之间的差别。品牌定位产生的差异不明显或不够有说服力，就是不够力度、不充分的定位。由于定位概念的模糊，消费者没有真正意识到品牌的独特之处，没有在心中树立明确的形象。成功的品牌，其立足点都是以自己的优势，服务并满足特定消费者的需求，在同行中尽力凸显个性魅力。如当“乐百氏”延伸到矿泉水市场时，首先对同行的定位情况进行了分析：“娃哈哈”进行情感定位：“我的眼里只有你”已大获成功；“农夫山泉，有点甜”也已站稳脚跟。所以“乐百氏”寻求与同行的差异，以“品质”定位切入：“乐百氏，27 层净化”，终于一举成功。

(三)品牌定位混乱

定位混乱最常发生在品牌延伸中再定位与原定位的关系上。品牌延伸后的定位与原定位没有一致性或相差太远，消费者可能会对品牌形象感到困惑。所谓品牌延伸策略，就是利用已有的成功品牌推出系列相关产品或不相关产品，以带动其在市场上获得成功的策略。许多企业通过实施品牌延伸策略取得了成功。如“耐克”从运动鞋延伸到运动服装，“康师傅”从方便面延伸到米饼、香饼等食品和纯净水、八宝粥等饮品，“海尔”从冰箱延伸到几乎所有的家用电器等等。但是，品牌的过度延伸会使原定位失效，所以，进行品牌延伸应该遵循一定的规律和符合一定的逻辑。有些企业无限制地进行品牌延伸，以达到市场扩张和利润增长的目的，这种盲目延伸将不可避免地破坏企业已建立的品牌形象，容易引起消费者的怀疑，降低消费者的忠诚度，使企业处于被动的局面。例如，珠海巨人集团曾是我国早期计算机领域的领导者，其产品风靡全国，在 1994 年的鼎盛时期，其总资产达到数十亿元，“巨人汉卡”是其品牌的核心产品，然而遗憾的是，巨人集团没有在其优势领域里进行延伸，而是向保健品、医药方面发展，“巨人脑黄金”、“巨人巨不肥”等产品相继问世，甚至盲目向房地产发展，巨人集团因此产生了巨大的资金缺口，现金流断裂，最终导致巨人集团的全军覆没。因此，在进行品牌延伸时，一定要把握新产品定位与原品牌定位的一致性，不可超越原有品牌定位的界限，如果与原有的品牌定位背道而驰，则会动摇消费者对该品牌的认知和忠诚。

美国派克笔一直以价高质优著称，是上层人士身份的象征。后来新经理上任后为了开拓新的市场，就开始生产仅 3 美元一只的低档笔，结果不仅没有顺利打入低档笔市场，反而丧失了一部分高档笔市场，其高贵的品牌定位受到损伤。品牌延伸决策要考虑的因素有：品牌核心价值与个性、新老产品的关联度、行业与产品特点、产品的市场容量、企业所处的市场环境、企业发展新产品的目的、市场竞争格局、企业财力与品牌推广能力等，而上述众多因素中，品牌核心价值与个性又是最重要的。

(四)品牌定位模糊

定位不清晰，消费者难以清楚识别，如对克莱斯勒汽车，有的消费者认为是名牌轿车、制造精良；而有人认为它是贫民驾驶车，粗制滥造；反之奔驰牌轿车的定位则清晰得多，消费者一致认为它品质高贵、制作精良，是高档名牌轿车。

每个企业产品都有其独有品牌，但相当多企业的产品品牌没有深层、明确、具体的内涵，品牌形象苍白、无个性，无法使消费者在接触品牌时产生应有的联想。这些企业仅仅把品牌理解为一种名称或牌号，用于同类产品间表面化的区分，而无法使这一区分建立在自身品牌差异化、个性化、合理化的基础上。在这种情况下，任何配套战略都显得盲目、缺少依据、缺乏针对性，当然也就无法保证品牌竞争战略的有效性，从而导致在品牌竞争中失利。

(五)品牌定位缺少人格化特征

品牌的人格化特征已经是国外品牌普遍具有的品牌价值的重要组成部分，它可以帮助品牌建立品牌形象，有助于品牌传播，更主要的是可以树立品牌的个性，缔造一种为消费者接受的心理定位，从而赢得目标消费群体。如摩托罗拉在做市场调查时问："假设把摩托罗拉想象成一个人，他正从门口走进来，你会看到怎样一个人?"得到的回答都是"成功、高大、西装革履、聪明、技术力量雄厚"等特征，还有些人说是"尊敬的、像远房的叔叔"。这些回答也许会令某些公司感到满意，但摩托罗拉的管理层对此却深表担心，因为摩托罗拉认为给消费者的印象不应仅仅是"尊重"，没有个性感、亲情感，它应更体贴，更有现代感，让消费者对它更有感情，树立其"生活上的好帮手、好朋友"的品牌定位。这种心理定位上的共鸣会有效地加强消费者对品牌的忠诚度，进而转化为现实购买或良性的口碑流传，而中国的企业往往忽视品牌人格化特征的塑造，因为他们同样忽视或难以理解：为什么消费者用着质量不优于自己，而价格远高于自己的洋货时眼中闪烁着光彩？殊不知，一个没有人格特征的品牌定位就像一个没有人格特征的人一样是容易被忽略的。

(六)品牌定位缺少与消费者之间的情感联系

品牌除了为消费者提供具体的功能利益外，更重要的是满足消费者情感上的需求。有的企业宣传"我是全国知名品牌"、"我资金雄厚"、"我有政府大力支持"，但很少听到"我的品牌是消费者的朋友"。品牌与消费者的关系就像人与人的关系一样，可能是亲人式的，可能是功利式的，可能是商业平等式的，也可能是互利互助式的。用户与品牌的情感联系，就像在社会中你愿意和一个什么样的人交往一样，有的人可能很优秀，但他高高在上、盛气凌人，你不可能和他成为朋友，无法与之交往，如"劳斯莱斯"汽车固然很好，但它不属于你，你在现实购买中不会选择它。因此缺乏与目标顾客群的有效情感沟通，就难以铸造稳固而持久的消费者忠诚。

二、品牌定位的对策

(一)档次定位策略

品牌价值是产品质量、消费者的心理感受及各种因素如价值观、文化传统等的综合反映。不同的品牌在消费者心目中按价值高低区分为不同的档次。定位于高档次的品牌，传达了产品或服务高品质的信息，同时也体现了消费者对它的认同。档次具备了实物之外的价值，如给消费者带来自尊和优越感。高档次品牌往往通过高价位来体现其价值。如劳力士表价格高达几万甚至几十万元人民币，是众多手表品牌中的至尊，也是财富与地位的象征，拥有它，无异于展示自己是一名成功的人士或上流社会的一员。又如酒店、宾馆按星级划分为1～5个等级，五星级宾馆高档的品牌形象不仅涵盖了幽雅的环境、优质的服务、完备的设施，还包括进出其中的都是有一定社会地位的人士；定位于中低档次的宾馆，则针对其他细分市场，如追求实惠和廉价的低收入者。正因为档次定位综合反映品牌价值，所以不同品质、价位的产品不宜使用同一品牌。如果企业要推出不同价位、品质的系列产品，应采用品牌多元化的策略，以免使整体品牌形象受低质产品的影响而遭到破坏。如台湾顶新集团在中档方便面市场成功推出了“康师傅”，但在进军低档方便面市场时，并非简单延伸影响力已经很大的“康师傅”品牌，而是又推出了另一个新品牌——福满多。

(二)USP定位策略

USP(Unique Selling Proposition)是“独特销售主张”或“独特卖点”的意思，一个产品只提供一个卖点。而这种利益是其他竞争对手品牌无法提供或者没有诉求过的，因此是独一无二的。企业品牌运用USP定位，就是在同类产品品牌众多、竞争激烈的情形下，突出品牌的特点和优势，让消费者按自身偏好和对某一品牌利益的重视程度，将不同品牌在头脑中排序，置于不同位置，在有相关需求时，便迅速地选择商品。实力雄厚的领头企业可以利用USP定位在同一类产品中推出众多品牌，覆盖多个细分市场，提高其总体市场占有率。宝洁公司运用USP品牌定位相当成功，以洗发护发用品为例，宝洁在中国相继推出海飞丝、飘柔、潘婷和沙宣等，而且每一种品牌都有其不同的个性特点：海飞丝的特点在于去头屑，飘柔的特点在于让头发光滑柔顺，潘婷的特点在于对头发的营养保健，沙宣的特点则是均衡头发的水分和养分，如此等等。宝洁公司通过USP定位，发展多种品牌，使自己的货架不断扩张。

但是利用USP定位有几点值得注意。首先，USP诉求的利益点应是其他品牌不具备或者没有指明的独到之处，在消费者心目中，定位点的位置还没有被其他品牌占据；其次，USP诉求的利益点是消费者感兴趣或关心的，而非企业自身一厢情愿的售卖点；最后，利用USP诉求时，一般要突出一个主要利益点。

(三)消费者定位策略

企业应进行正确的市场细分，按照消费者的收入和地位进行分类，将产品与某类消费者的生活形态和生活方式的关联作为定位。以劳斯莱斯为例，它不仅是一种交通工具，还是英国富豪式生活的标志，90多年来，劳斯莱斯公司生产的劳斯莱斯和本特利豪华轿车总共才十几万辆，最昂贵的车价高达34万美元，特别是黑色的劳斯莱斯主要供应给有身份的成功人士，有钱但社会形象不佳的消费者只能买其他颜色的劳斯莱斯。据调查，拥有这两种品牌轿车的消费者有以下五大特征：他们中有 2/3 的人拥有自己的公司，或者是公司的合伙人；几乎每个人都有数处地产；每个人都拥有一辆以上轿车；除劳斯莱斯和本特利外，主要是奔驰轿车；50％的人有艺术收藏爱好；40％的人拥有游艇；平均年龄在 50 岁以上。由此可见，劳斯莱斯体现的是一种豪华的、社会地位显赫的生活方式。人们购买劳斯莱斯，似乎不是买车，而是在买一种超豪华的标签。

成功运用消费者定位，可以将品牌个性化，从而树立独特的品牌形象和品牌个性。耐克以喜好运动的人，尤其是乔丹的热爱者为目标消费者，所以它选择乔丹为广告模特，广告不仅淋漓尽致地展现了乔丹的风貌，将其拼搏进取的精神、积极乐观的个性融入“耐克”之中，也成功地树立了耐克经久不衰的品牌形象。百事可乐定位于“新一代的可乐”，抓住新生代崇拜影视偶像的心理特征，请迈克·杰克逊作为广告代言人，在杰克逊掀起的阵阵狂潮中，新生代成了百事的俘虏，而“百事”也成了“年轻、活泼、时代”的象征。

(四)形状定位策略

根据品牌的形式、状态定位。这一形状可以是产品的全部，也可以是产品的一部分。在产品的内在特性越来越相同的今天，产品的形状本身就可形成一种市场优势。如“白加黑”感冒药将“感冒药的颜色分为白、黑两种形式”，并以此外在形式为基础改革了传统感冒药的服用方式。这两种全新形式本身就是该产品的一种定位策略，同时将其命名为“白加黑”也使这一名称本身就表达了品牌的形式特性及诉求点。又如“大大”泡泡糖也是以产品本身表现出来的形式特征为定位点。形状定位还可以借助产品的部分标识作为诉求点，汽车的象征标识就是最典型的例子。如“宝马”的蓝白扇形、“福特”的“Ford”变体、“奥迪”的四连环、“海尔”的兄弟俩卡通，它们的共同特征是清晰、醒目，给人留下深刻的印象。

利用形状定位要注意两点：一是形式不能过于复杂，应给人一种明快、洒脱的感觉。二是要注意点、线、面结合。点，难以构成独立形象，但配合起来具有密集感、呼应感和跳跃感；线，是流动、速度、力量、静止、稳定、柔和等的化身；面，能够促成立体效果。三者的巧妙搭配就勾勒出了一个美好的品牌图画。

(五)类别定位策略

根据品牌类别建立的品牌联想，称作类别定位。类别定位力图在消费者心目中造成该品牌等同于某类产品的印象，以成为某类产品的代名词或领导品牌，在消费者有了某类特定需求时就会联想到该品牌。如快餐使人联想到麦当劳，饮料使人联想到可口可乐等等。企业常利用类别定位寻求市场和消费者头脑中的空隙，其中的一个方法是设想自身正处于与竞争者对立的类别或是明显不同于竞争者的类别，消费者会不会接受？七喜汽水“非可乐”的定位就是借助类别定位的经典案例，可口可乐与百事可乐是饮料市场的领导品牌，占有率极高，在消费者心目中的地位不可动摇，“非可乐”的定位使七喜处于使“百事、可口”对立的类别，成为可乐饮料之外的另一种选择。

(六)比附定位策略

比附定位就是通过攀附品牌、比拟品牌来进行产品定位，以借助其他品牌的优势来提升自己的品牌。比附定位的目的是通过品牌竞争提升自身品牌的价值与知名度。比附定位并不适用于所有的情况，在定位时以竞争者为参照物通常基于以下理由：

第一，竞争对手是市场领导者，实力雄厚，企业无法正面与之竞争。

第二，竞争对手已经树立了稳固的形象，依附竞争者可以传递与之相关的信息。

第三，有时消费者并不在乎你的产品究竟如何，他们只关心你同某一特定竞争者比怎么样，因为消费者很难对产品的价值和质量进行定量感知与衡量，此时，采用比附定位是合适的。

比附定位主要有三种方法：其一是甘居“第二”，就是明确承认同类中另有最负盛名的品牌，自己只不过是第二而已，这种策略会使人们对公司产生一种谦虚诚恳的印象，相信公司所说的是真实可靠的，这样较容易使消费者记住这个通常难以进入人们心智的序位。如20世纪60年代美国恒美广告公司（DDB）为埃维斯租车公司的品牌定位便是运用比附定位取得成功的经典，美国埃维斯出租汽车公司强调“我们是老二，我们要进一步努力”，巧妙地与市场领导者建立了联系，埃维斯的市场份额因此上升了28个百分点，大大拉开了与行业中排行老三的国民租车公司的差距，从而赢得了更多忠诚的客户。其二是攀龙附凤，其切入点亦如上述，首先是承认同类中已有卓有成就的品牌，本品牌虽自愧不如，但在某地区或在某一方面还可与这些最受消费者欢迎和信赖的品牌并驾齐驱、平分秋色。如内蒙古的宁城老窖，宣称是“宁城老窖——塞外茅台”。其三是奉行“高级俱乐部策略”，公司如果不能取得第一名或攀附第二名，便退而采用此策略，借助群体的声望和模糊数学的手法，打出入会限制严格的俱乐部式的高级团体牌子，强调自己是这一高级群体中的一员，从而提高自己的地位形象。如可宣称自己是某某行业的三大公司之一、50家大公司之一、10个驰名商标之一等等。美国克莱斯勒汽车公司宣布自己是美国“三大汽车品牌之一”，使消费者感到克莱斯勒和第一、第二一样都是知名轿车了，从而收到了良好的效果。

（七）情感定位策略

该定位是指运用产品直接或间接地冲击消费者的情感，以唤起消费者内心深处的认同和共鸣，改变消费者的心理。消费者的消费行为变化可分为三个阶段：第一是量的消费阶段，第二是质的消费阶段，第三是情感消费阶段。在第三个阶段，消费者看重的已不是产品的数量和质量，而是与自己关系的密切程度，或是为了得到某种情感上的渴求与满足，或是追求一种产品与理想自我概念的吻合。显然，情感定位是品牌诉求的重要支点，顺应消费者消费心理的变化，以恰当的情感定位唤起消费者心理的共鸣，可以充实和加强产品的营销力量。“娃哈哈”可以说是中国当代市场上一个成功的品牌命名。这一命名除了通俗并且准确地反映了产品的目标对象外，最关键的一点是将一种祝愿、一种希望、一种消费结合儿童的天性作为品牌命名的核心，而“娃哈哈”这一名称又天衣无缝地传达了上述形象及价值，这种对儿童天性的开发与祝愿又恰恰是品牌形象定位的出发点。

（八）文化定位策略

将某种文化内涵注入品牌之中，形成文化上的品牌差异，称为文化定位。文化定位不仅可以大大提高品牌的品位，而且可以使品牌形象独具特色。利用文化定位还可以通过引起消费者联想，使产品深植于消费者脑海中，达到提升产品知名度和美誉度的目的。如绍兴人用好“鲁迅”这块金字招牌，就是明显的一例，“咸亨酒店”、“孔乙己茴香豆”等，皆因冠以鲁迅作品中人物之名而身价大增。

(九)附加定位策略

通过加强服务、提供公益工程等树立和强化品牌形象,称为附加定位。对于生产企业而言,附加定位需要借助产品实体形成诉求点,从而提升产品的价值,特别是产品的情感价值;对于非生产性企业而言,附加定位可以直接形成诉求点。"国际商用机器公司(IBM)就是服务"是美国 IBM 公司一句响彻全球的口号,是 IBM 企业文化精髓之所在。IBM 的服务体现于诚、信、情、礼中,形成一套 IBM 企业文化,它已向人们清楚地证明:服务是企业最佳管理方法的一把利刃,是企业信誉的关键因素。随着时间的推移,良好的服务几乎已经成为 IBM 的象征。"IBM 就是最佳服务的象征!"清楚地表达了 IBM 真正的经营理念——我们要提供世界上最好的服务,和 IBM 所签的契约中,不只是机器出租,更包括所有的服务项目。正是这样的服务理念,才使 IBM 的品牌形象并未随着岁月的久远而褪色。

附加定位不仅可以创造企业形象,而且可以扩大品牌的市场半径。可口可乐进入中国市场 70 多年来,非常重视对社会的回报,仅最近几年,该公司就为中国的希望工程捐款 2 000万元,承建了 50 所希望小学,捐建了 100 个希望书库;同时在中国连续开设了 13 年的"临门一脚"足球教练培训班;在奥运会上,可口可乐曾多次对中国代表团慷慨相助。可口可乐通过一系列公益工程建设,形成对消费者的情感体验冲击,使自己真正立于不败之地。

案例分析

万宝路定位的漫漫长路

20 世纪 20 年代初期,万宝路刚进入市场时,是以女性作为目标消费者的,它的淡而柔和的口味也是特意为女性消费者而设计的,为此它推出的广告口号是:像五月的天气一样温和。但这一招并未奏效,莫里斯公司只好改换卖点,在香烟上附装象牙色的滤嘴,但女士们纷纷抱怨她们的唇膏会玷污新的滤嘴,该公司于是在 20 世纪 30 年代把滤嘴改为红色,但伤害早已造成,万宝路香烟再也无法吸引女性顾客了,到了 20 世纪 40 年代,莫里斯公司终于不得不把万宝路撤出市场。

直到 20 世纪 50 年代,滤嘴革命兴起后,万宝路才又重现"江湖",并将定位诉求摆在它压不坏、上掀式的特殊烟盒上,但顾客仍然不为所动,到了 50 年代中期,莫里斯公司决定把万宝路定位为"男性滤嘴香烟",这项行动实在没什么太大的意义,因为当时女性消费者占了滤嘴香烟市场的 75%。该公司的广告代理商李奥·贝纳(1987 年全美排行第十大广告公司,全年营业额达 3.69 亿美元)仍旧锲而不舍,推出几个针对男性市场的广告,可是效果不佳。而万宝路萎靡不振之时,其他滤嘴香烟——云丝顿与赛伦,却吸引了无数吸烟人士。

后来,莫里斯公司终于痛下决心,对美国人的抽烟习惯进行研究调查。研究结果指出,二战后出生的青少年,为了肯定自我,会以学习抽烟来表示自己已脱离父母而独立。这项需求尚未受到其他品牌的注意与重视。

于是,该公司召集广告公司的高手齐聚一堂,花了好几个月的时间,研究如何给万宝路正确定位,以捕捉青少年市场的想象力。最后,所提出的构想是,在广告中呈现一位历经沧桑的牛仔,骑马隐没在夕阳余晖中——一个独立与叛逆的完美象征。

结果,"万宝路牛仔"一炮而红,忐忑不安的年轻人纷纷选用万宝路,因为他们希望能像那位牛仔青年那么冷静和自信,他们也希望自己变得坚强独立、自由自在。莫里斯公司更是乘胜追击,提出了令人难忘的广告词:"欢迎加入万宝路世界。"到了1976年,一度萎靡不振的万宝路,一跃成为美国最畅销的香烟。

万宝路在跌跌撞撞的摸索中,终于以市场调研结果为基础,从顾客的心理入手,确立了自己的定位。在西部牛仔的广告受到肯定之后,万宝路的广告永远都以西部牛仔为主角,以西部乡野为背景,保持着自己的一贯的定位,获得了巨大成功。

问题:

试分析万宝路品牌成功的原因是什么?

第3章

品牌文化管理

第一节　文化、企业文化与品牌文化

一、文化、企业文化与品牌文化的内涵

(一)文化的定义

“文化”一词来源于古拉丁文,本意是指“耕作”、“教习”、“开化”。在中国古籍中最早将“文”和“化”两个字联系起来的是《易经》:“观乎天文,以察时变;观乎人文,以化成天下。”意思是要用圣人的意思来教化天下,使社会变得文明而有序。由此可见,文化一词首先是个动词,意即“以文化之”。这里的“文”指一些规范化、条理化的东西,如社会意识、道德、法律、风俗习惯等等;“化”即是“教化”,也就是要用上述诸种规范化、条理化的东西来规范社会成员的思想、意识和行为,使之协调、统一、和谐,一旦做到这一点,社会也就变得文明有序了。后来,“文化”一词逐渐演化为偏义名词,其含义主要是指“文”所包含的意思,即上述诸如社会意识、道德、法律、风俗习惯等规范化、条理化的东西。英国文化人类学家爱德华·泰勒在其1871年的《原始文化》一书中,第一次系统地表述了作为名词的文化概念:“文化是一个复杂的整体,包括知识、信仰、艺术、道德、法律、风俗,以及人类在社会里所获得的一切能力与习惯。”

在《辞海》中,对“文化”的解释则是:“从广义上讲,文化是指人类社会历史实践过程中所创造的物质财富和精神财富的总和。从狭义上讲,是指社会的意识形态,以及与之相适应的制度和组织结构。”《美国传统词典》则是这样阐释“文化”的:“人类群体或民族世代相传的行为模式、艺术、宗教信仰、群体组织和其他一切人类生产活动、思维活动的本质特征的总和。”文化是一种历史现象,每一社会都有与其相适应的文化,并随着社会物质生产的发展而发展。作为意识形态的文化,是一定的社会、政治、经济的反映,反过来又作用于一定的政治和经济。在有阶级的社会中,它具有阶级性;随着民族的产生和发展,文化又具有民族性,通过民族形式的发展,形成民族的传统。文化的发展具有历史的连续性,社会物质生产发展的历史连续性是文化发展历史连续性的基础。

根据上述对文化的理解,我们将文化定义为:广义的文化意指人类所创造的一切文明

成果，包括物质、制度、观念，或经济、政治和思想资源等，综合地反映了人类社会的进步状态。狭义的文化则指人类所创造的一切精神性的成果，其要素包括：(1)认知体系。指认识论和知识体系，由感知、思维方式、世界观、价值观、信仰、宗教、艺术、伦理道德、审美观念以及其他具体科学等构成，其中世界观和价值观最为重要，是认知体系的核心。(2)规范体系。规范是指社会规范，即人们行为的准则，包括明文规定的准则(如法律条文)以及约定俗成的准则(如风俗习惯)。(3)语言文字。人们只有借助于语言文字才能沟通，只有沟通和相互活动才能创造文化。

无论哪一个国家或民族的文化都具有以下共同的特征：

(1)共享性。文化的价值观、准则和信仰等必须为一个群体、一个社会的人们所共同接受和遵循，即它只有具有共享性，才能成为文化。

(2)后天习得性。很明显，文化的内容是不能通过生命遗传的，没有一个基因告诉你怎样开车、怎样跳舞、怎样耕作等等，文化的点点滴滴都是后天学得的。

(3)自我中心性。人们在看待外国文化现象时，也总是不自觉地把自身的文化作为唯一的参照标准去理解、评价或选择吸收他人的文化，对其他文化很难做到完全中立的反映。

(4)规范性。即文化决定了一个人该做什么，不该做什么。

(5)积累性。即文化是人们在数百年或上千年的时间里一代一代传下去的，每一代都会增添一些新东西，也会抛弃一些旧东西。

(6)相对稳定性。文化是变动的，但这并不影响它在特定的时空范围内形成相对稳定的特质和状态。

(二)企业文化的定义

企业文化在日本被称为“社风”。在英语中，由于出现的场合不同而有几种不同的称谓：“organizational culture”(组织文化)、“corporate culture”(公司文化)、“enterprise Culture”(企业文化)、“firm culture”(商号文化)、“company culture”(公司文化)等。organizational 是 organization 的形容词形式，organization 可以指企业单位，也可以指事业单位；corporate(或 corporation)和 company 都指公司；enterprise 既包括业主制和合伙制企业，也包括公司制企业；firm 原指合伙制企业，后来也泛指所有形态的企业。因此，除了词义上的区别以外，上述几种称谓的整体意义实际上是完全一样的，都等同于汉语中的“企业文化”一词。

尽管企业文化是一个客观存在的现象，“企业文化”一词也已成为家喻户晓的名词，但人们对企业文化的理解仍然众说纷纭，不尽一致。在西方，对企业文化首次作出经典性描述和理解的是企业文化研究的“四重奏”的作者们。《Z 理论》的作者威廉·大内(1981)认为：“一个企业的文化由其传统和风气构成。……文化包括一个企业的价值观……即确定活动、意见和行为模式的价值观。”帕斯卡尔和阿索斯在其合著的《日本企业的管理艺术》(1981)一书中援引著名美国管理学家彼得·德鲁克的观点，认为“企业管理不仅是一门学科，还应是一种文化，即有它自己的价值观、信仰、工具和语言的一种文化”。这里面所包含的企业文化的内涵就是“价值观、信仰、工具和语言”。彼得斯和沃特曼(1982)在《成功之路》(亦译《追求卓越》)一书中，虽然没有给企业文化下一个明确的定义，但在详细阐述超群出众的企业所具有的 8 种品质时，却反复强调企业共有价值观、传统、习惯等的重要性。正如该书“译者前言”中所指出的那样：“作者们还在书中一再提及一个我们较为陌生的概念和术语，即企业的‘文化’。它与我们通常理解的作为社会意识形态及其相应的组织和制度总和的社会、国家或民族的文化不尽相同，指的是一个企业独特的价值观、传统、习惯和作风。”《企业文化》(1982)一书的作者迪尔和肯尼迪指出，企业文化是由价值观、英雄人物、习俗仪式、文化网络所构成并受企业环境影响的系统，企业应“运用价值观塑造英雄人物，明确规定习俗仪式，并通过文化网络来培养其职工行为的一致性”。在此基础上，西方企业文化研究的权威学者之一，美国麻省理工学院教授埃德加·沙因(1985)认为：“总而言之，从企业的各个层面上来说，文化就是根本的思维方式——企业在适应外部环境和内部融合过程中独创、发现和发展而来的思维方式。这种思维方式被证明是行之有效的，因而被作为正确的思维方式传输给新的成员，以使其在适应外部环境和内部融合过程中自觉运用这种思维方式去观察问题、思考问题、感受事物。”

此后一系列相关学者也纷纷对企业文化进行了界定，其中较具有代表性的有以下几种：(1)“文化是企业中共同拥有的、相对稳定的信念、态度和价值观”。(2)“在较深层次的不易觉察的层面，(企业)文化代表着基本价值观念。这些价值观念是一个人类群体所共有的，即便这一群体中的成员不断更新，文化也会得到延续和保持。在不同的企业组织中，这些观念差异很大。……而在较易觉察的层面，文化体现了企业的行为方式或经营风格。新聘用的员工在同事们的鼓励下，会自觉仿效这些行为方式或经营风格。……每一层面的文化自然会影响另一层面的文化。其最为明显的表现就在于企业共有的价值观念作用于企业行为方式。……然而，行为方式和实践也可以反作用于企业成员共同的基本价值观念”。(3)“主要信仰和这些信仰所导致的行为都属于企业文化的范畴”。(4)“总体上说，企业文化是指企业的氛围或风格，它蕴含在企业的各个方面。它是我们做事的方式，就像一个人的性格一样，它具有独特性”。(5)“文化被定义为人们代代相传的生活方式。从经营活动的角度，企业文化是组织的生活方式，它由员工‘世代’相传。文化包含以下内容：我们是谁，我们的信念是什么，我们应该做什么，如何去做。大多数人并没有意识到企业文化的存在，但企业文化对人们的意义就如同鱼离不开水。只有当我们接触到不同的文化，才能感觉到自己文化的存在。我们坚持一整套信念和行为方式，遵循一系列规则和习惯，而且认为这就是顺理成章的生活方式”。(6)“企业文化是企业中人们共同拥有的特有的价值观和行为准则的聚合，这些价值观和行为准则构成企业中人们之间以及他们与企业外各利益相关者之间交往的方式”。还有的学者将企业文化归结为企业精神，即“将组织团结和凝聚在使命和远景周围的一套价值观”，“是组织赖以存在的精神理念，这是公司内每一个成员共同分享的，因此它是真正具有激励作用的要素”。显然，其本质仍然是企业共有的价值观。

“企业文化”这一术语在 20 世纪 80 年代中期开始传入我国。20 年来，随着企业文化热潮的不断涌现，这一术语在学术界、企业界以及各种传媒中频繁出现，任意敲开一个资料库，都能检索到运用“企业文化”这个词的许多资料。但由于东西方文化的巨大差异、引进方面的差异，以及研究人员的基础、视野与视角等方面的差异，对企业文化的理解较之国外就更众说纷呈：有的从企业文化的物质载体去观察，有的从精神内容去考察，有的则从物质载体和精神内容相统一的角度去分析；有人强调企业文化的活动过程方面，有人侧重于企业文化的结果方面，有人则认为企业文化是企业活动过程和活动结果的统一；有人力求涵盖企业文化的方方面面，有人则尽量突出其某一个方面；有人下描述性定义，有人下分析性定义，有人下结构性定义，有人下功能性定义，有人下生成性定义，有人下操作性定义。所有上述各种说法，如果充分铺展开来，会使人眼花缭乱、目不暇接。但从各种定义表述的异同来看，大致可以归结为如下几种类型：

(1)精神说。企业文化是企业存续和活动过程中的精神现象，即企业以价值观为核心的思维方式和行为方式。所谓"厂风"、"企业精神"、"组织的风格"等等，大体属于这一范畴。

(2)总和说。企业文化是企业中物质文化和精神文化的总和，是"硬件"与"软件"的结合。企业文化可以分为两大部分，一部分是企业中的物质文化，包括厂房设施、原材料、产品等；另一部分是企业中的精神文化，即以人的精神为依托的各种文化现象，包括企业价值观、理念精神、意识形态、管理制度以及行为方式等等。有些则划分得更为细致些，认为企业文化是企业中物质、行为、制度、精神四个层面的有机结合。

(3)管理新阶段或新机制说。把企业文化视为一种新的管理思想、理论、方法或机制，认为企业文化是当代以人为中心的管理理论发展的新阶段。

(4)部分政治思想工作加部分社会职能说。把企业文化等同于企业中的政治思想工作。

(5)企业形象设计、识别与包装说。把企业文化等同于企业的形象与识别系统，认为企业文化就是所谓"CIS"设计。

(6)文化或文娱活动说。把企业文化视同企业中所开展的各种员工文娱活动，如卡拉OK比赛、体育比赛、书画比赛、演讲辩论赛，或各种演出活动，等等。

(7)传统文化说。认为企业文化就是企业所吸收借鉴的国内外优秀文化成果，如马克思主义学说、孔孟之道，以及人类历史上所形成的各种有价值的思想与道德观念，等等。

(8)文化品位说。认为企业文化就是指企业产品中所蕴含的文化内涵与品位，如酒文化、茶文化、食文化，等等，甚至将与企业或企业产品相关的历史人文或文化典故也纳入企业文化的范畴。

综观以上各种有关企业文化的理解及定义的表述，我们不难发现，西方学者对企业文化的理解比较一致，且其视野中的企业文化主要是指企业价值观以及以企业价值观为核心的思维模式和行为方式，属于狭义上的企业文化。国内学者对企业文化的理解及定义的表述，差异比较大，既有类似于西方学者的狭义理解(如企业文化的"精神说")，也有广义的理解(即将企业文化的内涵与外延由以价值观为核心的精神层面延伸扩展至物质层面，如"总和说")。有的仅从企业文化的外层表现形式来理解企业文化，如"企业形象设计、识别与包装说"；有的甚至将社会文化范畴的传统文化、历史人文或文化典故、文艺与文娱活动以及思想政治等，等同于企业文化，如"传统文化说"、"文化品位说"、"文化或文娱活动说"、"部分政治思想工作加部分社会职能说"。这些社会文化与企业文化虽然都有不同程度的关系，但与企业文化终究不是同一个范畴。作者综合前述各种理论，认为企业文化的含义从广义上讲，是指特定企业在其存续发展中所创造的物质财富与精神财富的总和；从狭义上讲，是指特定企业在其存续发展过程中，以企业家为主导、经过长期培育和积累而形成的、被企业全体或大多数成员所认同并乐于接受的企业群体意识和群体价值观念，以及由这一群体价值观念所决定的群体思维模式、群体行为规范与行为方式。

由此可见，作为一种文化，企业文化与社会文化在本质上是一致的，区别主要在于两者在层次与范围上的不同：社会文化是相对于特定社会而言的，属宏观层次；而企业文化是相对于特定企业而言的，属微观层次，因而企业文化也被称为“亚文化”，即微观层次的文化。显然，作为亚文化的企业文化必然会打下特定社会文化的烙印。同时，与企业的经济与经营性质相联系，企业文化显然又是一种微观经济文化，天然地带有一种经济与经营性质，这又构成了企业文化与其他微观组织文化的内在区别。另外，企业文化作为一种特定人的群体精神与行为现象，企业物质方面的东西（如资金、技术、机器设备以及厂房等等）则主要构成企业文化的物质基础。

（三）品牌文化的定义

国外学者加德纳和利维（Gardner&Levy，1955）认为，品牌不仅具有功能性价值，而且具有情感性价值，品牌的发展是因为品牌具有一组能满足顾客理性和情感需要的价值。他们还指出：品牌的创建要超越差异性和功能主义，它应该注重开发一种个性价值。品牌管理的一项任务就是要建立品牌的个性，要创造性地运用广告资源为品牌建设投资。兰能和库珀（Lannon，Cooper，1983）认为，在品牌创建过程中应坚持情感主题。他们运用人类学与心理学的理论对这一课题的研究作出了贡献，他们通过对美国广告方式和欧洲广告方式的对比研究，来论证品牌是如何随着文化的变化而演变的。兰能（Lannon，1994）又利用人类学来探索品牌作为一种象征手段所增加的价值。兰宾（Lambin，1993）指出，许多经理仍然十分强调产品功能性价值的重要性，而不关注建立其可持续的品牌心理价值，事实上，竞争对手能很快地模仿产品的功能特性，但要建立起一个品牌的心理价值却需要花费很长时间。孔德（Kunde，2000）认为，品牌是一种必需品，是一种信仰，给消费者带来情感利益。让·诺尔·卡菲勒认为，产品是不会说话的，品牌赋予产品意义和目的。Marc Gobe 认为，成功的品牌必须带领顾客进入一个更深层次的、普遍的情感层次。达里尔·特拉维斯认为，“品牌在某种程度上象征着你的某一身份”。斯科特·戴维斯（ScottM. Davis）提出品牌金字塔模型，认为金字塔最底端是品牌的特征和属性，满足消费者的基本需要；中间部分是品牌利益，满足消费者的情感需要；最顶峰是品牌的信念和价值，满足消费者的精神和文化需要。

国内学者年小山在分析品牌与文化关系的基础上，提出品牌是物质文化与精神文化的高度结合，物质文化包括资金、设备、活动场所等；精神文化包括品牌符号、品牌语言、品牌信息等；品牌包括物质文化系统、精神文化系统、行为文化系统。周朝琦等人认为品牌文化是指有利于识别某个销售者或某群销售者的产品和服务，并使之同竞争者的产品和服务区别开来的名词、标记、符号或设计，或是这些要素的组合；是指文化特质在品牌中的沉淀和品牌经营活动中的一切文化现象，以及它们所代表的利益认知、感情属性、文化传统和个性形象等价值观念的总和。余明阳认为，品牌文化是指在文化特质积淀过程中，文化创造者所呈现出来的精神、行为状态。他同时还认为品牌文化由物质文化、行为文化及精神文化构成。

从以上国内外学者对品牌文化的定义中我们可以得出：品牌文化就是指文化特征在品牌中的沉积和创建品牌活动中的一切文化现象。它包括三个层次的内容：第一，外层品牌文化，即品牌文化物化现象的外在表现，它包括企业的名称、厂徽、商标、电话号码、建筑物等等，这是品牌文化的最基本要素；第二，中层品牌文化，即品牌在管理、营销活动中所渗透的社会文化的精华及民族文化的成果总和的展望，它包括品牌口号、厂歌、规章制度、广告内容、公关活动、品牌管理方式、品牌营销方法等等，这是品牌文化得以体现的关键；第三，深层品牌文化，即品牌文化的精神，它包括企业价值观、企业家精神、企业与社会、消费者之间的利益关系、企业道德等等，这些都是在长期的品牌发展过程中形成的，它渗透在品牌的一切活动之中，它是品牌文化的灵魂与核心。

二、文化、企业文化与品牌文化的关系

文化包括企业文化与品牌文化，这个关系容易区别，下面主要研究企业文化与品牌文化的关系。

企业文化是企业在长期生产经营活动中形成的，并为企业全体人员遵守和奉行的价值观念、行为准则和经营理念的综合反映。企业品牌文化的最终使命是双重的，既创造完整的企业文化系统，又创造更具文化意蕴的产品，使品牌获得精神和物质的双重发展。品牌文化的建立与运营离不开企业文化的支持和依托。品牌的物质基础是产品，品牌的精神力量是企业文化，企业文化是品牌的灵魂。

品牌是文化的载体，文化是凝结在品牌上的企业精华，又是渗透到品牌经营全过程、全方位的理念、意志、行为规范和群体风格。企业文化通过产品、品牌将视野扩展到整个文化领域，对内增强凝聚力，对外增强竞争力，并努力将文化效应转化为市场效应和经济效益。可以这样说，品牌是企业文化与品牌文化的整合点，企业文化通过品牌得以升华，企业文化的发展和品牌文化的建设是品牌经营所追求的最高目标，是企业发展的最高境界。

品牌文化是品牌所反映的企业文化与消费文化的结合。品牌文化是企业和消费者共同作用下形成的对品牌的价值评判，是品牌的信念和精神，是体现企业精神、满足消费者需求的重要内容，是产品与消费的精神沟通和价值共识。品牌文化不等于企业文化，但它属于企业文化的范畴。企业文化是品牌文化的基础，企业文化是在企业的长期经营发展过程中形成的，企业文化是企业精神、经营理念等企业价值观的综合，是企业“共通的文化现象”。企业文化的发展提升了企业管理水平，为现代企业管理注入了新的活力，企业文化贯穿于企业管理的各个方面，企业的所有营销活动都体现了企业文化。品牌文化是企业文化的重要组成部分，离开企业文化谈品牌文化是空谈，离开品牌文化讨论企业文化又是不完善的。传统的企业文化起源于管理、服务于管理，忽略了市场主体——消费者，其实质是一种管理文化，因此是不完善的。品牌是企业与消费者之间沟通的桥梁与核心，他们相互间建立的品牌文化应是企业文化的重要内容。笔者认为，完整的或广义上的企业文化应是管理文化和品牌文化的集合体，也就是企业文化包括管理文化和品牌文化两部分。

三、品牌文化的特征

品牌文化既不能简单等同于企业文化，也不能简单等同于消费文化，品牌文化的独特

性在于品牌本身所具有的强大营销动力和市场价值带来的文化共融，因此品牌文化具有以下特征：

(一)市场导向特质

品牌文化首先具有市场导向特质。产品是工厂生产的，而品牌则是市场的产物。品牌的塑造是品牌市场化的过程，企业事先可以构建品牌的框架(符号体系)，但企业不能单独完成品牌的塑造。一方面，品牌的价值不是来源于品牌的名称；另一方面，品牌的价值是品牌的市场价值，是消费者对品牌的认可。市场是品牌生存和发展的土壤，品牌因市场而存在。品牌文化是品牌市场化行为的映射，反映市场的需要和价值认可。由于市场竞争的需要，品牌的建立表现为市场导向，任何品牌的建立都以市场为起点，都以市场竞争获胜为准则。品牌文化的市场导向特质要求品牌的建立要以市场为出发点，以消费者为核心，围绕市场的需要做文章。市场对品牌的认可与否关系着品牌的存在与否，品牌脱离市场意味着品牌失去了生存的土壤，要么是纸上谈兵，要么走向唯美主义(注重符号的艺术性)，缺乏有效的营销功能。市场导向，就是以消费者为核心的营销。

(二)文化表征特质

品牌天然具有文化性，品牌的营销过程又是文化的传播过程，品牌通过品牌名称、产品包装、标识、Logo、颜色、广告等方式向消费者传递产品信息。为达到较好的传播效果、在商品林立的市场中易于识别，企业的产品需要用富有文化特质的表征方式进行包装和传播。借用让·波德里亚的话来描述，“实际上，它被文化了”。品牌的形成过程实际上就是品牌的“文化化”过程，品牌通过特有的表现方式实现文化的传播。如前所述，品牌行为本身就是文化行为，消费者选择产品的过程是消费者对企业品牌文化的认识和判断过程，消费者行为的基础源于消费者的价值判断。当然，所有的消费行为都不可能是理性的，消费者是感性的，消费者不会对每一次消费行为都作完善的价值判断。大量的实证研究表明，在商家的大规模促销活动中，面对商家的大幅价格折扣，很多消费者的购买行为是不理性的。消费者是感性的从另一个层面也说明，消费者是感情的动物，消费者消费过程也是消费者个人感情的宣泄。消费者根据个人的好恶、喜爱、偏好进行消费选择，选择的过程就是消费者文化的表现过程。需求的多样性为品牌的树立找到了切合点，以文化为品牌的表征方式，能实现品牌与消费者的全面沟通。

(三)价值互动融合特质

在这里，品牌文化价值不同于品牌资产。品牌资产强调的是品牌作为资产对企业和消费者两方面所具有的积极作用，品牌文化价值是品牌作为抽象的企业和商品概念蕴含的文化价值。品牌文化的形成仅靠企业单方面的努力是不够的，企业能建立一套系统的品牌文化元素，但品牌文化建立还需要消费者的积极参与，它是企业与消费者双向互动的结果。由于品牌构造者的思想介入反映了企业、企业家和相关人员的价值观，这使得品牌本身具有特定的价值取向。品牌在市场上的所有营销活动都会对品牌自身蕴含的价值观进行反应，譬如产品的质量、价格、促销和广告等等，并把这些信息传递给消费者。消费者是从产品功能和品牌态度两方面对一个品牌进行评价的。首先，消费者注重产品的功能特性，即产品能带给消费者多大程度的功能满足，包括产品的价格、产品的实际功能和顾客让渡价值等。其次是品牌态度，一方面是消费者对待品牌的态度，另一方面是品牌对待消费者的态度。通过综合评判，消费者作出品牌选择。品牌文化通过综合企业的品牌价值观和消费者的品牌价值观，寻找双方的共同点，并对双方的行为进行不断的修正、磨合，逐渐达成共同的价值理念，最后形成一致的品牌文化。由于消费者居于市场主导地位，消费者的态度和行为对品牌文化的建立具有重大的影响力。

(四)市场竞争特质

品牌在市场竞争中属于差异化竞争战略，构建具有独特品牌文化属性的品牌能使品牌具有较强的竞争性。在企业竞争战略的研究中，国内外的众多学者都把寻找企业的核心竞争力或竞争优势作为战略的重点，从多角度对此问题进行了广泛的研究，最具代表性的是哈佛大学的波特教授的竞争战略理论、哈默尔和普拉哈德的核心能力理论等，但随着研究的深入，越来越多的学者意识到：文化才是最核心的竞争力。市场中最宝贵的资源是消费者，品牌文化的建立是品牌对消费者的征服，它用文化的力量构筑了与消费者间的关系。征服消费者也就征服了市场，现代的市场竞争在形式上已不同于以前的竞争，企业竞争的艺术性和竞争的双赢模式把企业置于更为艰难的境地。品牌文化对消费者的征服是任何竞争手段都无法超越的，就像可口可乐在消费者的眼中已不再是解渴的饮料，它是自由、热情的表征。文化的差异性是无法模仿的，文化竞争力又是优势竞争力的源泉。品牌文化具有排他性，它能为企业竖起一道保护的屏障，抵御竞争者的侵袭，形成稳固的顾客品牌关系。

(五)公众传播特质

品牌是公众人物，既代表企业在市场上的形象，又代表消费者的消费价值观。企业千方百计地寻找有效的传播手段和表现方式，以吸引消费者的注意；同样，消费者面对泛滥的信息却无从下手，消费者对于亦步亦趋的识别判断方式已失去耐心，快节奏的社会造就了快速文化，品牌以符号和价值的“简约”方式，浓缩产品、企业、服务、文化和价值观等诸多要素，为消费者呈现了快速有效的认知模式。品牌包含了消费者需要的一切，消费者所要做的只是选择，而不必担心品质、价格和服务等内容。品牌以超越符号的方式简化了企业的营销传播难题，集约了企业、产品的所有信息，在消费者的思想意识中强化，再强化。品牌价值的积累来源于品牌的传播，品牌信息传播的深度和广度决定了品牌在市场上的位置。品牌传播的深度是品牌对消费者的吸引程度，传播深度越深，消费者的认知度越高，品牌忠诚度就高。品牌传播广度是指品牌的知名度。品牌的公众传播特质也注定了品牌必须时刻关注自身的公众形象，注重传播的内容，做好品牌的管理维护工作，因为“成也萧何，败也萧何”，“水能载舟，亦能覆舟”。总的来说，品牌文化具有市场导向、价值融合、文化表征、市场竞争和公众传播等五方面的特征，这些特征决定了品牌文化的存在方式和品牌文化在市场营销活动中的特殊地位。

四、品牌文化的功能

品牌文化在品牌营销中具有重要的作用，品牌文化的功能主要体现在以下几个方面：

(一)提升品牌价值

品牌不仅仅是符号或它们的集合体，品牌是企业营销活动思想和行为的复合体，是企业的全部。因而，品牌的构建是品牌符号化、品牌知名度增长的过程，品牌是联系企业和消费者的桥梁、是企业营销产品的有利手段、是企业竞争取胜的关键。品牌的构造要从品牌的价值发现入手，在品牌要素的各个方面体现品牌的价值观，用品牌文化提升品牌价值。

(二)促进企业与消费者之间的融合

品牌文化不是单一的"企业品牌文化"，它是企业与消费者之间文化的融合和再造。文化沟通以价值共识为基础，消费者与企业是产品或企业价值实现的不同环节，或企业是消费者满足过程的必要组成部分、是消费者欲求满足的基础(生产可供消费者消费的产品)。品牌文化的本质是建立有效的顾客品牌关系，与消费者进行品牌对话，真正让消费者参与到品牌建设中来，让消费者理解品牌、接受品牌、体验品牌，进而喜爱品牌。

(三)实现品牌个性差异化

在品牌营销中，品牌个性差异化是塑造品牌形象、吸引消费者注意、与竞争对手相区别的重要手段。品牌差异化的建立，要从品牌文化入手，在品牌价值的基础上，结合企业特性发现、塑造品牌个性特征。

(四)增强产品的市场竞争力

品牌文化属于企业的文化竞争力，它能帮助企业在市场竞争中建立竞争优势。卓越的品牌文化能帮助企业建立起识别明显、亲和、沟通、富有关怀心的品牌形象，拉近与顾客的距离，保持竞争优势。品牌文化有助于培养消费者的品牌忠诚。

五、品牌文化的构成

(一)品牌物质文化

品牌物质文化是品牌的表层文化，由产品和品牌的各种物质表现方式等构成。品牌物质文化是品牌理念、价值观、精神面貌的具体反映。尽管它处于品牌文化的最外层，但却集中表现了一个品牌在社会中的外在形象。顾客对品牌的认识主要来自品牌的物质文化，它是品牌影响消费者的最直接的要素，因此，它是消费者和社会对一个品牌总体评价的起点。根据品牌的物质构成要素，可以将品牌物质文化分为产品特质和符号集成两方面。

(1)产品特质。它是品牌必须具备的功能要素，它满足消费者对产品的基本需求，是消费者需求的出发点。产品特质包括产品功能和品质特征，是消费者对品牌的基本需求，是消费者对品牌功能的价值评判标准。

(2)符号集成。符号集成是多种品牌识别元素的统称，它们包装和完善品牌，为消费者提供产品功能价值外的需要。它包括：①视觉部分(品牌名称、标识、logo、产品形状、颜色、字体等)；②听觉部分(音量、音调和节拍)；③触觉部分(材料、质地)；④嗅觉部分(味道、气味)。伯德·斯密特(Bernd Schmitt)和亚力克斯·西蒙斯(Alex Simonson)认为，美学能够被用来创造某种独特的风格，也就是说，能够让某公司或某品牌形成与众不同的品质、形式或者方式。这种以美学为基础的风格有助于提高品牌知名度，使人们对品牌和公司形成理性的、情感的联想，使公司的产品和服务具有差别性，帮助消费者按照相关的差别性对产品和服务进行分类，帮助对营销组合中的产品和服务进行分类。

(二)品牌精神文化

在一种文化体系中,最核心的部分是这种文化的精神和价值观,它构成文化的精髓,掌控着文化的发展方向。价值观是人们关于什么是有意义的或无意义的根本看法,是人类所特有的价值取向的根本见解。不同的价值观决定不同的文化风格,如东方文化注重集体主义、西方文化注重个人主义,由此形成的在组织内的不同管理风格和组织结构。在企业中,价值观影响着企业的各个方面,管理者、员工、产品、组织、工作环境、营销、品牌和文化等。

品牌精神文化是指品牌在市场营销中形成的一种意识形态和文化观念。品牌精神文化是品牌文化中的心理部分,可称为"心理文化",品牌精神是品牌文化的核心,是品牌的灵魂。品牌精神文化包括品牌精神、品牌愿景、品牌伦理道德、价值观念、目标和行为规范等,它决定品牌的个性、形象、态度,以及品牌在营销活动过程中的行为表现。海尔的品牌精神是"真诚到永远",诺基亚是"科技以人为本",百事可乐"是新一代的选择",菲利浦是"让我们做得更好"等,它们都是品牌对消费者和社会的承诺,影响企业和消费者的思想。在品牌营销过程中,企业把这种品牌价值观贯穿于品牌营销的每一环节,从产品设计、功能特性、品质到营销、传播和服务,无不体现品牌精神。品牌不是孤立存在的,它是企业与消费者不断交换、沟通的主体。品牌愿景是品牌的目标描述,是品牌将成为什么的长远规划。品牌伦理是品牌营销活动中应遵循的行为和道德规范。品牌的制度文化是指与品牌营销活动中形成的与品牌精神、价值观等意识形态相适应的企业制度和组织机构,它是品牌文化中品牌与企业结合的部分,又称"中介文化",包括企业领导体制、组织结构、营销机制和为进行正常的生产经营而制定的管理制度等。制度文化反映了企业的性质和管理水平,是为了实现企业目标而制定的一种强制性的文化。

(三)品牌行为文化

行为是一切文化成败的关键。"每一个价值观都会产生一套明确的行为含义",品牌行为文化是品牌营销活动中的文化表现,包括营销行为、传播行为和个人行为等,是品牌价值观、企业理念的动态体现。品牌的价值在于品牌的市场营销,在于品牌与消费者之间的互动,品牌行为是构建品牌价值体系、塑造品牌形象的关键。好的品牌行为文化要通过有效的执行去贯彻实施,从而发挥文化的效力。品牌价值是在品牌营销中实现和建立的,离开市场营销活动,品牌就失去了生命,品牌行为是品牌精神的贯彻和体现。品牌文化在品牌运动中建立,品牌价值在营销中体现。品牌行为是品牌与顾客关系建立的核心过程,关乎品牌的个性彰显和品牌形象塑造,关乎企业营销的成败,关乎企业的存亡。一切在行动中产生,一切也在行动中消亡,品牌行为决定了品牌的命运。品牌行为必须与品牌精神相一致,真正做到将品牌精神全面贯彻实施。品牌行为文化主要包括以下几方面:

1.品牌营销行为

企业营销行为包括产品、价格、促销和分销的4P组合和品牌文化战略研究服务。营销行为中,服务作为一种独特的方式,是品牌行为的主要内容,也是品牌塑造的重要环节。

2.品牌传播行为

品牌文化传播行为是广告、公共关系、新闻、促销活动等,传播行为有助于品牌知名度的提升和品牌形象的塑造。

3. 品牌个人行为

品牌是多种身份角色的市场代言人，品牌行为包括企业家、员工和股东等个人行为，他们的行为构成了品牌个人行为，品牌行为又代表着他们的行为。

第二节　品牌文化与品牌个性

一、品牌个性体现品牌文化

品牌个性是品牌文化的集中表现，有什么样的品牌文化就会形成什么样的品牌个性。品牌个性对品牌符号和品牌行为都产生极大的影响，并体现品牌文化，品牌文化和品牌个性最终又决定品牌形象。

(一)个性与品牌个性

1. 个性

个性是指人们具有一定倾向性的比较稳定的心理特征的总和。在心理学上，个性包含三层含义：(1)个性是指个体之间差异的那些特征，又称个性特征；(2)个性是指一个人稳定的个性特征，而不是那些一时的、情境性的、偶然的表现；(3)个性表现在个体对环境的行动与反应方式上。

2. 品牌个性

Aaker 认为，品牌个性是品牌战略设计者希望建立或保持的独特品牌联想，这些联想表现了品牌代表着什么，暗示着组织成员对顾客的承诺。品牌个性由 12 个部分围绕着 4 个方面组成：作为产品的品牌(产品范围、产品属性、质量/价格、用途、用户、原产国)，作为组织的品牌(组织属性、地区性/全球性)，作为人的品牌(品牌性格、品牌与客户的关系)，作为标志的品牌(视觉形象/隐喻、品牌传统)。Lynn B. Upshaw 认为，品牌个性是指每个品牌向外展示的品质，这些品质特点与人的某些特点十分接近。品牌特征就如同品牌的指纹，一个品牌一个，每一个品牌都有绝对不同的个性，如百事可乐饮料，年轻、活泼、刺激；奔驰轿车，尊贵、富有、自负；柯达胶片，纯朴、顾家、诚恳。品牌个性是品牌相互区别的特征，是品牌形象塑造的基础。每个品牌不同的个性是由其感官、理性和感性这三种不同的诉求要素综合而成的。

(1)感官诉求，指产品或服务通过展现外观、发出声响以及让人感觉到的方式来实现。消费者很容易感受到香烟与汽车在感官上的差异；

(2)理性诉求，牵涉到产品或服务如何表现出它们的功能，它们的构成物质是什么以及它们的相对成本等；

(3)感性诉求，这可能是品牌最重要的层面，与品牌所提供的心理报偿、品牌所激起的心境、品牌所引发的联想等息息相关。

大量调查显示，消费者选择某一产品而不选择另一产品的原因在于：消费者更多的是在购买品牌的个性，而不是产品本身。

(二)品牌个性是品牌文化的集中表现

品牌个性是消费者对于某个品牌的总体印象,显现出品牌与真实的人类一样在许多方面同样具有实体上、情绪上和态度上的特质。品牌个性是品牌吸引消费者的基本元素,也是相互竞争的品牌区别的根源,品牌个性赋予了产品超越其物质特性上的理念、思想。美国整合营销专家舒尔兹教授认为:"品牌个性不是玩笑与戏言,也不是创意上的实验,更不是广告设计的元素,而是给品牌一个生命与灵魂,能让消费者轻易地把竞争品牌区别开来。它能给消费者一种既熟悉又亲密、朋友般的感觉……品牌个性的建立必须配合商品的品牌定位,符合消费者对品牌的认知与期望,同时信而有征。"为一个品牌创造个性胜于把注意力集中于琐碎的产品差别上(大卫·奥格威)。品牌个性最能表现品牌间的差异性,并且在消费者的头脑中留下特定的印象。Lynn B. Upshaw 认为,品牌个性是"品牌经验"中带有情感色彩的部分,品牌经验是人们在与品牌接触中行为和感觉的全部。品牌个性是品牌定位的基础,准确的品牌定位能充分展示品牌的个性;在消费者和品牌之间,品牌个性是交流的推进器,它所产生的联系,能加深消费者和品牌的联系;品牌个性是品牌价值的体现,同时也是它的强化。如果一个品牌没有个性,这个品牌就很难与人们建立一种关系。

品牌个性来自哪里?

首先,品牌个性来自产品本身。产品只有具备了最基本的物质功能才成其为产品。产品自身所展示的功能是品牌吸引消费者的基础,失去了产品功能上的特性,再好的品牌名称只能看作是一个美丽的词汇。

其次,品牌个性来自广告。广告有效地把企业、品牌、产品讯息传递给消费者,吸引消费者注意,广告所展示的就是品牌最吸引消费者的个性。

再次,品牌个性来自品牌的使用者。品牌个性的塑造和品牌使用者是相辅相成的:品牌的价值内核是品牌个性,因为品牌个性是消费者认可的品牌特质,是不同品牌相互区别的部分。品牌的人性化特征,赋予了品牌和品牌使用者双重角色的互换,使用者在购买、使用产品时通常都预期了产品的心理定位,并按此定位对号入座,这进一步强化了品牌个性。当一个品牌真正确立其个性后,人们就很难区分是消费者塑造了品牌,还是品牌造就了消费者。

(三)品牌个性框架

Jennifer L. Aaker 通过大量实证分析,将品牌个性分为诚实、激动、能力、老于世故和粗鲁这五方面。

克瑞斯·马克里(Chris Mucrae)把品牌个性分成六种形态:(1)仪式型,把品牌与特殊场合联结,使该品牌成为一种经验,如把香槟酒与庆典联系在一起;(2)标志,以创形象为主的品牌,其标志通常有某种附加价值,如万宝路(Marloboro);(3)好的继承,第一个以某种特性为诉求的品牌,通常可将自己定位成这个产品类的先驱;(4)冷冷的傲气,可让消费者认为是与众不同的品牌,通常是特别设计的,如香奈儿(Chanel)香水、法拉利(Ferrari)跑车;(5)归属感,让消费者感觉可融入他所向往的族群里;(6)传统,有真正的历史渊源,而且几乎变成神话的品牌。

大卫·艾格将"品牌个性特征"分为:纯真、刺激、称职、教养和强壮。他认为,这五大个性要素几乎可以解释所有品牌(93%)之间的差异。每个个性特征又可细分为 15 个不同的面相,事实上一个品牌会跨越多个个性面相,品牌面相就是品牌的文化风格。

第三节　品牌文化的形成过程及表现形式

一、品牌文化的形成过程

就个体品牌而言,品牌文化的形成经历了如下三个阶段:

(一)品牌知名度阶段

品牌的知名度是指某品牌被公众知晓、了解的程度,它表明品牌为多少或多大比例的消费者所知晓。品牌首先是一种产品,当品牌处于初创阶段,它所代表的只能是某一种产品,当这种产品在市场上取得成功时,产品就有一定的知名度,大多数企业就会进行品牌延伸,形成品牌系列和品牌家族。虽然海尔的产品范围扩展到黑色家电和白色家电以及 IT 产品等许多领域,但消费者看到或想起"海尔"的时候,大脑里首先想到的仍然是冰箱,所以这个阶段就是指消费者想到某一种品牌时,脑海中能想起或辨识这种品牌的具体产品的阶段。

(二)品牌美誉度阶段

品牌美誉度是指某品牌获得公众信任、支持和赞许的程度。这是指消费者对某一品牌在品质上形成的良好的整体印象,这时品牌就意味着价值。知名度高的产品,其美誉度不一定高,只有那些提供始终如一的、高质量的、可以和任何竞争对手抗衡的产品或服务的企业,才具有高美誉度。

(三)品牌文化知名度阶段

品牌就是一种文化,而且是一种富有内涵的文化,这是品牌运作的最高阶段。此时,品牌脱离具体产品,成为品质和文化、物质和精神高度融合的产物,成为身份的象征、时尚的潮流和企业的无形财富。

二、品牌文化的表现形式

品牌文化的表现形式主要有包装文化、设计文化和服务文化三类。

(一)品牌包装文化

在讲究产品质量的时代,包装并不重要,它的主要作用在于保护商品和方便商品的运输、携带及存储,但在今天的品牌时代,包装就变得相当重要和必要了,甚至比产品的质量更重要。因为商品包装文化是商品价值的象征,是一种投资行为和广告形式,是沉默的推销员。良好的品牌包装所体现出来的文化不仅有利于保护商品,有利于消费者的识别,更有利于企业的创新经营,使得企业在市场竞争中树立良好的品牌形象,提高其品牌资产。

包装文化由以下几个方面组成:

1. 品牌外围包装

一般来说,品牌外围包装应该包括品牌或商标、形状、颜色、图案和材料等。适宜的包装形状有利于物流和陈列，也有利于销售，因此形状是包装中不可缺少的组合要素，而外围包装物使材料的选用、形状设计、图案构思、颜色搭配、文字风格、标签等有机地结合为一体，产品的历史背景、诗文典故、优美传说恰如其分地表现出来，以艺术审美的形式向消费者传送企业、品牌和产品的形象。色彩是包装中最具刺激销售作用的构成要素，突出商品特性的色彩组合，不仅能够强化品牌的特征，而且对顾客有强烈的视觉冲击力，从而形成感召力。合适的图案更是十分重要的，不仅要符合产品本身的形象，还要符合顾客的消费心理，使顾客为之心动。如湖南湘西湘泉集团酿造的“酒鬼”能从湘西大山中走出来，除了它具有的独特的酿造工艺，造就了全新香型以外，还得益于产品的包装文化形象。“酒鬼”的酒瓶设计是系着麻绳的破麻袋，这是湘西著名画家黄承玉的作品，既是独特包装，又是独特包装文化，具有一定的收藏价值。湘泉集团总经理王锡炳对此颇有见解，他要让“酒鬼”包装入诗、入画、入文，形成酒以文兴的个性，造就独特的“酒鬼”包装文化优势。

2. 商标

商标对品牌文化更具有影响力，更能体现出品牌的文化内涵。我国五千年的灿烂文化，是企业创立商标的文化源泉。著名商标专家李继忠曾这样形象地比喻过商标：“一个有信誉的商标，便犹如‘核裂变’，商标作为一个中子，通过不断撞击，释放出难以估计的能量。”合适的品牌商标不仅仅体现了商标自身的价值，更为可贵的是其中还有丰富的内在文化内涵，使得品牌文化在消费者心目中升华，更使品牌价值得到了顾客的认同和许可。江苏无锡红豆集团就是以唐代著名诗人王维的诗《相思》中的红豆为其独特创意，成为其商标。红豆在中国是美好情感的象征物，在世界上也是美和爱的象征，该集团决定以红豆为商标，借红豆之名来扬企业之名，扬产品之名，继而在世界扬中华之名。现在市场上热销的“小糊涂仙”白酒，取名出自郑板桥的传世名言“难得糊涂”。这包含两层含义：一是对广大消费者是一种祝愿，祝愿人们“小事糊涂，大事聪明”，才能人际关系和谐、事业有成；二是体现“小糊涂仙”自勉，适当让利消费者，确立“质量第一、消费者第一”的目标。

3. 吉祥物

吉祥物是从图腾演变过来的。如今的吉祥物不仅在大规模的运动会、节日上采用，而且还被很多品牌所钟情，许多品牌也都选取了自己的吉祥物。其实品牌吉祥物是为了强化品牌的个性和诉求产品的特质，选择合适的人物、动物和植物进行抽象化的卡通造型。如海尔集团的两个小兄弟的卡通造型。

（二）品牌设计文化

品牌设计是品牌运营的基础，具有美感、富有感召力的品牌是品牌经营获得理想成果的必要前提。品牌的设计不仅仅要体现品牌的外观，更重要的是要具有一种文化理念，而这种文化理念的最完美表现就是设计文化。设计文化是科技、经济、文化、艺术、社会、生活等诸多要素的综合体，它往往能给企业创造出高品质、高品位的文化，具有丰富文化内涵、形象别致新颖的品牌。

（三）品牌服务文化

在产品同质化的今天，产品的竞争从某种程度上说是服务的竞争。把服务上升到文化的战略高度，也就是把文化因素融入企业公关服务当中，让消费者在享受精神文化的同时，产生购买兴趣。市场经济发展到今天，非价格竞争已成为商战的重点。商家提供给消费者及时、完善、一流的售后服务，让顾客买得舒心、用得放心，使之从心底培养和树立起对品牌的喜爱和忠诚，从而增强品牌自身的价值和信誉。服务文化可以使品牌获得溢价效应，也可以使品牌增值盈利。商家只有注重服务，用心去为顾客提供优质完善的服务，才能使企业的服务文化深入人心，也能提高品牌在顾客心目当中的信誉度，还有助于提升品牌的美誉度和知名度。如 IBM 的"IBM 就是服务"和"用户永远是对的"，柯达的"你按下快门，其余的由我们负责"，这些企业的服务文化堪称经典之作。

第四节　品牌文化的培育路径与方法

一、培育路径

(一)系统型路径

企业品牌文化的培育在明确要素与原则之后，必须对其路径问题予以全面、充分和深入的分析，以保证正确地确定培育路径。系统型路径是企业品牌文化培育的基本路径之一，该种路径由内部认同、目标定位、传递与传播三个系统环节所组成。

首先是品牌文化的内部认同。这里的内部认同是指企业内部所有员工对品牌文化的产生与定位具有一致性方向的认同感，这是影响企业品牌文化培育过程的根本性因素。企业品牌文化的培育需要企业内部员工的广泛、深刻的认同，若要进行品牌文化的内部认同这一根本性工作，既要培育出企业品牌文化的价值精髓，又要培养出企业品牌文化的各类专门人才，更要培植出使企业品牌文化培育的制度规范得以有序、有力、有效实施的根基。

其次是品牌文化的目标定位。它是企业品牌文化培育过程的关键性因素。企业从事品牌文化培育活动时，必须要对企业品牌文化的目标定位进行科学的分析、研究、判断和选择。品牌文化目标定位的基础依据应是企业同竞争对手相比较所具有的独特核心竞争优势及核心竞争能力，它包括核心技术优势与能力、核心管理优势与能力、核心信息优势与能力、核心创新优势与能力，以及核心文化优势与能力。另外，企业从事品牌文化培育活动时，也必须在广泛调查与深入研究的基础上，客观地确定符合市场与社会需要的企业品牌文化的核心理念和核心价值的理性承诺。

最后是品牌文化的传递与传播。传递与传播是指企业将其品牌文化向市场与社会进行传达与渗透的活动，它是企业品牌文化培育过程的重要性因素。迄今为止，从理论与实践运用结果的角度观察，品牌文化的传递与传播是企业品牌文化培育工作的重要策略。有关的专家学者在对品牌文化传递与传播的分析研究后认为，值得参考与借鉴的三种规律分别是"波浪原则"、"类马太效应"和"充电池原理"。"波浪原则"是指企业在品牌文化传递与传播的轮次上要注意时间间隔；"类马太效应"是指品牌文化在市场推广时，一定要使企业品牌文化的核心价值理念及承诺被目标消费群体所认知和接受；"充电池原理"是指企业品牌文化在其培育活动中必须重视做好首次循环过程，否则就像首次未能充满的电池一样，以后将永远无法充足。

(二)同心圆型路径

同心圆型路径是企业品牌文化培育的又一基本路径,它是指品牌文化的培育是按照从内至外的顺序构建起企业品牌文化培育的同心圆型路径。具体表现为从内部核心层开始,经过中间层的连接最终到达外部显现层的活动过程。

第一,企业品牌核心层文化的培育。核心层文化的培育要遵循以下两个标准:(1)企业品牌文化的培育要适合企业的产品特征,即品牌文化要与品牌产品特性相匹配。因为,只有这样才能让消费者感觉自然并予以认同;(2)企业品牌文化要符合目标市场消费群体的特征,即品牌文化要从目标市场消费群体中去探寻确定,只有这样,企业品牌文化的培育才更易取得目标市场消费群体的认可。

第二是企业品牌连接层文化的培育。企业品牌连接层文化是指企业品牌核心层文化同企业品牌外显层文化相联结的中间层文化。其特点可以概括为:(1)必须根据核心层文化的内涵与要求,考虑连接层文化的培育;(2)必须适应与市场直接对接的外显层文化所包含的诸如产品、个性、标识、情感和联想等培育要素的要求,进行本层文化的培育。简言之,就是既要分析消费者的现实需求和未来潜在需要,又要明确企业自身品牌文化培育的方向与目标,并结合两者的需要培育企业品牌连接层文化。

第三,企业品牌外显层文化的培育。企业品牌外显层文化是指与消费者直接产生联系的企业品牌文化。外显层文化的特点主要体现在以下方面:(1)一定要以消费者需求为导向,并且必须兼顾消费者的物质需求愿望和精神需求愿望进行培育;(2)一定要与企业品牌核心层文化的培育方向和目标相吻合,其培育标准就是企业外部需求与企业内部需要的一致性。

上述两种培育路径的分析与概括,反映出企业品牌文化培育体系所包含的又一基本内容,它是构成企业品牌文化培育体系的重要组成部分。

二、培育方法

企业品牌文化的培育方法通常分为以下六个步骤:

(一)构建企业品牌文化价值体系

构建企业品牌文化价值体系是企业品牌文化培育方法的首要内容。它必须依据企业品牌文化的目标定位,对所有与之相关的各种品牌文化资源和要素进行提炼与归纳,在此基础上构建出企业品牌文化的价值体系。例如:北京全聚德集团的企业品牌文化的目标定位是“弘扬中华民族优秀的饮食文化”,其品牌文化的核心价值是“一流品质、民族特点、正宗口味”,由此派生出来的传统品牌文化就能在企业品牌文化价值体系的基础上得以延伸,在消费者心目中留下全聚德文化的深深印记,进而形成对中华民族优秀传统饮食文化的健康印象。

(二)确立企业品牌文化培育体系

通常,企业品牌文化培育体系的确立需要考虑以下因素:第一是确定企业品牌文化的培育范围;第二是确定企业品牌文化的培育个性;第三是确定企业品牌文化的培育价值;第四是确定企业品牌文化的消费目标群体;第五是确定企业品牌文化消费目标群体的价值;第六是评估、维护、提升企业品牌文化同消费目标群体的关系。

(三)塑造企业品牌文化培育的管理系统

企业品牌文化培育的管理系统由内部管理系统和外部管理系统两部分组成。内部管理系统是根据企业品牌文化培育的目标定位，在企业内部全体员工中建立高度认同的品牌文化培育的核心理念与价值，并通过各项管理活动塑造企业品牌文化培育的管理系统的过程。外部管理系统是通过各种传播途径和手段，围绕企业品牌文化培育的核心理念与价值进行广泛地传递和渗透，以塑造企业品牌文化培育管理系统的过程。通过企业品牌文化培育管理系统的塑造过程，使消费者体验到企业品牌文化的核心内涵，并最终取得令消费者认可和满意的良好效果。

(四)整合企业品牌文化资源

整合企业品牌文化资源的关键首先是明确可以运用的企业内外部所有文化资源和文化要素。企业外部文化资源和要素主要是指与品牌文化有关的市场与社会的资源、要素；企业内部文化资源和要素主要是指能够反映并影响与品牌文化相关的企业内部文化资源和要素。以上两方面品牌文化资源主要包括企业文化、职业文化、行业产业文化、地域文化，以及民族文化和宗教文化等等。通过企业品牌文化资源和要素的整合，确保企业品牌文化培育所需的企业内外部文化资源和要素的统一性。

(五)实施与监控企业品牌文化的培育方案

企业品牌文化培育方案的具体实施，关键需要企业切实加强对培育方案全方位、全系统、全过程的执行和落实，切实做到有效地预防和避免培育方案在落实过程中执行不力或走样变形的情况发生。企业品牌文化培育的又一关键是对企业品牌文化培育方案落实的全过程给予严密的监控，进而科学持续地建设和完善企业品牌文化培育的监控体系，以形成系统性制度保障。企业品牌文化培育方案的实施与监控绝非一日之功，需要企业的持久努力。

(六)优化企业品牌文化的培育体系

优化企业品牌文化的培育体系关键在于在构建企业品牌文化培育体系的全过程中，企业必须关注与满足消费者物质与精神的现实需要和潜在需求，在培育体系的塑造实践中经常审视和检验企业品牌文化培育体系的目标定位和市场渗透，并据此进行企业品牌文化培育体系的完善、创新和优化。

通过对企业品牌文化培育方法的归纳和总结，我们勾勒出培育方法的一般性步骤，以使企业品牌文化的培育体系更加系统和完整，并使培育体系更具有可操作性。企业品牌文化的培育方法同样是企业品牌文化培育体系的重要组成部分，也是培育体系的基本内容。

案例分析

“七匹狼”品牌文化解析

福建七匹狼集团公司在纷繁复杂的男性消费品市场上独树一帜，并使“七匹狼”品牌越来越具有影响力，其品牌文化的影响力是深远的。

纵观服装市场，不难发现，许多厂商都易犯的一个错误是：不愿轻易放弃任何一个市场，什么钱都想赚。面对巨大的市场诱惑，以周永伟为主导的七匹狼公司决策班子却理智地决定，主动放弃其他市场，专业生产男装，从而迈开了建立"七匹狼"品牌、塑造男性消费文化的第一步。与许多企业一样，七匹狼公司注册了商标后也对企业进行了品牌文化的全面导入，但与其他企业不同的是，七匹狼公司在导入品牌文化的过程中，没有停留在文化的表层，而是随着市场竞争的变化不断地发展七匹狼品牌文化。他们通过对男士消费时尚的深入研究，不断地培育主题文化观念，使企业从单一的男式休闲服装，逐步深入皮具业、香烟、酒业、茶业等领域，从而走上了统一品牌的多元化经营之路，这种统一品牌下的跨行业经营使七匹狼品牌在延伸中所隐藏的经营风险不断得以化解，又逐渐形成了"七匹狼"倡导男性族群新文化的品牌文化定位。

谈及七匹狼的男性族群文化，七匹狼集团公司董事长周永伟认为，男性面临着巨大的社会压力，包括家庭责任、社会关系、事业成败等方面的因素。男性在表面和潜质上兼具狼的性格——孤独沧桑、百折不挠、精诚团结，而这正是中国男性中"追求成功人士"必经的心路历程。成功和正走向成功的"男性族群"大多数时候只是表面辉煌灿烂，但这群人身上折射出一种在人生旋涡里激流勇进、百折不挠、勇于挑战的精神。以30～40岁的男性为主要目标消费群体，个性鲜明地突出男性精神的品牌文化，使七匹狼品牌以其深刻的文化内涵，取得了中国男性群体时尚消费的领导地位。

通过对男性精神的准确把握，七匹狼公司将服装、香烟、酒业、茶品等产品整合在"男性文化"下，并围绕这一品牌文化，对各类产品进行了开发和定位：服装——自信、端庄，香烟——沉重、思索，酒类——潇洒、豪放，茶品——宁静、遐想。这种将男性主要性格特征全部融入企业涉及的各行业中的现象，在我国工业企业中是十分罕见的。

正是有了这种品牌精神，七匹狼集团在竞争中才能自如地与市场共舞。据了解，七匹狼集团在全国拥有以经营服饰为主的800多家加盟连锁店。为了准确地把握市场脉搏，七匹狼公司投入了大量的人力、物力、财力对产品销售进行跟踪。他们仔细研究每一个竞争品牌，密切关注竞争对手在营销策略上的变化。从而找准自己在市场中的切入点，制定出有效可行的营销策略。七匹狼集团深刻认识到，作为一个生活消费品的生产集团，除了要面对技术现实外，七匹狼的生存与发展更有赖于自己独特的文化生活理念，这就是以人为本，不断提高自身的市场美誉度。在进入21世纪的时候，七匹狼集团与我国著名的服装设计师合作，对七匹狼休闲服饰注入一种尚真、尚纯、尚淡的新流行文化，使更多消费者在感悟七匹狼男性族群新文化的过程中，升华自己的性格魅力和人生内涵，这种将21世纪中国男性自信与豪放的个性、深刻而博大的人文精神进行全面诠释的举措，使七匹狼品牌理念汇入国际时尚潮流。

思考题：

1. 从"七匹狼"的成长历程看，品牌文化起了很大的作用。试分析"七匹狼"的表层文化和内层文化。

2. "七匹狼"是如何进行品牌文化传播的？

第 4 章

品牌资产管理

第一节　品牌资产理论发展历程

20 世纪 80 年代所出现的最重要也是最为人所知的营销概念就是品牌资产(Brand Equity)。在此之前,它只是经营者们在实施品牌战略时所使用的一个词汇,企业经营者们都认为品牌资产非常重要,但在公司的资产负债表和会计报表上,这项最重要的无形资产却无法得到体现。企业经营者认识到品牌资产重要性的真正突破是在 20 世纪 80 年代之后作出的,这一概念于 20 世纪 80 年代由广告公司最早使用,出现后便日益引起营销管理人员和学者的广泛兴趣和关注,并引发了对有关品牌资产的定义、测度及运行机制大量的全面系统研究。

品牌资产研究之所以会成为营销实践人员和学者的研究热点,最主要的原因在于两方面:

第一,财务方面的需求以及股东的压力要求赋予品牌价值,而进入 20 世纪 80 年代以后频频发生的品牌收购、兼并案,例如 1985 年,英国卫生用品公司 Reckitt&Colman 并购了另外一家公司汽巴嘉基(Ciba—Geigy)所属的 Airwich 公司。Reckitt&Colman 公司为这次并购所付出的代价一共是 6 500 万英镑。令人震惊的是,这 6 500 万英镑中,有 5 580 万英镑被列入公司该年的资产负债表中,表示对 Airwich 品牌价值的认定。后来瑞士的雀巢公司以 25 亿英镑的价格买下了英国的一家名为 Rowntree 的糖果公司,原因在于这家公司拥有诸如 After Eight、Polo、Kit Kat 和 Quality Street 等一系列食品品牌,而当时 Rowntree 的资产净值只有 3 亿英镑,这显示了品牌巨大的资产性,又进一步要求承认品牌资产的存在并对品牌资产进行正确的测评。

第二,来自各行各业的频繁价格竞争压力要求企业更加重视品牌资产,建立强势品牌以谋求长远利益,同时可以避免价格促销对品牌资产本身所造成的负面影响。品牌资产的概念影响到我国是在 20 世纪 90 年代初,当时《经济日报》举行"中国驰名商标"评选活动,后来比较有影响的北京名牌资产评估事务所借鉴 Financial World 公司的方法,从 1995 年开始每年发布和提供《中国品牌价值研究报告》,这些都表明品牌资产已开始为中国企业所重视。然而品牌资产的概念引入我国后,由于对该概念缺乏一个全面系统的了解，在使用过程中出现了种种问题，具体表现在：(1)品牌资产评估方法的不统一。由于对品牌资产概念理解的不统一，目前在我国还没有形成一种权威的具有中国特色的品牌资产评估方法。(2)使用品牌资产概念的动机复杂。品牌资产概念的诞生主要是为了便于企业更好地了解企业品牌的价值和更好地管理品牌，然而中国企业使用品牌资产的动机却十分复杂。而且更糟糕的是，有些企业或品牌资产评估公司为利益所驱，所发布的品牌资产评估报告具有较强烈的商业色彩，缺乏其应有的中立性和客观性，而这种非中立或客观的评估甚至会激化企业之间的矛盾，并最终导致对品牌资产评估的反感。(3)短期利益导向。现在国内许多企业对品牌资产概念的使用都仅仅着眼于品牌财务价值的评估或者只关心品牌的知名度，很少有企业把品牌资产的概念真正用于品牌与消费者关系的管理，着眼于品牌价值的长期增长。

第二节　品牌资产的概念及结构

一、品牌资产的定义

在品牌资产起源的西方，迄今为止，对于“品牌资产”也尚未形成一个被广泛接受的定义(Keller，1993；Teasand Grapentine，1996；Ehernberg，1997)。正如 Kelin Keller 在《品牌战略管理》一书中所说的：“品牌资产概念的出现，对于营销人员，既是一个好消息，也是一个坏消息。好消息是品牌资产提高了过去相对为人所忽视的品牌在整个营销战略中的作用，并引发了营销人员对于品牌管理的兴趣和研究人员对品牌研究的重视；但坏消息是不同的人出于不同的目的对品牌资产概念进行了大量的定义，结果却导致对品牌资产概念理解的混淆甚至误用。”因此，对品牌资产概念进行系统的回顾和研究，具有重要的意义，可以使目前支离破碎的各种品牌资产概念更加系统化，使品牌资产的概念得以被正确理解和深化，并为品牌资产评估提供基础。

归纳起来，关于品牌资产的概念，比较有代表性的主要有以下几种观点：(1)品牌资产就是与品牌名称、品牌标志相关联的一组资产，它有助于提高品牌所附着的产品或服务的价值。品牌资产的构成包括：品牌忠诚、品牌质量认知、品牌识别和品牌联想及其他附属要素。(2)品牌资产是一种超越生产、商品、所有有形资产以外的价值。(3)品牌资产是一种超越商品有形实体以外的价值部分。它是与品牌名称、品牌标识物、品牌知名度、品牌忠诚度相联系的，能够给企业带来收益的资产。(4)品牌资产就是顾客、渠道成员、母公司对于品牌的联想和行为，这些联想和行为使得产品可以获得比在没有品牌名称的条件下更多的销售额或利润，可以赋予品牌超过竞争者的强大、持久和差别化的竞争优势(美国市场营销科学研究院的定义)。综上所述，品牌资产是与某种品牌名称或标志相联系的品牌资源或保证，它能够为提供这种产品或服务的公司以及购买这种产品或服务的顾客增加或减少价值。

二、品牌资产的结构

品牌资产由品牌忠诚度、品牌诚信、品牌知名度、品质认定、与品质认定相关的品牌联想和其他一些相关的品牌资源——商标权等构成。

(一)品牌忠诚度

品牌忠诚度是指受产品或者服务的质量、价格等因素的影响,消费者对特定的品牌产生感情依赖,并表现出对该品牌的产品或者服务有偏向性的行为反应。

1. 品牌忠诚度的类型

品牌忠诚度应包括两方面的内容:行为忠诚度和态度忠诚度。行为忠诚度是指消费者在实际行动上能够持续购买某一品牌的产品,这种行为的产生可能源于消费者对这种品牌内在的好感,也可能是购买冲动、促销活动、消费惯性、转换成本或者市场覆盖率高于竞争品牌等其他与情感无关的因素促成的;态度忠诚度是指某一品牌的个性与消费者的生活方式、价值观念吻合,消费者对该品牌已产生了情感,甚至引以为豪,并将此作为自己的朋友和精神寄托,进而表现出持续购买的欲望和行为。可以用行为忠诚度和态度忠诚度的二维坐标对消费者品牌忠诚度加以分析,如图 4-1 所示。

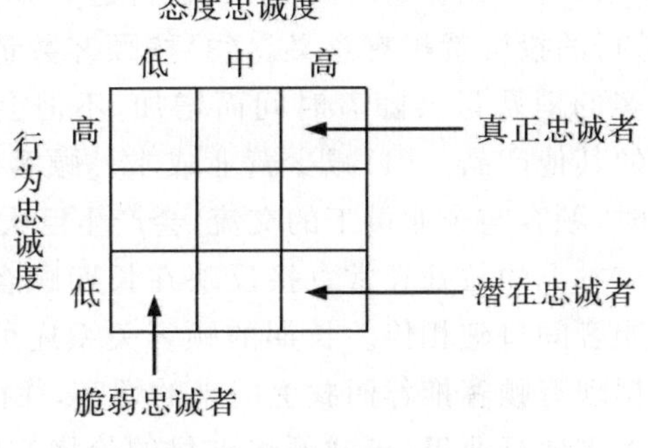

图 4-1　忠诚度矩阵模型

该模型是将态度忠诚度和行为忠诚度分别划分为高、中、低三类,从而形成了 9 个区域的矩阵。把态度忠诚度高而行为忠诚度低的忠诚者定义为“潜在忠诚者”;相反,将态度忠诚度低而行为忠诚度高的忠诚者,定义为“脆弱忠诚者”;模型右上区域表示“真正的忠诚者”。通过模型可以得出每一区域所代表的忠诚者的绝对数以及占样本总量的相对比例,统计出真正忠诚者、潜在忠诚者以及脆弱忠诚者所占比例,为企业了解品牌忠诚状况并采取具体的提高措施提供参考。

按照忠诚度可以把顾客分成六类:(1)热心追随者——对产品与服务感到非常满意,完全认同企业的产品或服务,高度忠诚于企业,把自身当作企业的一部分,并热情向亲朋好友推荐企业的产品或服务;(2)忠诚者——重复购买企业的产品或服务,与企业保持较为密切的关系,但比热心追随者更冷静,以一种更为客观的态度向企业提供信息;(3)唯利是图者——只选择最便宜或者最方便的产品或服务,可能经常因价格与便利问题更换供应商;(4)不自主者——顾客毫无选择余地或选择空间非常少,但又需要某些产品或服务,看上去似乎很忠诚,一旦有机会可能就会转向另一家企业;(5)流失者——因不满于企业的产品或服务而流失的顾客;(6)恐怖分子——那些曾经对企业表现出超级忠诚但对企业的产品或服务感到失望,企业又难以挽回的顾客,且他们渴望报复企业或要求赔偿,甚至极端无理取闹。

我们又可把顾客划分为超级忠诚、逆忠诚、非忠诚、伪忠诚等类型:(1)超级忠诚顾客是那些对一个企业、产品或服务特别忠诚的个人或企业,几乎把自身认同为企业的一部分;(2)逆忠诚顾客是以前非常忠诚于企业,但由于感到失望而有意转向另一供应商;(3)非忠诚顾客是对供应商的产品、服务或品牌没有忠诚倾向的个人或企业;(4)伪忠诚顾客是因为别无选择,只能成为某一品牌或供应商的顾客,因此,一旦有机会就可能另外选择品牌或供应商。

2. 品牌忠诚的价值

顾客留在企业的时间越长,顾客越有价值。长期的顾客会购买更多,对价格更不敏感,公司同其交易时所花费的时间更少,并会带来新顾客。忠诚顾客带来的价值为:(1)减少争取顾客所需要的成本。为把新顾客吸引到企业中来,企业必须先行投入资金,如针对新顾客所展开的广告宣传,向新顾客推销所需的佣金、销售费用等,而针对现有顾客展开营销,成本显然要低得多。(2)增加基本利润。一般来说,顾客支付的价格要高于企业的成本,其差额就是利润,显然,留住顾客的时间越长,赢得这一基本利润的时间越长,那么企业为获得这一顾客所进行的投资就越有意义。(3)按顾客数量计算的人均营业收入增长。在大多数行业里,顾客的消费量会随着时间而增加,不但会继续购买原来需要的产品,而且可能会购买企业的其他产品。(4)减少营业成本。顾客逐渐熟悉一个企业后,就会降低交易费用;与此同时,顾客与企业员工的交流,会产生巨大的生产力优势,在大多数行业中,忠诚关系表现在成本上的益处经常直接反映在长期顾客和长期雇员之间的相互交往及相互学习上。(5)顾客间口碑相传。长期的顾客关系还可表现在,如果顾客满意,就会向别人推荐,而且根据现有顾客推荐而找上门来的顾客,往往质量会比一般顾客更胜一筹。(6)价格优势。在大多数行业里,忠诚顾客支付的价格实际上要比一般顾客高,因为促销的折扣价往往只对新顾客有效;另外,老顾客熟悉公司的办事程序,也了解它的所有系列产品,公司也可从这一买卖关系中获得额外的价值。

除以上讨论的品牌忠诚价值以外,顾客终身价值(customer lifetime value)对企业也非常重要。所谓“顾客终身价值”就是顾客在其作为企业顾客的购买周期(对企业忠诚的“寿命”)内对企业的贡献总值,其数学公式:

$$LV_i = T_i \cdot S_i$$

其中,LV_i 代表顾客 i 的终身价值,T_i 代表顾客 i 的购买周期或寿命(以年为单位),S_i 代表顾客 i 的年平均消费值。如对一家酒店来说,如果一个顾客平均每月消费一次,每次平均消费 500 元,一年的消费就是6 000元。如果企业能够与这名顾客保持 10 年的关系,那么这名忠诚顾客的终身价值就是60 000元。

不同行业、不同企业可以根据自己顾客的可能“寿命”周期,来计算顾客的终身价值。如可口可乐公司一位忠诚客户 50 年的价值是 1.1 万美元,万宝路一位忠诚烟民 30 年的价值是 2.5 万美元,北欧航空公司一位忠诚商务旅行者 20 年的价值是 48 万美元,等等。

从顾客资产评估、会计核算角度来看，还需要对顾客终身价值进一步量化，即除了要考虑顾客作为企业顾客的时间周期，还要考虑企业的贴现率(顾客价值要折现)、每个时间周期内顾客购买某产品品类的频数、顾客购买该企业某产品的平均贡献、顾客购买该企业某产品的概率，这样顾客终身价值的公式就量化为：

$$LV_i = \sum_{t=0}^{T} [(1+d)^{-t} \times F_{it} \times S_{it} \times \pi_{it}]$$

其中，LV_i 表示顾客 i 的终身价值，t 表示选择分析的时间周期，T 表示企业计划的计算长度，d 表示企业的贴现率(资金成本)，F_{it}表示每个周期内顾客 i 购买某个产品种类的期望频数，S_{it}表示在时间 t 内顾客 i 购买某品牌产品的期望支出份额，π_{it}表示在时间 t 内顾客 i 每笔购买的平均贡献。这种量化的计算公式对于顾客数据库管理具有重要的意义。

"顾客终身价值"的意义在于表达忠诚顾客对企业生存和发展的重要性和长远影响，以提高企业决策层和员工对忠诚顾客的重视程度，努力维系自己的忠诚顾客，提高忠诚顾客的维系度。

3.品牌满意与品牌忠诚的关系

在讨论品牌忠诚时，我们经常会想到品牌满意，有些人认为品牌满意就是品牌忠诚，两者是否等同呢？下面来研究两者的关系。

(1)品牌满意的内涵

一般认为品牌满意是指在众多因素的影响下，顾客在购买前形成对产品品牌的期望价值，在购买和消费中(后)形成了实际的感知价值，顾客对这两种价值进行比较后所达到的一种心理上的平衡状态。换句话说，品牌满意就是品牌期望价值与品牌感知价值的函数，用公式可以表示为：

$$B_s = F(E_v, P_v) = F[f(X_1, X_2, \cdots, X_n, y_1, y_2, \cdots, y_m), g(Z_1, Z_2, \cdots, Z_n, t)]$$

其中，B_s代表顾客满意，E_v代表品牌期望价值，P_v代表品牌感知价值，F、f、g 代表函数关系，X 代表货币投入、时间投入、机会成本等成本综合因素，y 代表广告宣传、口碑、品牌形象、环境、承诺等其他非成本投入综合因素，t 代表时间因子，Z 代表各种感知的产品及服务的实际质量。显然，当 $P_v \geq E_v$时，顾客就会满意或高度满意，当 $P_v < E_v$时顾客就会不满。

学术界对于品牌满意和忠诚的关系一直存在争论。一些学者认为，品牌满意决定品牌忠诚，两者具有正相关关系。如 Kotler 指出：维系顾客的关键是品牌满意，一个高度满意的顾客会忠诚于公司更久；公司可能流失 80%极不满意的顾客、40%有些不满意的顾客、20%无意见的顾客和 10%一般满意的顾客，但是公司只会流失 1%～2%的高度满意顾客。Hasket 等(1997)的"服务利润链"模型也明确提出品牌满意直接导致品牌忠诚。Oliver(1992)的研究却发现满意度只有达到一定水平后，忠诚度才会迅速增加；Reichheld(1993)也证实了 Oliver 的发现，即品牌满意与品牌忠诚虽然存在正相关关系，但不是线性关系。Thomas O. Jones&W. Earl Sasser Jr. (1995)的研究表明，随着品牌满意度的提高，其忠诚度并不会呈线性增长，大多数研究人员或企业管理者低估了相对满意与完全满意之间的区别，只有完全满意的顾客才会保持对企业的忠诚，只有完全的品牌满意度才是企业增进品牌忠诚度与产生长期经济效益的关键要素。也就是说，如果品牌满意度略微下降，就可能导致品牌忠诚度的大幅度下降。然而美国贝恩公司的调查表明，在声称对公司产品的满意甚至十分满意的顾客中，有65%～85%的顾客会转向其他公司的产品，其中，汽车业85%～90%满意的客户中，再次购买的比例只有30%～40%，而餐饮业中，品牌转换者的比例则高达60%～65%。所以，有的学者认为满意分值只是提供了问题的有效预警，满意顾客并不总是比不满意的顾客更多地购买，也不一定比不满意的顾客更加忠诚，因此，他们得出结论，顾客满意和顾客忠诚是弱相关关系，甚至无关。

(2)品牌满意与品牌忠诚的关系分析

上面介绍了一些学者对品牌满意与品牌忠诚关系的观点，他们从不同的侧面研究了两者的关系，但他们的观点都存在这样那样的不足，而两者到底存在什么关系，笔者经研究得出以下结论：

①约束条件下的品牌满意与品牌忠诚的关系。当有约束条件存在时(垄断、转换成本、方便性、心理障碍等)，顾客的情感忠诚并不能导致行为忠诚。换句话说，顾客品牌的满意和忠诚是一种弱相关关系，甚至是毫无关系。这里根据约束的强度又可以细分出许多情况，最极端的情形就是无限约束，其次是强约束、中等约束和较低约束等等。根据约束强度从大到小，品牌满意和品牌忠诚之间表现出从完全无关到极弱相关，再到弱相关等等。例如在完全垄断行业里，约束是无限的，尽管顾客很不满意，但是由于没有其他的供应商或替代品可供选择，即使是出离愤怒的顾客，也只好忠诚于唯一的厂商，我国早期的电信和现在的邮政等都是最好的例证。在这样的行业里，顾客品牌的忠诚度和满意度是毫不相干的，所有的顾客都表现为百分之百的忠诚。

②无约束条件下的品牌满意与品牌忠诚的关系。正如前面所述，我们得出品牌满意和品牌忠诚是弱相关或不相关的结论，而有些学者认为只有非常满意的顾客才表现出极高的重购率和口碑传播意愿，非常满意顾客的忠诚度是满意顾客的六倍。

作者研究认为，在充分竞争和无约束(或者轻微约束)的条件下，品牌满意和品牌忠诚的关系实际上表现为不同供应商之间的竞争关系。换句话说，是不同供应商提供给顾客的产品和服务的满意水平之间的竞争，即谁提供给顾客的满意度高，谁就赢得了顾客的忠诚。在充分竞争的市场环境下，绝大多数厂商提供的产品和服务在基本功能上的差别已经很小，也就是说已经基本趋同，都能够满足消费者的基本期望，因而消费者大都能够获得基本的满足。所以在无约束条件下，消费者购买谁的产品都可以，在现实生活中表现为尽管许多顾客对他们以前获得的服务表示满意，但还是背离了原来的供应商，这一现象是符合市场经济的客观规律的。

有时候由于供应商满足了顾客的潜在期望，因而能够给顾客带来愉悦甚至惊喜。换句话说，就是供应商提供给顾客的产品和服务是其他竞争者无法达到的，或者说他们为顾客提供了更加高的满意度，所以顾客在不同产品的多次消费比较中，选择了最优者作为忠诚的对象。由此可见，不是品牌满意和品牌忠诚的关系不强，而是较高品牌满意度才决定了较高的品牌忠诚度，它是竞争者之间比拼满意度的结果。而实际上，也只有少数非常优秀的企业才能提供给顾客比竞争对手更高的满意度，因此，也才能够赢得顾客的忠诚。

当满意达到一定的程度后，许多服务和功能超出了顾客的实际需要，加上边际效用递减规律的作用，因而，再增加品牌满意度所带来的忠诚度的增加将会很小。这就告诉供应者，尽管要比竞争者更加让顾客对品牌满意，但是，也不可过分地追求顾客满意，要把握适度原则。因此，有的学者提出只有 100%满意的顾客才会对企业忠诚的观点是错误的，追求超级完美的顾客品牌满意不仅是达不到的，而且即使达到也是无益的，其结果只会增加经营成本、降低利润。企业正确的做法是，如果竞争者提供的是 80%的满意度，那么，你提供 85%就是明智的。

4. 品牌忠诚度的测评

根据企业对品牌忠诚度所关心的侧重点的不同，可以将品牌忠诚度划分为消费者层面、企业营销层面以及竞争层面。本书主要从消费者层面来进行品牌忠诚度的测量。测量品牌忠诚度的方法有：一种是从消费者的实际购买行为出发，将消费者在一段时期内对一个品牌的购买作为品牌忠诚度的测量标准；另一种是以认知理论（Cognitive Theories）为基础，通过对态度和行为的测量，两者相结合来预测消费者再次购买同一品牌的概率，以此作为消费者品牌忠诚度，即从消费者行为与态度两方面进行消费者层面品牌忠诚度的测评研究。后一种方法得到了学术界的普遍认同与广泛应用。

(1)行为忠诚测量

对消费者行为进行测量的指标有很多，常用的是货币测定指标、频率测定指标、顾客向他人推荐和介绍测定指标三大类。

①货币测定指标，即从货币角度出发，可采用“钱包份额”指标计算。因为企业生存的首要目标是获取利润，它最关心的是消费者的钱包问题，指标具体计算公式如下：

$$\text{钱包份额}=\frac{\text{消费者对该品牌的购买金额}}{\text{消费者对所有该种类产品的购买金额}}\times 100\%$$

这个指标主要是反映消费者钱包中该企业的份额，还表明被竞争者拿走的份额。由于综合了企业自身与竞争者的情况，所以有了这方面信息，品牌管理者就可以调整策略，有的放矢地开展竞争；另外这个指标也体现了购买频率和购买量的综合效果，所以对企业较具实际意义。

②频率测定指标，即从消费者购买频率这个角度出发，可采用“重复购买率”指标，具体计算公式如下：

$$\text{重复购买率}=\frac{\text{消费者对该品牌的购买次数}}{\text{消费者对该种类产品所有品牌的购买次数}}\times 100\%$$

消费者对该品牌产品或者服务的重复购买次数越多，则其忠诚度越高，反之则越低，这有助于品牌管理者及早发现问题。如果一个顾客的重复购买率越来越低，说明该品牌对他而言价值越来越小，这是消费者发生品牌转换的信号。企业应该及时查明原因，采取有效措施，防止顾客流失。可以说重复购买率是企业经营效果的一个“预警”指标。

③顾客向他人推荐和介绍指标，具体计算公式如下：

$$\text{顾客向他人推荐和介绍率}=\frac{\text{消费者对该品牌的推荐和介绍次数}}{\text{消费者对该种类所有品牌的推荐和介绍次数}}\times 100\%$$

一般情况下，对于自己所忠诚的企业，顾客十分乐意向其他消费者推荐和介绍，比如很乐意介绍自己使用该企业产品或服务的经验和所带来的方便、享受，希望与亲朋好友共同分享消费该企业产品或服务的快乐，介绍购买该企业产品或服务的渠道等。在一定时期内，顾客向他周围的人推荐和介绍企业产品或服务的次数越多，说明他对企业的忠诚度越高，反之则越低。

(2)态度忠诚测量

对消费者态度忠诚的测量，一般采用如下方法：

①顾客对价格的敏感程度。消费者对价格都是非常重视的，但这并不意味着消费者对每家企业产品价格的敏感程度都相同。事实表明，对于喜爱和信赖的企业产品或服务，顾客对其价格变动的承受能力一般较强，即敏感度较低；而对于不喜爱和不信赖的企业产品或服务，顾客对其价格变动的承受能力较弱，即敏感度较高。所以，据此可以衡量顾客对某一企业的忠诚度。

②顾客对竞争产品或服务的态度。顾客对某一企业的态度变化，大多是通过与其竞争产品或服务的比较而产生的。所以根据顾客对竞争产品或服务的态度，能够从反面判断其对某一企业的忠诚度。如果顾客对竞争产品或服务有好感、有兴趣，那么就说明对本企业的忠诚度降低，购买选择时很有可能转向竞争产品；如果顾客对竞争产品或服务没有好感、兴趣不大，则说明其对本企业的忠诚度较高，购买指向比较稳定。

③顾客对产品质量事故的承受能力。任何一种产品都可能因某种原因出现质量事故，即使名牌产品也不例外。若顾客对某企业产品或服务的忠诚度高，则会以宽容和同情的态度对待企业产品出现的质量问题，不会因此而拒绝这一产品。若顾客对某企业产品或服务的忠诚度不高，即使是出现一般的偶然事故，顾客也会非常反感，很有可能从此不再购买。当然，运用这一标准衡量顾客忠诚度时，要注意区别产品或服务事故的性质：是严重事故还是一般性事故，是经常发生的事故还是偶然发生的事故。

④消费者对品牌的认知状态。这包括同类竞争商品中该品牌作为第一品牌首先被联想的比例、无提示状态下对于该品牌的回忆率(即无提示知名度)、提示状态下对于该品牌的回忆率(即提示知名度)、传播该品牌的媒介状态与特征四个子指标。

⑤品牌在消费者心目中的地位。包括：对产品的总体评价以及对产品各属性的综合性评价；与同类竞争品牌相比，该品牌在主要的产品特征方面给消费者的联想；与同类竞争品牌相比，该品牌主要的优势性特征；与同类竞争者相比，品牌个性、情感联想方面的表现。

⑥顾客购买选择的时间。根据顾客消费心理规律，顾客购买产品或服务需要经过挑选这一过程。一般说来，顾客挑选时间越短，说明对企业产品或服务的忠诚度越高，反之则表明顾客的忠诚度越低。对于具有最高忠诚度的顾客来说，挑选几乎不需要时间，往往是指牌购买。

5.品牌忠诚度的培育

培育品牌忠诚度是一个极为复杂的系统工程，每个企业都应根据自身的具体情况和特点，创建适合自己的品牌忠诚体系，以适应激烈的市场竞争环境。

(1)提高顾客让渡价值，通过顾客满意来实现顾客品牌忠诚

顾客满意是顾客品牌忠诚的基础和前提。对于企业来说，要想使顾客满意，就要比竞争对手向顾客让出更大的价值，只有不断地提高顾客购买商品所得到的包括产品价值、服

务价值、人员价值和形象价值在内的顾客总价值，降低顾客购买商品所付出的包括货币成本、时间成本、精神成本和体力成本在内的顾客总成本，从而不断提高顾客让渡价值，促使顾客对产品和企业产生良好的感知效果，才能实现顾客满意的目标。

(2)提高转换成本，加强顾客品牌忠诚

转换成本是指顾客因转换服务企业而发生的成本，如果他们继续保持现有企业的服务关系，那么这种成本就不会发生。随着转换成本的提高，顾客对满意度的敏感性降低。由于转换成本使顾客在转换现有企业过程中感知到较高的成本，因此其在顾客维系中发挥着重要的作用。由于转换成本的存在，顾客满意与顾客忠诚通常会呈现不同的转换关系特征。因此，我们所观测的顾客忠诚或许是因为顾客满意；或许是因为顾客对某种类型服务不满意，但由于顾客在该种服务中存在相对较高的转换成本，使顾客难以转换现有企业。同样的，我们所观测的顾客非忠诚可能因为顾客不满意，也可能是因为满意的顾客拥有较低的市场转换成本，能够比较容易地作出转换行为的决策。转换成本对顾客满意与顾客忠诚关系的调节作用受市场结构的影响。如果市场拥有单个或者庞大的市场经营者(如垄断经营商)，那么转换成本对顾客满意和顾客忠诚之间关系的调节作用将很小。另外，当市场中可供选择的企业很少时，转换成本就会变得十分重要。由于顾客不满意可以随时转换服务企业，因此，在转换成本较低时，我们很难看到真正的忠诚者(人质顾客)，但是，我们会发现许多满意而不忠诚的唯利是图者，因为较低的转换成本使这些顾客能够轻松作出转换决策。由此，当顾客对企业的满意度较低时，企业可以构造不同的转换成本来维系现有顾客。对于在通常情况下能够满足顾客但是偶尔会遭遇服务失败的企业，转换成本则提供了一种防止顾客背叛的保证。

(3)培养忠诚的员工，赢得顾客品牌忠诚

没有忠诚的员工就没有忠诚的顾客。要想提高顾客的品牌忠诚度，把顾客留住，企业员工至关重要，特别是与顾客直接接触的第一线员工，他们代表企业的形象，是企业的窗口，他们的一言一行都影响着消费者的情感，他们可以为企业赢得顾客的品牌忠诚，也可以让顾客掉头就走。所以，企业要致力于培养以顾客忠诚为导向的员工。

(4)提供差异化的产品，建立顾客品牌忠诚

为顾客提供产品的量身定制，以创造、满足顾客的个性化需求为重点，建立顾客忠诚，也就是以顾客个性化的价值观为导向，为顾客创造增值。不同顾客的价值取向可能会有很大的差别，例如有些顾客希望自己能够获得关注，而另一些顾客则倾向于获得更多的信息。信息沟通的迅速发展，使企业可以迅速地了解客户的需求和偏好，为建立顾客忠诚创造了条件。企业只有尽可能地满足每个顾客的特殊需求，与顾客建立起长期稳定的交易关系，才能使企业在同顾客的长期交往中获得更多利润。

(5)提供优质的服务，获取顾客品牌忠诚

在产品同质化的今天，良好的顾客服务是建立顾客品牌忠诚的最佳方法。优质的产品和适宜的价格虽然会影响顾客的购买决策，但这两个因素极易被竞争对手模仿和复制，而高质量的服务却是难以复制的，它是构建企业持久竞争优势的决定因素。因此企业服务的态度、员工的精神面貌、回应顾客的速度及良好的售后服务、配送及时等等都是企业获取顾客忠诚的重要因素。

企业的服务有时难免会有失误，服务的失误会伤害顾客的感情。此时，必须及时采取补救和补偿措施，如用道歉、送礼物、免费提供额外服务等办法向顾客真诚表达自己的歉意，以重新赢得顾客忠诚。据美国白宫全国消费者调查，如果顾客投诉没有得到及时解决，有 81％的顾客会流失；反之，若顾客投诉得到了及时解决，有 82％的顾客会继续与企业交往，并比以前更忠诚。

（二）品牌诚信

1. 品牌诚信的定义

在中国传统文化中，“诚者，天之道也”，“诚之者，人之道也”。作为“天之道”，“诚”是自然界所固有的状态和规律，是自然本性的真实流露；作为“人之道”，“诚”是人真实无欺的品德、原则和规律。而“信者、诚也”，“有所许诺，丝毫必偿，有所期待，时刻不易，所谓信也”。诚与信不可分割、互为表里、兼具神形，“诚”是里，“信”是表；“诚”是神，“信”是形；“诚”是根基，“信”是外貌。“信”必然是有“诚”之“信”，“诚”当然是有“信”之“诚”。西方文化中的诚信也有信守承诺的意思，要求作为契约关系当事人的双方信守承诺。可见，古今中外的诚信都是一种关于人们诚实不欺、信守诺言的人格要求、行为准则和制度规范，具有道德、法律和经济的多重含义。道德意义上的诚信既是实话实说的人格品性，也是守诺践约，言必信、行必果的行为规范；经济学意义上的诚信，则要求人们在经济关系中去伪劣、讲信誉、守承诺，认真履行契约义务、积极承担合同责任，所谓“童叟无欺”、“有借有还”就是经济诚信的通俗表述；法律意义上的诚信不仅要求人们在立法过程体现真与善的基本精神，也要求人们在司法实践中重事实、讲证据、说真话。现代社会的诚信是对传统诚信的综合、提炼和升华，是主观和客观、知和行的统一，也是道德诚信、经济诚信和法律诚信的统一。

品牌诚信是指企业在经营活动中诚实守信，如履行合同、信守承诺等等，并将这种诚信理念贯穿于品牌战略的全过程，创造出为消费者信赖并长盛不衰的强势品牌。市场经济是建立在严格的契约基础上的信用经济，它要求经济主体遵守规则、诚实守信。

2. 品牌诚信的特征

（1）品牌诚信的建立过程具有非重复博弈的特征。如果说人与人之间或企业与企业之间产生诚信是以重复博弈为基础的（重复博弈也可能产生完全相反的结果），那么品牌诚信则更多地表现为非重复博弈。在买方市场条件下，这种特征非常明显，消费者在交易过程中，为搜集信息付出了较高的时间成本和体力成本、精力成本，如果购买到的商品价格远远超出它的价值或者说消费者得到的让渡价值较低，那他就会转向其他厂商，以寻求更多的让渡价值，此时消费者会对交易方失去信任，这种交易一般只进行一次。消费者一旦失去对交易方的信任，要转变他的态度就非常困难。因此，品牌诚信与其他类型的诚信建立途径是不同的，一般不具有重复博弈的特征。

（2）人际信任对品牌诚信的影响大于社会信任。从理论上来说，品牌诚信属于社会信任，消费者通过相关的市场机制和交易合约，在与企业的交易过程中产生信任关系。但在我国，由于社会信任度很低，社会信任无法发挥正常作用，这就使人际信任成为人们对品牌产生信任的重要途径。通过人与人的交往以及交往对象对某一品牌的信任影响其他人产生对同一品牌的信任，这主要是指家族主义信任之外的人际信任。这种信任使他们很乐意分享消费经验，从而形成某一品牌的口碑，忠实消费群体也就由此产生了。

(3)品牌战略与诚信互为因果。有学者认为，诚信是品牌战略的基石，这一表述只说对了一半，事实上，一方面品牌战略要以诚信为基础，另一方面品牌战略又能促进诚信。强势品牌以其卓越的品质体现品牌形象，无疑会增强品牌的诚信度。从消费者行为来看，理性的消费者会根据品牌来选择商品，这类消费者在我国已越来越多。在这种情况下，品牌成为信任的前提。

(4)交易设施对品牌信任产生重要影响。张维迎在对跨省信任的分析中认为，交易设施对信任产生正面积极的影响。张维迎所说的交易设施主要是指交通设施和信息传播。这种理解并不全面，交易设施还应该包括一系列为营销服务的组织机构，如广告代理机构、代理商等等。交易设施对信任的影响同样适用于品牌信任的形成。

销售商是交易设施的重要组成部分，销售商的诚信直接影响企业诚信。目前一些销售商为了自身利益不择手段，不惜牺牲消费者的利益，伤害消费者的感情。在实际操作中，企业生产的产品通过经销商、代理商到达最终消费者手中，如果他们不能将生产商的信息准确无误地传达给消费者，那么企业形象就会受损，企业诚信就会产生危机。在交易设施中，广告代理机构也是其重要组成部分之一。目前我国广告业的诚信危机是有目共睹的，一方面企业缺乏品牌意识，疏于品牌管理，错误地认为只要大打广告就能造就强势品牌；另一方面，广告代理机构在利益驱动下，充当虚假广告的急先锋，不顾一切地为某些产品进行鼓吹，这些不实广告已成为一种社会污染，是企业诚信的最大杀手。

3.品牌诚信的建立

(1)注重企业的伦理建设，树立诚信为本的经营理念。品牌诚信建设的关键在于企业领导者和高层管理人员。在企业品牌诚信建设中，企业主要负责人起着关键作用。企业领导者的遵纪守法、诚实经营可以带好整个团队，可以在企业中形成良好的道德氛围，可以给全体员工树立好的榜样。相反，企业领导者不诚实、不守信，搞欺诈行为，就会把企业引上绝路。品牌诚信应看作是企业的社会责任和应尽的义务，企业作为社会成员之一，应当承担起维护社会整体利益的责任。企业的守法诚信经营有助于提高全体社会组织、成员的道德水平，推动社会风气的净化和文明程度的提高，进而也有助于实现企业的可持续发展。

(2)从公司制度和治理结构上建立品牌诚信的物质基础。品牌诚信必须贯穿于企业日常经营行为和长期发展战略中，那么企业内部应建立严格的科学管理制度，建立监督及风险管理机制，保证诚信原则能够得到认真执行，这样才能有效地抵御一些利益的诱惑。在内部监督上，建立科学的制衡约束机制，防止个人专权、徇私舞弊，首先是要健全完善企业的治理结构，防止形成内部人控制；其次是决策程序要公开透明，重大事项要民主决策，在管理层形成监督制衡机制，防止个人独断；最后是建立诚信经营的奖励制度，形成合理的激励与约束机制。

(3)创造品牌诚信的法制环境。诚信无价亦有价，诚信无价是指诚信是金，是无价之宝；诚信有价是指失信者应为其失信行为付出高昂代价，这个代价多高才算高？一直到其失信成本大于失信所得为止。因此，我国政府应该制定相关的法律，严厉惩治失信行为，建立失信约束惩罚机制。

(4)规范和整顿市场经济秩序。市场经济秩序是市场经济中不可或缺的要件之一。如果市场经济秩序混乱,游戏就没有规则,这时品牌不要说发展,就连维持都很困难。维护"公正、公平、公开"的市场经济秩序是政府的工作,但同样需要企业的共同努力,因为企业是市场的主体,企业行为直接影响市场秩序,对在行业中具有举足轻重作用的品牌企业更是如此。

(5)健全信用查询系统。品牌诚信要以大量信息为支撑,我国在企业信用体系管理问题上应借鉴发达国家的经验,尽快建立全国的信用信息库,尽可能减少信息不对称现象的发生。建立全国联网的企业信用查询系统,以保证消费者或客户及时全面地了解企业信用信息。

(6)以企业信用体系保障品牌诚信。现代信用体系是指企业能够履行与客户、社会约定的职责而取得的信任。企业信用体系建设具体包括:制定企业信用标准、建立企业信用管理数据库、建立企业信用等级评审和公布制度三方面。从建立企业信用体系入手,在制度安排上为品牌诚信的建设奠定基础,使品牌诚信建设有章可循。

(7)以关系营销铸就品牌诚信。关系营销理论强调的是建立企业与消费者之间的良好关系。这一理论对建立品牌诚信具有重要意义。企业在建立关系营销中应做到:以优质产品托起品牌诚信、以渠道诚信促进品牌诚信、以诚实广告传播品牌诚信。在向顾客提供产品和服务时,应考虑顾客可能付出的成本,尽可能向顾客提供方便的服务,时时同顾客保持沟通。与此同时,企业应清醒地认识到与顾客的关联性,与顾客保持良好的互动关系,及时对顾客的需求作出反应,在向顾客提供产品和服务中获得回报,达到双赢的结果。

(三)品牌认知

1.品牌认知的定义

品牌认知是指消费者对品牌的了解、记忆和识别,它包括品牌了解、品牌记忆和品牌识别三个子维度。品牌认知首先是对品牌的了解,包括对品牌形式和内容两方面的了解,这是消费者的一个动态的品牌学习过程。其次是对品牌的记忆,如果消费者仅仅对品牌有所了解是构不成品牌资产的,还必须有所记忆。品牌只有被消费者记住,才可能形成品牌资产,品牌记忆也包括品牌形式和内容的记忆。再次是对品牌的识别,品牌形式的识别比较容易,比较难的是品牌内容的识别。品牌认知分为以下几种类型:(1)未提示知名度——未经提示对品牌的回忆率,有的研究人员将其再细分为第一未提示知名度和总体未提示知名度,前者更能反映品牌之间的竞争力;(2)提示知名度——经提示后对品牌的回忆率,同等比率情况下,品牌竞争力弱于未提示知名度;(3)认知渠道或媒体——认知该品牌的信息渠道及其媒体传播手段;(4)广告认知度——以广告传播品牌形象时,对广告内容的认知状态;(5)广告美誉度——以广告传播品牌形象时,对广告是否满意等情绪性的反应。需要注意的是,现代品牌的塑造已经频繁地使用了广告人物,人们对广告人物的认知占据了品牌形象的一定位置,广告人物的社会声誉与行为品德也构成了品牌形象的组合之一,品牌认知应该包含对广告人物的认知。

品牌认知的作用是消费者一般不会在对某品牌一无所知的情况下购买该品牌的产品,只有消费者对品牌的认知性越强,该品牌的资产在他们身上才会体现得越多。品牌资产在某种意义上就是市场对品牌认知的总和,即等于消费者认知人数(即知名度)与消费者平均认知深度的乘积。

2.提高品牌认知的策略

影响品牌认知的因素包括品牌独特性、品牌传播、品牌行为、消费者经验、消费者需要和消费者特征等。笔者根据这些影响因素,相应地提出以下策略:

(1)塑造品牌独特性来提高消费者对品牌的认知。品牌形式的设计越独特,越容易引起消费者的注意和兴趣,而注意和兴趣是认知行为的前提。消费者对注意到的和感兴趣的品牌,更有认知的积极性,也更容易记忆和识别。品牌内容的独特性则进一步加深了消费者对品牌的认知,如品牌产品的特色往往给消费者很强的刺激信号,使消费者容易感知和建立较深的印象。

(2)加大品牌传播力度来提高消费者对品牌的认知。品牌广告、品牌宣传、品牌展览和品牌促销等传播形式和内容,可以促进消费者对品牌的认知。品牌广告等传播的知识虽然是理性知识,不是消费者对品牌的直接感知,但可以大大提高消费者对品牌的认知效率。尤其是通过广告这样的大众传媒,可以在较短的时间建立品牌认知度。在广告中,广告语很重要,如能在广告中加入一句口号或顺口溜,会更容易让顾客回忆起这则广告。

(3)通过品牌行为来提高消费者对品牌的认知。品牌产品的定价、创新和品牌公司的行为都影响品牌认知。例如,德国名牌轿车奔驰和宝马由于昂贵的定价,而被消费者看作高质量、高性能、高品位品牌加以认知。

(4)通过增加消费者自身经验的积累来提高消费者对品牌的认知。品牌经验丰富的消费者对某一品牌的认知比品牌经验缺乏的消费者更全面、更深入。大城市与中小城市相比,商业更发达,品牌更多,消费者的品牌经验也更丰富,因此,大城市的消费者对品牌的认知更多一些,认知积极性更高一些。

(5)通过加强消费者的需要来提高品牌的认知。消费者对某种产品的需要越迫切,对这种产品的品牌就越关注,品牌认知的积极性和品牌认知度就越高。

(6)通过消费者的社会特征、文化背景和个性来提高品牌认知。如消费者的理性程度影响品牌认知的积极性,理性强的消费者更重视品牌认知,对品牌认知的积极性更强,因而他们身上更容易形成品牌资产。

(四)品质认定

1.品质认定的内涵

品质认定就是顾客在对竞争品牌进行各方面的对比和选择之后,对某种产品的整体质量和优点所形成的定论和概念。品质认定要根据产品自身的定位目标及其与系列竞争品牌进行对比之后才能形成确定的概念。品质认定不同于满意度,一个顾客可能因为其期望值很低而很容易满足,高品质认定并不与低期望值保持一致。品质认定是顾客对于某个品牌的一种无形的整体感觉,一般情况下是以与品牌相关的方面如可靠性和功能为基础来对产品进行评价。品质认定可分为以下几种类型:(1)品质认知——产品的物理构成及其质量属性在心理上的反映;(2)档次认知——人们对产品品质及质量标准的主观评价;(3)功能认知——正常状态下人们认知产品所达到的功能与效果;(4)特色认知——与同类产品相比,认知该品牌具有独一无二的功能与效果。

2.品质认定的功能

品质认定有如下功能：

(1)品质认定影响市场份额。市场份额是企业产品在市场中竞争的结果，在其他因素可控的情况下，高品质的产品总会受到青睐并赢得较高的市场占有率。

(2)品质认定影响价格。较高的品质认定可以使公司制定较高的价格，较高的价格可以直接提高利润率，进而更进一步提高公司产品的质量，赢得竞争优势；而且，较高的定价可以以质量为暗示进一步提高品质认定。

(3)品质认定除了影响市场份额和价格之外，还可以直接影响利润率。提高了品质认定后，哪怕价格和市场份额都不发生任何变化，也会提高利润率，或许是因为提高了认定价值后，挽留老顾客变得更容易，而挽留老顾客总比吸引新顾客花费更少一些；而且提高了品质认定后，竞争的阻力也会减少一些，竞争压力也会减轻一些，不管怎么说，质量与投资回报率之间有着直接的关系。

(4)品质认定可以提高顾客的让渡价值。较高的品质认定提高了顾客购买的总价值，而顾客购买的总成本不变，从而提高了顾客的让渡价值。

3.影响品质认定的因素

影响品质认定的因素很多，下面讨论一些主要因素：

(1)产品的性能，包括基本的产品操作特征，有些顾客注重产品的使用性能，而有些注重产品的经济和舒适。

(2)产品的特征，品牌独具一格的产品特征，也是该品牌的独特卖点(USP)，能使企业的产品与竞争产品区别开来，以自己产品的特征来吸引顾客的注意力，同时也反映出这个企业更关心顾客的需求。

(3)追求完美(即零缺点)，这是对质量所持的一种传统的、以生产为指导的观点。追求质量完美，是每一厂商的宗旨，企业应尽可能使其产品质量完美。日本的汽车制造商就是站在顾客的立场上减少产品的缺点而取得巨大成功。

(4)产品的可靠性，这与产品行为保持一致，也可以使顾客重复购买，让顾客感到他们总能买到产品功能良好的产品。

(5)产品的耐用性，这反映出产品的经济寿命即产品可以使用的时间。

(6)企业提供服务的可能性，产品在使用过程中出现质量问题，企业的售后服务部门能否及时、可靠地进行维修。

(7)产品使用时给人的舒适感，这是纯粹的外观或感觉。对于汽车而言，可以指其油漆的情况、车门缝是否严合，这些极小的地方却极有可能决定顾客对其产品质量的判断。

4.品质认定的提升

高品质认定可以增加品牌资产，所以如何提高品质认定是每个企业急需解决的课题。笔者经研究提出如下措施：

(1)长期保证产品高质量。要较长时间持续地保持高质量是很困难的事，如果不是公司将质量看作最高的信条，要保持高质量几乎是一件不可能的事，高质量是品质认定的基础。

(2)加强企业文化建设。对质量的承诺应该在企业文化中反映出来,企业应该有一套行为、价值准则来约束企业员工。

(3)注重顾客评价。企业要定期对客户满意度进行调查或集体访问,了解顾客对其产品和竞争对手产品质量的看法。

(4)生产标准化的产品。口头承诺和实际提供服务之间是有距离的,正因为有距离,所以可以设定一定的目标,并将实现目标的过程纳入一个可操作体系中。只有设定标准化,而企业又能按照标准化的要求去完成,才能保证品质认定。

(5)发挥员工的主观能动性。企业员工对企业的产品质量和形象的影响是比较大的,日本企业已经证明,通过团队合作,员工往往能够找到一种有效提高产品质量的方法。

(6)满足顾客的期望。如果顾客的期望过高,他们就会认为产品的质量很低,所以产品质量和服务要超出顾客的期望。

(五)品牌联想

品牌联想指记忆中与品牌相连的每一件事,即一提到品牌名称,消费者脑海中出现的所有事物。品牌名称的价值在于一系列的联想,它是制定品牌决策和建立品牌忠诚的基础。品牌联想不是杂乱无章的,而是构成一个联想网络。根据心理学家提出的联想网络记忆模型(associative network memory model),人们头脑中的记忆是由一些结点(nod)和链结(connecting link)组成的网络。结点代表了存储的概念或信息,链结代表了信息和概念间联系的强度。任何信息都可以存储在这个记忆网络中,包括文字的、视觉的、抽象的和背景的信息。人们通过长期接触与企业品牌营销有关的信息,通过直接的消费经验或与他人的沟通等途径,在头脑中形成有关品牌信息的记忆网络。在品牌名称的外在刺激下,人们会激发头脑中已有的品牌联想记忆网络。例如,当看到耐克这个品牌名称时,人们可能会联想到运动鞋、耐克的品牌标志、NBA 巨星乔丹等;提到麦当劳品牌时,可能会联想到黄色的大 M 型标志、麦当劳大叔、儿童餐、汉堡包、美国文化等;看到海尔品牌时,可能会想到海尔兄弟、青岛、高质量、中国造、国际化等。这些信息是顾客通过与品牌的长期接触形成的,它们反映了顾客对品牌的认知、态度和情感,同时也预示着顾客或潜在顾客未来的行为倾向。品牌联想从总体上体现了品牌形象,决定了品牌在消费者心目中的地位。

1.品牌联想的作用

品牌联想有助于消费者在购买商品前处理、提取信息以及产生购买的原因;品牌联想可以实现品牌的差别化和对品牌产生积极的态度和感知,品牌联想是品牌延伸的基础。

2.品牌联想的类型

品牌联想的类型主要有:(1)词语联想——由该品牌首先联想到的词语,一般采用前三个联想到的词语;(2)档次联想——直接评价该品牌的档次;(3)美誉度联想——该品牌直接引起令人喜爱或满意的情绪性反应及评价;(4)理想使用者——消费该品牌合适人物的联想,是品牌未来形象定位的重要依据;(5)理想形象——不考虑现实的条件与限制,人们期望该品牌的理想状态,是未来形象定位的重要依据;(6)品质联想——由品质联想到的信息,是品牌档次联想的补充;(7)功能联想——由产品功能引起的联想,是理想形象的补充;(8)消费缺憾——消费该品牌后联想到的消极评价及期望,是理想形象的补充。

3. 品牌联想的结构

品牌联想结构一般分为六个维度，即联想总数量、与产品特性有关的联想、与产品特性无关的联想、喜欢程度、独特性，以及联想信息来源，其结构如图 4-2 所示。

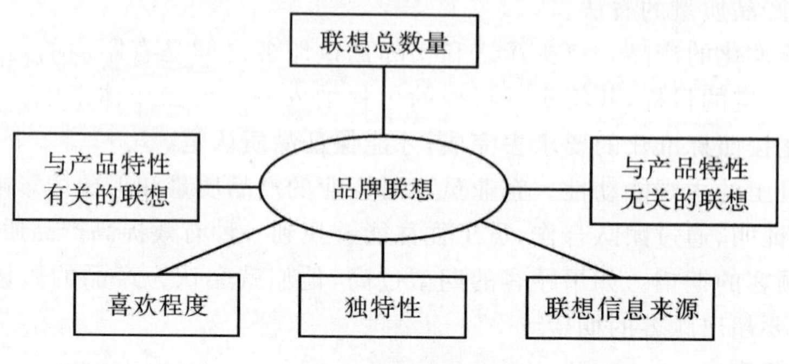

图 4-2　品牌联想结构

(1)联想总数量。这指品牌名称激发的联想总数，它可以反映品牌认知度的高低和联想的强度。经过长期的宣传和推广，品牌在顾客头脑中形成一系列的联想。一般而言，联想数量多，易于从不同角度激发品牌的相关信息，增加被选购的可能性。随着联想数量的增多，品牌记忆结构变得更为丰富，但也更复杂。总的来说，无论是新品牌还是老品牌，具有较多数量的联想是必要的。当然，只看绝对数量还不足以说明问题。不同的品牌虽然联想的数量相同，但顾客联想到的内容可能差别很大，因此，需要对联想内容分门别类进行统计，这样有利于明确品牌联想的具体构造。

(2)与产品特性有关的联想。品牌不能脱离具体产品(包括服务)而存在，与产品特性有关的联想反映产品能够提供给顾客的功能性利益和好处，形成产品的卖点，构成顾客购买产品的基本原因。产品特性常常是新产品促销计划的重点。

(3)与产品特性无关的联想。品牌是"用来识别产品或服务的，便于将其与竞争者区分开来的名称、词汇、符号、标志、设计或它们的组合"，其基本功用是区别产品。品牌作为识别产品的工具，能够提供给消费者产品实体功能之外的心理和精神方面的价值。品牌特别是名牌，不仅有利于降低购买风险，而且顾客可以通过消费品牌产品来表达自我，体现自己的身份和地位。与产品特性无关的联想在塑造品牌形象方面发挥重要作用，也决定着品牌延伸的范围，与产品特性无关的联想可以分为初级联想和次级联想两类。

(4)喜欢程度。顾客的品牌联想可能是正面的，也可能是负面的，质量低劣、容易破损、保守、昂贵等是负面的联想，而勇于创新、物有所值、顾客满意等则是正面的联想。分析品牌联想的性质，可以判断顾客对品牌的评价和态度。Dacin 和 Smith(1994)指出，消费者对品牌的喜欢程度也许是品牌联想中最重要的，是品牌强度或权益的核心。广告理论文献中也指出，广告的目的是让顾客对品牌产生好的联想，产生好感。企业要尽可能多地树立好的联想，避免顾客产生不好的联想，或通过品牌营销减少和弱化负面联想。

(5)独特性。有关品牌的信息是包括有关产品类别以及其他品牌信息的复杂记忆网络的一个部分。在某个具体品牌的联想中，有些是与其他品牌共有的，而有些是自己独有的。品牌需要具有某些共有联想，以便人们能将它们正确归类，随着共有联想的增多，顾客购买的可能性增大，甚至会演变为某产品类别的代名词。但是，品牌作为识别产品的工具，需要具备独特性，因此，理想的情况是，品牌具有足够的共有联想，使得顾客可以快速和准确地将其归类；同时，又有独特性，能够将其与竞争对手的品牌区分开来。品牌联想的独特性反映了品牌在产品类别中的形象和定位。品牌联想的独特性可分为两个层次：与产品类别相比的独特性以及与竞争品牌相比的独特性。

(6)联想信息来源。分析联想信息的来源有助于弄清品牌联想形成的途径以及利用顾客现有态度预测其未来行为的可靠性。顾客的品牌联想可能来自于直接的经验（使用或试用），也可能来自间接的经验（广告和口碑）。来自直接消费或使用经验的信息更准确和生动，对未来行为的影响更大。间接的来源又可分为企业可控制的和不可控制的两种渠道，广告是企业可以控制的，而口碑或口头传播则是企业无法有效控制的。来自口碑的信息多，不仅可以起到免费宣传的效果，而且也更为可靠。不同来源的联想预示未来行为的程度不同，“当态度以对某产品的实际试用或使用经历为基础时，通过态度就能很好地预测行为；相反，若态度是以广告为基础时，态度和行为的一致性就明显减弱”。

（六）商标

1. 商标的定义

世界知识产权组织（World Intellectual Property Organization，简称 WIPO）对商标的定义是：商标是用来区别某一工业或商业企业或这种企业集团的商品的标志。国际保护工业产权协会（AIPPI）在柏林大会上曾对商标作出定义：商标是用以区别个人或集体所提供的商品及服务的标志。法国政府在其《商标法》中则表述为：一切用以识别任何企业的产品、物品或服务的有形标记均可视为商标。我国对商标的定义为：商标是指生产者、经营者为使自己的商品或服务与他人的商品或服务相区别，而使用在商品及其包装或服务标识上的，由文字、图形、字母、数字、三维标志和颜色，以及上述要素的组合所构成的一种可视性标志。商标是区别商品或服务来源的一种标记，俗称“牌子”。商标的本质作用是区别商品的来源或服务的提供者。譬如，大家比较熟悉的饮料商标“健力宝”、白色家电商标“海尔”，就是区别商品来源的标志；而“麦当劳”就是区别服务提供者的标志。任何能够将自然人、法人或者其他组织的商品与他人的商品区别开来的可视性标志，包括文字、图形、字母、数字、三维标志和颜色以及上述要素的组合，均可以作为商标注册申请。经商标局核准注册的商标为注册商标，注册商标有特定的标记；没有注册的商标为未注册商标，一般是不受法律保护的。

2. 商标的特征

商标有如下特性：

(1)专有性，又称独占性或垄断性，是指商标所有人对其注册商标享有专有使用的权利，任何第三人未经商标所有人同意，不得加以使用。

(2)时间性，是指商标权的有效期限。在有效期限内，商标权受到法律保护；超过这个期限，则不再受到保护。

(3)地域性，是指商标所有人所享有的商标权只能在授予该项权利的国家领域内受到保护。

我们经常谈到商标时就想到品牌，那么两者有什么联系和区别呢？其联系为：品牌与商标都是用以识别不同生产经营者的不同种类、不同品质产品的商业名称及其标志。两者的区别为：

第一，品牌是市场概念，是产品和服务在市场上通行的牌子，它强调与产品及其相关的质量、服务等方面的关系，品牌实质上是品牌使用者对顾客在产品特征、服务和利益等方面的承诺，品牌积累的是市场利益；而商标是法律概念，它是已获得专用权并受法律保护的品牌，是品牌的一部分。

第二，从法律的角度来说，通过商标来保护品牌积累的市场利益，因此品牌只有转化为商标，其积累的市场利益才能得到合法的保护。但品牌转化为商标，必须要支付一定的费用，有些企业不愿意支付这笔费用，其品牌就得不到法律的保护。

第三，从数量的角度来说，品牌和商标的数量是不等的，商标是品牌的一部分，是品牌当中获得了商标专用权的那一部分。品牌要想做活、做长、做久、做远、做大，就必须转化成商标，只有获得合法的保护才能够使品牌延续下去。

3.商标的功能

商标具有以下功能：

(1)认知功能，又称区别或识别功能。这一功能可以使消费者在众多的同类竞争商品或服务中作出消费抉择。

(2)品质保证功能，又称质量或担保功能。它指商品品质的同一性，即一定的或一致的质量水平或质量标准。品质的同一性正是商标信誉建立的基础，这既体现了商标所有者的利益，又符合消费者的利益。

(3)广告功能，这一功能是与前面两个功能，尤其是品质保证功能相联系的，商标是一种典型而又有效的广告工具。消费者通过特定的商标了解特定的产品和服务；企业凭借商标来刺激并维持消费需求，具有潜在的促销功能，能诱使消费者再次消费同一品牌的商品。

4.商标管理措施

企业在商标管理方面应该做到：

(1)商标及时注册。在商品投放市场前，企业就应及时向商标管理部门申请注册商标，得到其商标进入市场的“通行证”，否则后果不堪设想。我国的《商标法》规定了“注册在先”的原则，即商标的所有权属于该商标的首先注册人而不是首先使用人，因而商标抢注成为企业参与竞争的严重威胁。

(2)商标超前占位。①使用联合商标。联合商标是指同一商标所有人在同一种或者同一类商品上注册若干个近似商标，注册联合商标不是为了使用每一个商标，其目的是为了保护正商标，防止他人影射，如娃哈哈集团公司除了“娃哈哈”商标外，又申请注册了“娃娃哈”、“哈哈娃”、“娃哈娃”等一系列商标，使侵权者无机可乘。②使用防御商标。防御商标是指驰名商标或者已为公众熟知的商标的所有人在不同类别的商品或服务上注册若干相同商标。企业使自己的商标占满 34 大类商品商标和 8 大类服务商标的每一个位子，从而其商标便取得了在国内所有商品上的独家专用权，以防别人乘隙而入。

(3)商标境外注册。商标要进入国际市场必须在出口国先行注册，否则便不会得到该国的法律保护。为开拓国际市场，发展对外贸易，维护自己的合法权益，企业除了在本国进行商标注册外，还必须及时到贸易国注册商标，特别是在采用“注册在先”原则的国家，商标权的取得以注册为实质条件。因此，企业应及早在贸易国申请商标注册，取得在该国的商标专用权，从根本上消除商标被他人抢注的隐患。在实行“使用在先”原则的国家申请商标注册，只是一种形式要求，其意义在于申报与宣示，并不产生取得商标专用权的法律效力。所以，企业应注意及时搜集、保存和整理该商标在申请国最早使用和连续使用的证据。一旦该商标在申请国被官方驳回或发生侵权纠纷，只要申请人能够向商标主管当局提供大量的最早使用证据和连续使用证据，就可以排除异议，取得商标专用权，或在侵权纠纷中胜诉。近几年来，国内一些著名商标，甚至驰名商标在国外纷纷被抢注，给这些企业的无形资产造成了重大损失，也为这些企业开拓国际市场带来了严重障碍。如“杜康”在日本被抢注，“阿诗玛”在菲律宾被抢注，上海冠生园食品总厂的“大白兔”商标在日本、菲律宾、印度尼西亚、美国和英国都曾被抢注。面对日趋激烈的国际市场竞争，我国企业应提高商标意识，加强商标的国外注册工作，为产品走出国门、经营走向国际创造条件。商标一旦在国外被抢注，也要积极采取措施，尽力进行补救。

(4)商标到期续展。我国《商标法》规定注册商标的有效期为 10 年。商标权利人在商标专有权期满后需办理续展，到期后如没有及时办理续展，该商标将被依法注销；如果他人借机抢注，商标所有权即会易主；若商标原主人继续使用，则属商标侵权。长沙中药一厂从 1956 年就开始使用的“九芝堂”商标，在 1982 年有效期满时因未及时续展，被人坐享其成。商标续展注册对企业而言是一个简单的法律程序，也是企业商标管理中的基本常识，只要企业在规定的时限内履行申请手续，一般都可以使专用权延续下去。造成企业不能及时续展商标的原因是多方面的，但其根本原因在于企业决策者缺乏必要的商标意识。企业如没有及时续展商标，就会使其累积的无形资产一夜间消失殆尽，企业的未来发展也就变成了泡影。

(5)商标域名注册。域名是企业在 Internet 上的识别标志。企业在互联网上拥有域名，等于注册了一个规范的电子商标，可有效地保护自己的公众形象和无形资产。一些全球驰名的大企业争相注册符合自己特征的域名，这些企业的域名与企业的名称或商标保持一致，无形中是在互联网上做广告。人们在互联网上可很容易地找到这些企业的网址，检索到其所需要的信息，这些企业的名称、商标等无形资产也在电子空间中得到延伸。对企业而言，保护自己域名的最好办法是在别人注册它以前就先注册。若企业的域名已被抢注，应迅速采取措施，通过合法途径及时进行补救。

(6)反商标淡化及规避。商标淡化，是指商标显著性及其商标的内在价值，因他人的使用而弱化，影响了该商标在公众中的形象，削减了商标权人商品的销售力，是一种完全不同于传统侵权行为的侵害。商标淡化行为分为三类：其一为模糊，即指由于他人在非类似的商品上未经授权的使用，使某一商标的商品销售力和商标价值减少或减弱；其二为失色，即指由于侵权者用不利的或丑化的行为描述某一商标，可能对他人商品造成负面影响的情形；其三为贬低，即指以不当或贬损的方式来描述某商标的情形。

(7)使用统一商标，即商品生产者或经营者在其生产或经营的所有商品上统一使用一个商标。这一策略实质上是商标权人以其品牌实施商标权扩展或延伸的策略，这也是企业形成跨行业经营、企业集团化发展的共同经验。我国的“海尔”、“TCL”等企业的成功就是很好的例证。这样做的优点是：第一，有利于壮大企业的声威，提高商标和企业的知名度；第二，有利于节省广告宣传费用和商标设计费用；第三，有利于消除消费者对新产品的不信任感。

(8)商标的行政、司法保护。如果发生商标侵权事件，商标权人可向侵权行为地县级以上工商行政管理机关检举，或者向人民法院提起商标侵权诉讼。我国颁布的《民法通则》、《商标法》、《不正当竞争法》、《刑法》、《产品质量法》、《合同法》、《消费者权益保护法》、《专利法》等法律法规中对商标的保护都作了规定，如新《商标法》具体规定了侵权赔偿的计算、诉前证据保全、诉前财产保全制度。对商标犯罪，应依《刑法》第 213 条之规定，追究侵权人的刑事责任。商标法制的不断加强与完善，为保护商标专用权、维护市场中的公平竞争、打击商标侵权行为提供了强有力的法律支持。企业应建立商标信息网络，进行经常性的市场调查，一旦发现自己的商标专用权受到侵犯，要运用法律武器，及时向工商行政管理机关请求行政保护或向法院提起诉讼，以维护自己的商标专用权。

第三节　品牌资产评估模型与方法

由于品牌资产迄今为止尚未形成统一的定义，导致品牌资产的评估也存在多种模型和各种不同的方法。品牌资产评估主要有下面几种模型和方法：

一、财务评估方法

财务评估方法主要利用会计学的原理来测量品牌资产，主要有成本法和股票市值法。

(一)成本法

成本法又分为历史成本法和重置成本法。无形资产的投入与产出相关性比较弱，加上企业对品牌投资通常与整个投资活动联系在一起，因此很难将品牌投资单独分离出来；并且价值比较大的品牌一般成长时间都比较长，企业往往没有保存关于品牌投资情况的完整数据；另外，品牌投入与品牌资产之间只存在弱相关性。基于以上原因，在进行品牌资产评估时，很少使用历史成本法，若使用成本法，一般采取重置成本法。重置成本法从重新建立与某一特定品牌影响相当的新品牌所需费用的角度来估算品牌资产量的大小。该方法的思路是先估算品牌所在行业的新品牌开创费用，在此基础上根据该品牌影响力的大小确定一个成本因子，两者的乘积即是该品牌的品牌资产价值。采用成本因子系数是因为在每一个行业，不同品牌的影响力差异很大，而这种差异使各品牌的重置成本存在不同，即影响力越大的品牌，重置成本越高。重置成本法评估品牌资产正是基于这一原则而成立的，所以，在以行业内平均重置成本为基础评估品牌资产大小时，还应根据品牌影响力的大小确定一个影响力因子系数，即对影响力大的品牌赋予相应较大的因子系数。其计算公式为：

$$\text{品牌资产}=\frac{\text{新品牌开创费用}}{\text{新产品开创成功率}}\times\text{影响因子系数}$$

在实际操作中，一般按照品牌的市场占有率来确定该因子系数。下面举个例子来说明：假如我们认为市场占有率在 3% 以上者为成功品牌，而符合该标准的品牌数量有 20

个，这 20 个品牌总的市场占有率为 90%，企业有一市场占有率为 45%的品牌，则其影响因子系数为 10，即影响因子系数＝被评估品牌占有率/成功品牌平均市场占有率。运用该方法还应考虑的一个问题就是风险因素，因为不是所有品牌开创都成功了，假设新品牌平均费用为 200 万元人民币，而新品牌开创成功率为 1/3，则平均开创费用为 600 万元。总的来说，重置成本法看似在实际操作中比较便利，数据相对而言容易收集，但由于品牌资产的重复性比较差，使得这一方法存在着内在的缺陷。另外该方法没有考虑市场的未来变化因素，是一种静态的分析方法，这也是其不足之处。

(二)股票市值法

该方法的基本思路为：以上市公司的股票市值为基础，将有形资产从整体资产中分离出来，然后再将品牌资产从无形资产中剥离出来。该方法的具体操作步骤如下：计算出公司的总市值，以股价乘以股数即可得到公司的市值。对厂房、商品、设备等有形资产用重置成本法作价，然后用总价值减去有形资产，得到公司的无形资产价值，将无形资产分解为品牌资产、非品牌资产(如新产品开发和专利)和行业外可以导致获取垄断利润的因素(如法律)，并确定影响各品牌资产的因素，建立它们之间的函数关系。建立影响无形资产的各因素同公司整个股市价值之间的数量模型，从中得出各因素对股市价值的贡献率，进而得出各因素对无形资产的贡献率。在此基础上得出品牌资产在整个无形资产中所占的比例，最后用无形资产乘以该比例即得出品牌总资产。该方法较适用于只有一个品牌的企业。股票价格法的不足之处在于：确定公司市值与影响无形资产各因素间的模型不但需要大量的统计数据，而且要经过极为复杂的数学处理，这在很大程度上限制了它的实用性；并且这种方法要求股市比较健全，股票价格能较好地反映公司的实际经营业绩，这些在我国现阶段都还不太现实。

二、财务要素＋市场要素方法

(一)引入非财务因素

该方法主要是引入非财务因素(反映品牌市场业绩和市场竞争力的新因素)进行调整。该方法的基本假定是，品牌之所以有价值不全在于创造品牌所付出的成本，也不全在于有品牌产品较无品牌产品可以获得更高的溢价，而在于品牌可以使其所有者在未来获得较稳定的收益。就短期而言，一个企业使用品牌与否对其总体收益的影响可能并不很大，然而，就长期看，在需求的安全性方面，有品牌产品与无品牌产品、品牌影响力大的产品与品牌影响力小的产品会存在明显的差异。以牙膏品牌为例，“佳洁士”、“高露洁”等知名品牌会较一些地方性品牌具有更为稳定的市场需求，原因是今年购买这些知名品牌的消费者很可能明年还会继续选用这些品牌，而购买那些影响力较小的品牌的消费者则更有可能转换品牌。需求稳定性较大，意味着知名品牌较不知名品牌能给企业带来更确定的未来收益，正是在这一意义上，知名品牌具有价值。

上述假定实际上已经明示或暗含了对按成本评估品牌或按溢价评估品牌的否定。品牌开创成本与其未来收益的不对称性以及大量的品牌投资并不必然带来品牌影响力同步扩大的事实，使成本法在品牌评估方面具有不可克服的内在局限。溢价法在品牌评估实践中虽然也有人倡导，而且溢价大小确实是品牌强弱的指示器之一，但这种方法的基本假定似乎是企业创立品牌主要是为了获得溢价，而实际情况并非如此，很多企业是为了使未来的需求更加稳定和具有保障，并提高资产的利用效率。溢价法的另一个局限是需要找到一种不使用品牌的参照产品，以确定使用某一品牌后，消费者愿意为品牌支付多少溢价，这在实际操作中是很难做到的。

缘于此，此方法应该以未来收益为基础评估品牌资产。由于品牌未来收益是基于对品牌的近期和过去业绩以及市场未来的可能变动而作出的估计，品牌的强度越大，其估计的未来收益成为现实收益的可能性就越大。因此，在对未来收益进行贴现时，对强度大的品牌应采用较低的贴现率；反之，则应采用较高的贴现率。结合品牌所创造的未来收益和依据品牌强度所确定的贴现率，就可计算出品牌的现时价值。具体而言，这一方法涉及三个方面的分析，即财务分析、市场分析和品牌分析。

1. 财务分析

财务分析是为了估计某个产品或某项业务的沉淀收益（residual earnings），即产品或业务的未来收益扣除有形资产创造的收益后的余额，换言之，沉淀收益反映的是无形资产（包括品牌）所创造的全部收益。估计沉淀收益需注意三方面的问题：首先，只应包括使用被评估品牌所创造的收益，由非品牌产品或不在该品牌名下销售的产品所创造的收益应排除在外。实际上，企业所销售的产品中，可能大部分使用该品牌，也有一部分不使用该品牌或使用副品牌，不将后者创造的收益剔除，就会夸大品牌所创造的未来收益。其次，合理确定有形资产所创造的收益。对与产品或业务相联系的有形资产，如存货、分销系统、工厂与设备投资等应合理界定，对这些资产所创造的收益作出估计，并从总收益中扣除。最后，应用税后收益作为沉淀收益。这样做一方面可使品牌收益计算具有一致的基础，另一方面也符合品牌作为企业资产的本性。

2. 市场分析

市场分析的主要目的是确定品牌对所评定产品或产品所在行业的作用，以此决定产品沉淀收益中有哪些部分应归功于品牌因素、哪些部分应归功于非品牌因素。对于某些行业的产品，如香烟、饮料、化妆品等，品牌对消费者的选择行为产生的影响较大，其沉淀收益的大部分甚至全部应归功于品牌的影响；对于另外一些产品，如时装、高技术产品和许多工业用品，品牌的作用相对较小，此时，产品沉淀收益中相当一部分可能应归因于像专利、技术、客户数据库、分销协议等非品牌无形资产。对非品牌无形资产所创造的未来收益，无疑应从沉淀收益中扣除。一般采用一种叫"品牌作用指数"的方法来决定非品牌无形资产所创造的收益在沉淀收益中的比重，其基本思路是从多个层面审视哪些因素影响产品的沉淀收益，以及品牌在多高程度上促进了沉淀收益的形成。"品牌作用指数"带有主观和经验的成分，但它仍不失为一种较系统的品牌作用评价方法。综合品牌在业务中的作用和业务所产生的沉淀收益，就可以确定由于品牌影响力所形成的未来收益。

3. 品牌分析

品牌强度分析是确定被评估品牌较之同行业其他品牌的相对地位，其目的是衡量品牌在将其未来收益变为现实收益过程中的风险。在此提出了两套计算品牌强度的模式：7因子加权综合法和 4 因子加权综合法，均运用详细问卷收集品牌在各因子表现的得分。

品牌强度 7 因子分别是：市场领先度（leadership），居于领导地位的品牌由于对市场具有更大的影响力，因此，它较居于其他位置的品牌得分更高；稳定度(stability)，较早进入市场的品牌往往比新近进入的品牌拥有更多的忠诚消费者，因此应赋予更高分值；市场特征(market)，即行业增长能力、进入障碍等，一般而言，处于成熟、稳定和具有较高市场壁垒的品牌，强度得分就高，像食品、饮料等领域的品牌通常较高技术和时装领域的品牌得分要高，原因是消费者在选择后一类产品时，更多地受技术和时尚变化等方面的影响；国际化能力(internationality)，品牌行销越广，其抵御竞争者和扩张市场的能力越强，因而得分越高；发展趋势(trend)，即与消费者的相关性，品牌越具有时代感，与消费者需求越趋于一致，就越具有价值；品牌支持(support)，获得持续投资和重点支持的品牌通常更具有价值，同时，除了投资力度外，投资的质量与品牌强度亦有密切的关系；法律保障(protection)，获得注册、享有商标专用权从而受到商标法保护的品牌较未注册品牌或注册地位受到挑战的品牌价值更高，另外，受到特殊法律保护的品牌较受一般法律保护的品牌具有更大的市场价值。

4 因子加权综合法中的 4 因子分别是：比重(同类产品中的市场占有率)，广度(市场分布)，深度(顾客忠诚度)，长度(产品延伸程度)。

(二)7 因子加权综合法

下面主要讨论 7 因子加权综合法，对于 7 因子，我们分别规定了最高值，即表 4-1 列出的这些具体分值，也就是"理想品牌"所获得的分值。在现实中的品牌很难达到这些"理想品牌"的强度和地位。

表 4-1　评价品牌强度的七个主要方面的最高分值

品牌强度层面	最高得分
市场特征	10
稳定度	15
市场领先度	25
发展趋势	10
品牌支持	10
国际化能力	15
法律保障	15
合　计	100

我们还可以进一步发展一种 S 型曲线，将品牌实际强度得分转化为品牌未来收益所适用的贴现率如图 4-3 所示。图中竖轴为品牌强度得分，横轴为适用于将品牌未来收益折为现值的贴现率。从图中可以看出，对于强度分为 100 的"完美品牌"或"理想品牌"，假定其贴现率为 5%，类似于没有任何风险的长期投资所获得的回报；对于强度分为 0，也就是没有任何品牌价值的品牌，贴现率为无穷大。另外，这一曲线还假定，适用于品牌未来收益的贴现率会随品牌强度的增强而降低，但当品牌强度达到一定水平后，贴现率下降速度呈递减趋势。

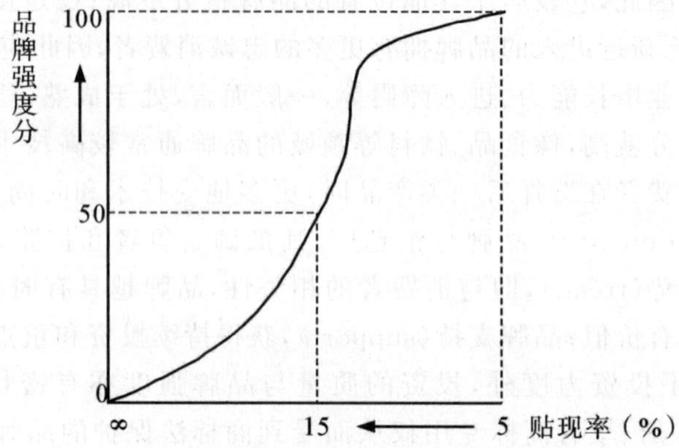

图 4-3 将品牌强度分转化为贴现率的S型曲线

品牌作价的简单实例：

表 4-2 是评价某一品牌价值的简单实例。该实例有如下假定：(1)净销售收入是用当前年度(即第 0 年)不变价计算的；(2)净销售额不包括自有品牌和无品牌产品的销售；(3)有形资产包括固定资产与流动资产，均以第 0 年不变价计价；(4)有形资产的收益排除了通货膨胀的影响；(5)品牌所产生的未来收益按全部无形资产所创收益的 75%计算；(6)在对行业、市场和品牌分析基础上确定的贴现率为 15%；(7)第 5 年之后品牌收益增长为零。从表 4-2 中可看出，被评估品牌到第 5 年所创造的累积收益的现值为 152.4 万元，第 5 年后品牌残值折合现值为 135.3 万元，因此，该品牌的总价值为 287.7 万元。

表 4-2 品牌资产评价法的简单实例

金额单位：万元

年　份	前年	去年	第 0 年	第 1 年	第 2 年	第 3 年	第 4 年	第 5 年
净销售额	440.0	480.0	500.0	520.0	550.0	580.0	620.0	650.0
营运收益	66.0	72.0	75.0	78.0	82.5	87.0	93.0	97.5
使用的有形资产	220.0	240.0	250.0	260.0	275.0	290.0	310.0	325.0
有形资产计提收益 5%	11.0	12.0	12.5	13.0	13.8	14.5	15.5	16.3
无形资产收益	55.0	60.0	62.5	65.0	68.8	72.5	77.5	81.3
品牌收益(占无形资产收益的 75%)	41.3	45.0	46.9	48.8	51.6	54.4	58.1	60.9
税率(%)	33	33	33	33	33	33	33	33
税后品牌收益	27.6	30.2	31.4	32.7	34.5	36.4	38.9	40.8
贴现率(%)			15					
贴现因子			1.0	1.15	1.32	1.52	1.75	2.01
现值现金流			31.4	28.4	26.1	24.0	22.3	20.3
到第 5 年时品牌所创造的价值	152.4							
第 5 年后品牌残值	135.3							
品牌总价值	287.7							

(三)财务要素＋市场要素方法的突出特点与局限性

1. 特点

财务要素＋市场要素方法是基于品牌的未来收益而对品牌进行评价的方法。这一方法涉及对过去和未来年份销售额、利润等方面的分析与预测,对处于成熟且稳定的市场品牌而言,它是一种较为有效的品牌评估方法。其突出特点表现在三个方面:一是对品牌强度的分析从七个层面考虑,并对每个层面规定最高得分,从而汇总出品牌的强度总分,这在现有品牌评估方法中比较独特,并且反映了品牌强度是由多个因素决定的事实。二是用 S 型曲线将品牌强度分与品牌未来收益所适用的贴现率直接联系起来,即据此将某一品牌的强度分与特定的贴现率相对应,从而用以对品牌未来收益转化为现实收益的风险作出估计,这一点也是颇具创造性的。S 型曲线呈现其特定形状所依据的原则和假定虽然也存在一定的经验成分,但总体而言是符合现实情况的,并非主观臆测。三是考虑了品牌在不同行业和不同产品领域的作用存在差异,并采用“品牌作用指数”试图从多个方面反映这种差异,这一做法亦应予以充分肯定。

2. 局限性

当然,财务要素＋市场要素方法也存在一些局限性。

首先,对未来若干年销售、利润情况的预测存在较大的不确定性。未来若干年内经济状况、市场环境、销量和成本结构等方面均可能发生急剧变化,现在和过去的销售态势在未来急剧变动的环境下不一定能够延续。财务要素＋市场要素方法的基础恰恰是产品或业务的未来收益,基于未来收益的不确定性,一些学者对这一基础的可靠性提出了质疑。虽然任何管理决策都存在风险和需要对未来作出某种程度的预测,但如何提高预测的可靠性和精确度确是不容回避的问题。从这一意义上说,品牌资产评估也可在某一悲观预测和某一乐观预测的基础上作出,从而得出品牌价值的某一幅度范围,而不一定是某一具体、确定的单一数值。其实,无论基于何种需要进行品牌评估,了解品牌价值的大概范围仍然是具有重要意义的。

其次,财务要素＋市场要素方法评定品牌强度所考虑的七个因素是否囊括了所有重要的方面,以及各个方面的权重是否恰当,仍有商榷的余地。

再次,品牌的价值可能与所有者及其使用目的存在密切关系,财务要素＋市场要素方法对此未予反映。同样一个品牌如“雪碧”掌握在可口可乐公司手里和掌握在别的公司手里,其价值会有很大不同。在当今兼并风潮迭起、品牌被作为重要兼并对象的条件下,品牌与所有者之间的关系并非固定不变,品牌资产评估过程中不考虑所有者这一因素恐怕有失偏颇。另外,企业在不同阶段的使用意图,如是否将品牌延伸使用到其他产品领域、是否扩大品牌行销的地域范围等,无不影响品牌的价值。对于这一点,财务要素＋市场要素方法也未能加以反映。

最后,品牌价值是否可以从其他无形资产中分离仍是有争议的问题。“奔驰”的影响与“奔驰”汽车本身的质量,与生产这种质量的技术、员工是难以截然分离的。

三、财务要素＋消费者要素方法

此方法引入了消费者的概念,但仍然与财务要素相联系。该方法把品牌视为:相对于同类无品牌产品(或服务)和竞争品牌(或服务)而言,消费者愿意为某一品牌产品或服务所付的额外费用。其代表性的方法有:溢价法、消费者偏好法等。

下面研究溢价法的评估方法。溢价法的基本思路是品牌价值的大小可以通过消费者由于选择这一品牌而愿意额外支付多少货币加以衡量。在其他条件相同的情况下,如果消费者为选择某一品牌而愿意支付的额外费用越多,则表明该品牌越有价值。用溢价法评估品牌资产,首先要解决的问题便是溢出价格的确定,即确定在使用品牌时,与不使用品牌相比,消费者愿意额外支付的价格。一般是通过对消费者进行调查,比较同一种产品在使用品牌和不使用品牌时,消费者分别愿意支付的价格,两者之差即为溢价。可以在可控制的较小市场范围内进行比较实验,对得到的结果进行处理,计算出差价,差价乘以该品牌的销量即为超额利润,再用超额利润除以品牌所在行业的平均利润率即得到该品牌价值。

举个例子来说,如果某一品牌产品的市场售价为 100 元,销量为10 000件,不使用品牌时消费者可接受的价格为 50 元,行业平均投资利润率为 20%,则该品牌价值为:(100－50)×10 000/20%＝2 500 000元,这种方法不仅可用于评估某个品牌的价值,也可用于评估两个品牌之间的比较价值,方法与前面的相同。需要指出的是:两个品牌之间价格的差异并不一定是由品牌造成的,也可能是由其他许多因素造成的,比如质量、技术水平、服务等,因此在评估两种不同品牌之间的相对价值时,要注意选择其他方面因素非常接近的产品,以排除其他方面因素的影响。如果两种产品相差较大,评估出的结果可靠性就不大。由于市场的变化,产品销量也是不断变化的,在经济繁荣的时候,销量就大一些;相反,经济不景气时,销量就小一些。为了较为准确客观地反映销量,消除偶然因素的影响,可以用近几年来的销量平均数来减少这个误差。用溢价法评估品牌资产,关键问题是溢价的确定,一般是通过市场调查及市场实验解决该问题的。

该方法的不足之处是仅仅考虑品牌当期的获利能力,而没有考虑品牌资产未来长期的获利能力,这与实际情况不大相符;但该方法的优点是:对于同一品牌产品来说,能够较好地把溢价的其他因素剥离出来,对由品牌所造成的价格差异能较准确地加以衡量。

四、基于消费者关系的评估方法

该方法开始重视消费者在品牌资产中的作用。

(一)品牌资产十要素模型

该模型从五个方面衡量品牌资产:忠诚度、认知质量或领导能力、品牌联想或差异化、品牌认知、市场行为,并提出了这五个方面的 10 项具体评估指标:(1)品牌忠诚度评估:价格优惠、满意度或忠诚度;(2)认知质量或领导品牌评估:感觉中的品质、领导品牌或普及率;(3)品牌联想或差异化评估:感觉中的价值、品牌个性、公司组织联想;(4)认知评估:品牌认知;(5)市场行为评估:市场份额、市场价格和分销区域。

该模型为品牌资产评估提供了一个更全面、更详细的思路。该模型评估要素以消费者为主,同时也加入了市场业绩的要素,它既可以用于全面研究,也可以用于专项研究。该模型的所有指标都具有实效性,可以据此来预测品牌资产的变化。

(二)品牌资产引擎模型

该模型(见图 4-4)认为,虽然品牌资产的实现要依靠消费者购买行为,但购买行为的指标并不能揭示消费者心目中真正驱动品牌资产的关键因素。品牌资产归根结底是由消费者对品牌的看法,即品牌的形象所决定的。

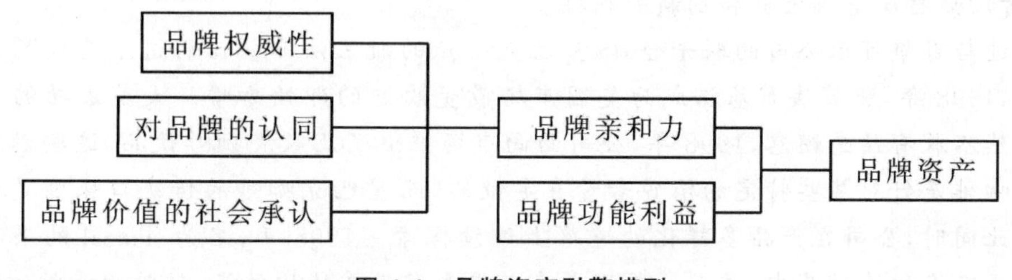

图 4-4　品牌资产引擎模型

该模型将品牌形象因素分为两类:一类是“硬性”属性,即对品牌有形的或功能性属性的认知;另一类属性是“软性”属性,反映品牌的情感利益。

该模型建立了一套标准化的问卷,通过专门的统计软件程序,可以得到所调查的每一个品牌资产的标准化得分,得出品牌在亲和力(affinity)和利益能力(performance)这两项因素的标准化得分,并进一步分解为各子项的得分,从而可以了解每项因素对品牌资产总得分的贡献,以及哪些因素对品牌资产的贡献最大,哪些因素是真正驱动品牌资产增加的因素。

案例分析

星巴克:以营销创新提升品牌资产

1992 年,星巴克在美国纳斯达克成功上市,这意味着星巴克在 1987 年由舒尔茨接手后迈入了又一个崭新的发展征程。资本市场和投资银行家不为迷人的公司价值观而感动,他们关注的是公司业绩和各类财务指标。同时美国的咖啡零售市场的竞争也日趋激烈,当时美国精品咖啡协会估计,1992 年全美约有 500 家浓缩咖啡馆,1999 年暴增至 10 000家。为保持和提升品牌资产,星巴克必须顺应时局,以新的企业精神不断开拓。

一、市场开发

20 世纪 80 年代末至 90 年代初,星巴克公司发展的战略重点是在美国西北部太平洋地区以及加利福尼亚州,芝加哥的连锁店是这一时期唯一不在西海岸地区的星巴克分店。1993 年,公司在连锁店选址方面作出了重大的突破,首次将星巴克的旗帜插到了东海岸的华盛顿特区。1994 年,星巴克收购当地的咖啡连锁店“咖啡关系”(The Coffee Connection),把它在波士顿的咖啡店全部转换成自己的旗号;还进入东南部及南部大城市如明尼阿波利斯、纽约、亚特兰大、达拉斯以及休斯敦等;1995 年拿下巴尔的摩、辛辛那提、费城、匹兹堡、拉斯维加斯、奥斯汀以及圣安东尼奥。

二、产品开发

1995 年,星巴克推出由职员自主开发的、用碎冰打成的法布基诺(Frappuccino)。它成了夏天热咖啡的替代品，让向来喝热咖啡的美国人爱上了冰咖啡，也吸引了许多不太喝咖啡的客户群。这个将咖啡、牛奶和冰块按比例调和在一起的甘甜、清凉的低脂乳咖啡冰品，差点因与星巴克正宗形象抵触而被舒尔茨封杀，但在1996年会计年度，这款产品高占总营业额的7%，被美国《商业周刊》评为1996年年度最佳产品之一。舒尔茨事后总结出"管理者切莫打压下属进取和创新的精神"。

通过与百事可乐公司的联手合作，星巴克生产的瓶装法布基诺打进了美国的各大超级市场，1998年，瓶装法布基诺成为美国市场最受欢迎的即饮咖啡。大获成功的星巴克公司仍然不敢有丝毫懈怠，1998年，公司面向市场推出了几款淡咖啡饮品，这些贴有特殊标签的咖啡是针对某些特定的消费者量身定做的，而星巴克咖啡的传统口味则是比较浓的。与此同时，公司在产品多样化的道路上继续探索。1998年，名为 Tiazzl 的果茶饮料出现在星巴克的连锁店中，这是一款混合有芒果和浆果香味的饮品，针对的消费对象是那些并不习惯咖啡口味但渴望在炎热的夏季得到一杯清凉饮料的顾客。

三、多元化发展

星巴克突破传统咖啡连锁店格局的转折点是在1994年。当年公司决定开发瓶装咖啡饮品、冰淇淋或其他有创意的产品，让消费者能有更多元的方式来享受咖啡。其中，推出爵士乐 CD 是最有代表性的一例。

1994年公司同西雅图著名的音乐家肯尼·G联袂进军 CD 市场，在圣诞节前后的6个星期内销售量超过了50 000张。舒尔茨相信音乐"对于星巴克咖啡的外观感受和内在灵魂来说都是一个重要的组成部分"。在获得成功后，公司继续在自己的连锁店内销售限量的 CD 唱片，其中大多数是应消费者的强烈要求才组织的。每一张 CD 的问世都经过了公司的精挑细选，它们或迎合消费者的品位，或弘扬公司的品牌形象，或强调季节性旋律，张张精雕细刻，备受消费者青睐。20世纪90年代中期，星巴克公司推出了自己的系列产品，包括一种以布鲁斯乐曲命名的咖啡，这个举动引发了一场声势浩大的商业运动，其核心就是以首都唱片(Capital Records)发行的爵士音乐 CD 和星巴克的布鲁斯音乐商标。星巴克进入音乐市场的意义，除了增加营业额外，更重要的是向消费者宣告："星巴克将继续推出意想不到的新产品，来满足或取悦广大客户，让星巴克永远是个令人惊喜的名字。"

四、战略联盟

星巴克提升品牌资产的另一大战略是采用品牌联盟迅速扩大品牌优势。它在发展的过程中一直寻找合适的合作商，拓展销售渠道，与强势伙伴结盟，扩充营销网络。品牌联盟使星巴克在顾客心中创造出了单个品牌无法实现的精彩效果。它寻找那些能够提升自己品牌资产的战略伙伴，为此要求合作伙伴能够清晰理解和掌握星巴克品牌的精髓和宗旨。仅在1991—1997年，星巴克就发展了与12个战略联盟的伙伴关系。星巴克相信，将来的成功依旧要靠培育与企业内部和外部的合作关系来实现。

Barnes & Noble 书店是同星巴克合作最成功的公司之一。Barnes & Noble 曾经发起一项活动，即把书店发展成人们社会生活的中心，这与星巴克"第三生活空间"的概念不谋而合。1993年，Barnes & Noble 开始与星巴克合作，让星巴克在书店里开设自己的零售业务。星巴克可吸引人流小憩而不是急于购书，而书店的人流则增加了咖啡店的销售额。

1994年8月，星巴克和百事可乐发表联合声明，结盟为"北美咖啡伙伴"，致力于开发咖啡新饮料，行销各地。星巴克借用了百事可乐 100 多万个营销据点，而百事则利用了星巴克在咖啡界的商誉，提高了产品形象，两者共同推出的罐装“法布基诺”造成了轰动。

1996 年，星巴克和全美最大的联合航空公司(United Airline)合作，在飞机上供应星巴克咖啡。这次的合作每年至少为星巴克增加了2 000万名顾客，大大提高了品牌的知名度。高空品尝星巴克，增加了星巴克的浪漫品位。

五、渠道创新

1998 年，全美国通过超级市场和食品商店销售出去的咖啡占当年总销售额的一半。在超过26 000家的食品杂货店中蕴藏着比星巴克零售连锁店和特种销售渠道更加广阔的市场。充分利用这个渠道可以为公司带来几百万的消费者，除此之外，将产品打入超级市场还能够节省公司的运输费用、降低操作成本，公司的零售能力也将进一步强化。舒尔茨等公司高层决策者认为，超级市场是继续拓展星巴克咖啡销售量的重要途径。尽管当初舒尔茨因不忍新鲜咖啡豆变质走味而立下“拒绝进军超市”的规矩，但环境变化不断要求公司修改行事原则。1997 年，舒尔茨和他的高级管理层下令进军超级市场，尽管风险和困难重重——毕竟超级市场并不是公司能够控制的销售场所，毕竟家庭煮制咖啡无法做到像公司那样以严格的制作过程而保证咖啡味道，然而，令舒尔茨担忧的情况并没有发生，相反，当初的决策却产生了良好的效果。

六、国际营销

星巴克在美国市场的地位得到巩固后，于 1996 年正式跨入国际市场，在东京银座开了第一家海外咖啡店，至 2002 年星巴克已在日本开设了 467 家分店。借鉴了开发日本东京市场的成功经验，星巴克公司于 20 世纪 90 年代末相继在欧洲和东亚地区开设了多家连锁分店。至 2002 年，星巴克已经打入了全球 32 个市场，现在更以每天开张三四家店的速度成长。公司的目标是到 2005 年年底之前，在全球建成10 000家星巴克咖啡店。

星巴克的国际市场营销策略是在坚持品质等标准化的同时，又融入当地文化，寻找适合地方的市场开拓策略。融入当地文化一直是星巴克的追求之一，它对所在地的历史、地理和文化的尊重不只限于海外，即使在美国本土，一家开设在韩裔人居住区的星巴克，其风格也会特别关注与周围韩国古董店、茶叶店的协调，从而达到与整个社区总体上的一种融洽。

在国际经营模式上，星巴克在全球普遍推行三种商业组织结构：合资公司、许可协议、独资自营。星巴克根据各国各地的市场情况而采取相应的合作模式。

以美国星巴克总部在世界各地星巴克公司中所持股份的比例为依据，星巴克与世界各地的合作模式主要有四种情况：(1)星巴克占 100%的股权，比如在英国、泰国和澳大利亚等地；(2)星巴克占 50%的股权，比如在日本、韩国等地；(3)星巴克占股权较少，一般在 5%左右，比如在夏威夷、中国的台湾、香港和增资之前的上海等地；(4)星巴克不占股份，只是纯粹授权经营，比如在菲律宾、新加坡、马来西亚和北京等地。一般而言，美国星巴克在某一个地区所持的股权比例越大，就意味着这个地方的市场对它越重要。另外，星巴克制定了严格的合作者选择标准：如合作者的声誉、质量控制能力和是否以星巴克的标准来培训员工等。

舒尔茨坦言，1987 年以前的星巴克还不知道建立品牌这回事，或者说不知可以建立品牌，但当时为稳定咖啡饮料的品质，以及塑造咖啡馆气氛所做的努力，却在无形中强化了星巴克的声誉。舒尔茨戏称，“这是我们无心插柳柳成荫的另类做法，教科书上绝对找不到”。

（资料来源：何佳讯、丁玎：《星巴克：时尚铸就的品牌传奇》，载《销售与市场》2004 年第 1 期。）

案例讨论题：

1. 星巴克的品牌资产在案例中是如何体现出来的？

2. 星巴克营销创新成功的关键因素是什么？

3. 在与其他企业的合作过程中，星巴克怎样保持原有品牌特性？

第 5 章

品牌关系管理

第一节　品牌关系管理的概念

一、品牌关系管理的定义

品牌关系管理(Brand Relationship Management,简称 BRM)是指企业通过某种活动或努力,建立、维持以及增强品牌与其顾客之间的关系,并且通过互动的、个性化的、长期的、以增加品牌价值为目的的接触、交流与沟通,以及对承诺的履行,来持续地增强这种关系。

二、品牌关系管理与传统品牌管理的区别

品牌关系管理与传统品牌管理的区别主要表现为以下几点:(1)传统品牌管理的核心是交易,企业通过与顾客发生交易活动从中获利,是以交易为导向;品牌关系管理的核心是关系,企业从顾客与其品牌的良好关系中获利,是以关系为导向。(2)传统的品牌管理注重争夺新顾客和获得更多的顾客,品牌关系管理则更为强调以更少的成本留住老顾客或保持老顾客。(3)传统的品牌管理强调大传播、大交流、促销和分销渠道,品牌关系管理强调顾客价值和顾客资产。(4)传统的品牌管理强调高市场份额,认为高市场份额代表高品牌忠诚度,但是真正的品牌忠诚是一个远比市场份额复杂的概念,因为品牌忠诚还包括顾客的偏爱和态度。品牌关系管理则着重强调顾客占有率和范围经济,顾客占有率是指企业赢得一个顾客终身购买物品的百分比,用来衡量同一顾客是否持续购买;范围经济是指同一顾客向同一企业购买相关零配件、其他产品和新产品而给企业创造的利润。(5)传统品牌管理的指导思想是大规模营销,品牌关系管理的指导思想是一对一营销和大规模定制营销。(6)传统的品牌管理考虑使得每一笔交易的收益最大化,多半是一锤子买卖;品牌关系管理则考虑与顾客保持长期关系所带来的收益和贡献,即通过使得顾客满意并同顾客建立关系,开发顾客的终身价值。

品牌关系管理不仅仅是一种思想或一种活动与努力,更是一种全新的品牌管理方法,它将产品生命周期与顾客生命周期交叉在一起,将传统的纯粹收益管理转变为以顾客为中心的收益管理,强调品牌与顾客之间的交流与关系。关系营销、定制营销和一对一营销

的思想已经出现了一段时间，但以前限于技术原因一直未能在营销实践中完全付诸实施，而诸如互联网等新技术的出现和发展，已经使得对每个顾客资料的收集和处理成为可能，特别是营销自动化系统的出现将使营销过程发生根本性改变，并且将关系营销、定制营销和一对一营销的概念由理论变为实践。一对一营销与定制营销不同于过去盛行的大规模营销，大规模营销提供标准化的产品和服务，认为顾客具有互换性，通过抽样和预测技术来获取市场知识，以获取更多的顾客作为成功的标准；而一对一营销与定制营销视每一位顾客为独立的个体，用定制的方法提供定制的产品和服务，通过与每位顾客的对话来获取市场知识，判断成功与否的主要标准不是获得更多的顾客，而是保持顾客和提高顾客的购买量。品牌关系管理的目标是，在顾客的生命周期中，通过每次卖给同一顾客尽可能多的产品（交叉销售）以及吸引原有顾客持续购买来提高顾客的忠诚度和盈利率。这与传统的大规模营销形成了鲜明的对比，大规模营销的目标是在以后的时间里卖给顾客尽可能多的产品，而且顾客是没有选择性的。

三、品牌关系的结构层次

（一）品牌关系的"二因素"结构

一般认为品牌关系具有两个因素——信任和满意。其中，信任受风险、可信度和亲密性影响，而满意是主动性和支持性的函数。然而，仅以两个情感因素来衡量品牌关系是不够全面的，如消费者对品牌的熟悉度就没包括在内；此外，缺乏实证支持也使二维结构的稳定性受到质疑。

（二）品牌关系的"六要素"结构

品牌关系质量是用以衡量品牌关系的强度、稳定性和持续性的，包括六个部分：爱与激情、自我联结、相互依赖、个人承诺、亲密感情、品牌的伴侣品质。这六个部分根据逻辑关系可合并成三大部分：情感和社交附属、行为联系、支持性的认知信念。

（三）品牌关系的"八指标论"结构

从企业实际运作的角度可以将品牌关系评价分为八项指标：知名度、可信度、一致性、接触点、回应度、热忱心、亲和力、喜爱度（Tom Duncan，Sandra Moriarty，1999）。从系统论的角度看，这些指标间的结构特性很模糊，因为指标提出的方法是罗列式的，而非遵循一个理论基础和逻辑体系，导致指标数目完善性无法保证。

（四）品牌关系的"三维"结构

根据品牌关系类比人际关系的研究范式，品牌关系的结构当中也可能存在认知、情感、行为等三个元素。(1)认知是品牌关系的基础，属于理性的层面，指的是消费者对品牌的熟悉和了解程度。很难相信，一个在消费者心目中形象模糊不清的品牌能够与消费者建立紧密而深厚的关系。(2)情感是指消费者对品牌的评价和感觉，是品牌关系的核心，属于感性的层面。任何一种亲密无间、充分信任的品牌关系无不与真挚的情感相联系。(3)行为是指消费者对品牌的忠诚意向和承诺，是品牌关系的表现，属于外化的层面，好的品牌关系意味着持久性和发展性。也可以直接从品牌塑造的角度来理解这三维：企业通过大量可控和不可控的营销策略将品牌的信息传递给消费者，其结果是，消费者会了解和熟悉该品牌，会与该品牌产生情感联系，也可能会产生忠诚行为或意向。

认知、情感、行为分别是品牌关系的理性层面、感性层面和外化表现，三者相互联系，统一于一个品牌关系的核心。从品牌关系的形成过程来看，三者有一定的层次性和逻辑性：情感的增加会激发认知的深刻；行为的加剧会带来情感的深化，同时还会提高认知的程度；而认知程度的加深也可能会直接促成行为的发生。这是一个关系动态的视角，但就品牌关系状态评估而言，应当从静态的、时点的视角来考察。事实上，经过若干过程的积累，最终三者会在任一时点以三种状态同时存在，共同构成一个完整的品牌关系体系。换言之，在任一时点的品牌关系里面，都存在认知、情感、行为这三个成分，只是各成分的权重不同。

第二节　品牌关系评估方法

作为企业最重要的资产之一，品牌关系资产已受到理论界与实务界的普遍重视。然而，现阶段企业将品牌关系管理的重点主要放在"如何建立关系"方面，而对"关系健康程度如何"这方面问题的研究只进行了少得可怜的努力。事实上，在关系营销和品牌资产盛行的时代，非常有必要了解品牌关系的现状。现在，企业用以计算价值的单位不再是商品，取而代之的是品牌关系（Duncan Moriarty，1999），而要想理解和管理品牌关系，首先必须对它进行描述和测量。国内学术界对品牌关系的研究尚处于初级阶段，品牌关系评估方法主要分为两大类——价值法和指标法。

一、品牌关系价值评估法

品牌关系价值评估法侧重于评估品牌关系的财务产出，希望通过数据来反映顾客对企业的价值贡献。

（一）顾客关系盈利能力模型

该模型解释了顾客（品牌）关系长度、强度与盈利能力、感知价值、满意度之间的关系，并导出关系长度、关系收益和关系成本是直接影响关系盈利的因素。因此，通过这四个因素之间的关系就可以计算出顾客关系的财务体现，即顾客终身价值。

$$\text{关系盈利} = \text{关系长度} \times (\text{关系收益} - \text{关系成本}) \tag{5-1}$$

可以将关系收益进一步分为基本利润、收益增长、成本节约、推荐和溢价这五个部分，而将关系成本分为直接关系成本、间接关系成本和心理成本，从而使公式（5-1）更具可操作性。

（二）客户价值评价体系

一般认为基本利润、收益增长、成本节约、推荐以及溢价是客户为企业创造收益的主要原因。根据这五个变量，个体客户终身价值公式为：

$$LTV = \sum_{i=1}^{n} C_i\ (1+d)^{-i} \tag{5-2}$$

式中，LTV（Life Time Value）表示终身价值，C_i表示交叉销售、增值销售、推荐收益、节约成本和基础收益的净值，d 表示折现率，i 表示时间段，n 表示客户关系的生命期。

当然，公式(5-2)是公式(5-1)的精细化形式，它的本质是未来收益净值的折现值汇总，从而在评估时点计算出顾客对企业的终身价值。但该公式也存在以下几个不足：(1)计算净值所需的收益值和成本值不易准确获得；(2)客户在企业利益增长中的生命周期不易估算。这两个问题增加了公式的操作难度，也降低了公式的实效性。

(三)顾客终身价值评估

顾客资产从财务角度讲就是顾客终身价值，不仅包括当前的资产状况，还包括未来的盈利潜力。未来盈利的波动性使顾客盈利能力的确切数据难以获取，但实际操作中可用以下近似的方法来计算结果：

$$LV_i = \sum_{t=0}^{T} [(1+d)^{-t} \times F_{it} \times S_{it} \times \pi_{it}] \tag{5-3}$$

式中，LV_i 表示顾客 i 的终身价值，t 表示选择分析的时间周期，T 表示企业计划的计算长度，d 表示企业的贴现率(资金成本)，F_{it} 表示每个周期内顾客 i 购买某个产品种类的期望频数，S_{it} 表示在时间 t 内顾客 i 购买某品牌产品的期望支出份额，π_{it} 表示在时间 t 内顾客 i 每笔购买的平均贡献。

公式(5-2)与公式(5-3)都可用来评估个体客户的终身价值，但两者是有区别的：前者将终身价值视为交叉销售、增值销售、推荐收益、节约成本、基础收益的净值之和；后者认为终身价值产生于购买的延续，至于后续的客户贡献则比较笼统，只是按以往收益的回归值计算。与公式(5-2)一样，公式(5-3)也存在顾客购买次数的不确定性，顾客可能一旦流失就永远不会回来，也可能是在几个品牌中不断转换购买。现实中，这两种情况均存在，故增加了评估的难度。

二、品牌关系指标评估法

品牌关系指标评估法的核心思路是将品牌关系分解为若干组成成分并分别测量，由于分解的角度不同，因此造就了以下不同方法。

(一)品牌关系双因素论

品牌关系一般都具有两个元素：顾客对品牌的信任和顾客对品牌的满意。信任受风险、可信度、亲密性三者的影响，而顾客满意是前瞻自发性和支持性的函数。

但品牌关系这样一个丰富的概念仅以两个情感因素来衡量过于简单。事实上，认知也应该成为关系的一部分，例如消费者对品牌的熟悉程度就反映了一种亲密的品牌关系。双因素论只限于定性分析层面，而没有回答究竟品牌关系是否只用两个维度就可测量，衡量顾客对品牌的信任和满意有哪些具体指标等问题。

(二)品牌关系质量六维度论

品牌关系质量(Brand Relationship Quality，BRQ)用以衡量品牌关系的强度、稳定性和持续性。BRQ 包括六个部分：爱与激情、自我联结、相互依赖、承诺、亲密性、品牌伴侣品质。这六个部分根据逻辑关系可合并成三部分：情感和社交附属、行为联系、支持性认知信念。

(三)品牌关系八指标论

从企业实际运作的角度来讲,可用以下八个指标来评价消费者与品牌的关系:知名度、可信度、一致性、接触点、回应度、热忱心、亲和力和喜爱度。相对其他指标体系而言,八指标论更适合企业的日常管理,但从系统论的角度出发,这些指标的结构特性很模糊,因为这些指标采用的是罗列式,而非遵循一个理论逻辑,结果使得指标数目的完善性无法保证。

(四)顾客资产三维模型

顾客资产是企业所有顾客终身价值的折现值总和,从来源的角度讲顾客资产有三个驱动要素——价值、品牌、维系,每种要素对顾客资产的贡献分别称为价值资产、品牌资产和维系资产。所以,对顾客资产的评估就是计算这三种资产的总和,其中,价值资产包括消费者对质量、价格、便利性的评估,品牌资产包括消费者对品牌的认知度、对品牌的态度、对品牌道德的感觉,维系资产包括常客回报活动、特殊赞赏和特殊对待活动、联谊活动、顾客团队活动、知识学习活动。这些都是评估顾客资产需要调查的维度以及测项。

(五)品牌关系评分测量

"品牌关系分值"(Brand Relationship Score,BRS)由知名度、信任度、忠诚度等三个指标汇总而成。而选择这三个指标的原因在于:品牌的价值就在于它能维持顾客的忠诚购买,所以品牌关系得分基于顾客的忠诚行为;但持续购买并不代表顾客真正与品牌建立了强势关系,促销、降价等优惠活动也会使顾客在短期内呈现"忠诚"的一面,因此,对品牌的认知和正面的态度必须纳入指标体系。

(六)顾客关系指数

借鉴人际关系测量方法,顾客关系指数包括的信息有:顾客与公司的交流情况(顾客关系的行为部分,包括购买的频繁程度、关系持续时间、占顾客开支的比例),核心的顾客关系指标(关系的情感部分),顾客关系质量指标(紧密程度、关系延续的可能性、口碑效应的可能性),顾客满意程度,顾客对价值的感觉程度,等等。不同指标的重要性也有所不同,一般每个企业编制关系指数所需的指标应该不一样,这样更具针对性。但这样很难通过该指数了解到行业以及竞争对手的顾客关系状况,从而限制了该指数的应用范围。另外,指标权重的确定采用定性而非定量法,难以令人信服。

(七)其他指标评估研究

品牌关系的五个维度(下设 11 项核心指标)为:忠诚、信心、可靠、自豪和激情。这些都过于强调关系的情感性,而忽视了关系还有认知的成分,所以该指标体系不够全面。无论从评估的目的、具体方法,还是从难易程度来看,价值法和指标法都具有非常大的差异:(1)在研究假设上,价值法认为品牌关系是企业最重要的资产之一,良好的品牌关系能为企业创造巨大的资产,所有强势品牌都具有良好的品牌关系;而指标法则将品牌关系类比成人际关系,认为可以借鉴人际关系测量的研究成果,并将品牌关系视为一个多维概念,由若干部分构成。(2)在评估内容上,价值法聚焦于品牌关系的财务产出,而指标法评估的则是品牌关系的构成成分。价值法关注的是通过建立品牌关系,顾客能为企业创造多少财务价值;而指标法则关注顾客对品牌的认知与偏好程度。(3)在评估思路上,价值法关注顾客的终身价值,为此分析了为建立和维系品牌关系所付出的投入以及顾客因此而作出的贡献,包括现有贡献和未来盈利的折现值;而指标法则将品牌关系分解成若干组成部分，然后逐一测度，有些还计算汇总指数。(4)在表现形式上，价值法采用的是货币形式，一般是绝对值；而指标法采用的则是分值或指数等相对值形式。(5)在操作难易程度上，价值法较为复杂，因为牵涉到许多变量的财务数据，很多数据取自个体顾客的日常购买，获取和析出都不容易；而指标法就要相对简单一些，只要根据样本框抽取一定样本量进行指标体系的问卷调查即可。(6)在成果应用上，价值法货币形式的成果可用来对品牌进行估价，从而方便兼并收购、合资经营等资本运作形式；而指标法的成果则采用分值或指数形式，简洁明了，可用来指导日常的品牌关系管理。

尽管这两类方法存在差异，但正是这些差异使得它们具有互补性。同时，由于两种方法都用于评估品牌关系状况，因此相互之间应该存在正相关关系，即品牌关系的价值大，其指标得分也高。

但这两类方法无论在研究内容、研究思路，还是表现形式、成果应用上都存在很多差异，而评估对象的一致性又决定了两者在结论上不仅呈正相关关系，而且起到了相互补充的作用。目前价值法的思路和方法已趋于一致，较为成熟，而品牌关系的结构尚未达成统一认识，导致评估品牌关系强度的指标体系较多，这说明指标评估法还不成熟，需要进行更深入的研究。

根据对这两类方法的研究，我们可以归纳出两种方法各自的局限性：

(1)就价值法而言，尽管几个公式已经可以近似地计算出顾客关系的终身价值，但都存在同样的问题，即每个顾客对于企业收益的生命周期难以估算，而且企业为每个顾客支付的成本以及由此而获得的收益等数据难以准确收集，这也影响到价值法的数据准确性和操作便利性。

(2)指标法普遍存在两方面问题：①过分强调关系的情感或行为层面，而较少关注认知层面，事实上，根据人际关系结构的主流理论可知，人际关系由认知、情感和行为三种要素构成。这一观点同样适用于品牌关系，由此可以判断，现有研究当中的品牌关系指标体系不够完备。②多数研究只是一种基于个体经验的假设，缺乏相应的实证检验，这影响了品牌关系指标体系的稳定性和推广性。

第三节　品牌关系管理的互动模式

一个顾客也许缺乏相应的使用产品或服务的能力，或者无法与企业员工或其他顾客友好相处，或者对企业的产品或服务并不真正偏好，那么这个顾客就不是企业真正意义上的忠诚顾客群体。顾客之所以选择忠诚于某个品牌，是因为他们认为这个品牌能提供明显不同于其他品牌的产品或服务，或者这个品牌能以更有价值的途径为顾客提供相似的产品或服务。

互动行为普遍存在于各种经济关系中。企业生存的基础是顾客，顾客对企业的认知与购买的行为方式决定着企业能否持续稳定的发展。企业和顾客同样存在着互动关系，首先是企业必须认知顾客，正确把握目标顾客的需要与偏好及其变化趋势；其次是企业必须让顾客认知企业，即企业通过自己的传播途径，让顾客了解企业的经营理念、核心产品或服务，以让顾客对企业更有信心；最后，企业必须在顾客认知的作用下，获得新的认知，并据此对自身的某些经营方式进行调整。

在企业与顾客的互动关系中，一般存在三种模式：单向沟通、部分互动与完整互动。单向沟通是产品供不应求的生产导向或产品导向时代的普遍形式。这一形式往往从企业的角度出发，向顾客推销企业的产品或服务而不关心顾客的反馈意见，信息的流通是单向的，部分沟通是目前大多数企业所采用的，指的是在企业作用于顾客的认知过程中，也注意收集顾客的反馈意见，并根据顾客提供的信息对企业的产品或服务作出改进。虽然并不一定完全按照顾客的意见进行个性化定制，但相对于单向沟通的形式而言，这一形式更有利于吸引与留住忠诚顾客。完整互动形式包括企业员工与顾客的互动、顾客与顾客之间的互动、企业有形设施与顾客的互动、企业与顾客互动的界面管理。下面具体介绍完整互动形式。

第一，员工与顾客之间的互动。员工与顾客之间的良性互动，能够企业更有效地为顾客提供所需要的产品或服务，更好地为顾客创造价值。首先，员工必须对顾客的需求与偏好作出正确认知，以了解顾客真正需要的是什么。其次，员工必须让顾客更有效地认知企业。通过对顾客的认知，企业可知道自己能满足顾客的哪些需求，但是经常会出现例外情况，如企业确实有满足顾客需求的能力，但是顾客却不知道，或者企业已经为顾客创造了卓越价值，不过顾客却没有认识到。这个时候，企业必须采取适当的方法作用于顾客的认知，员工就必须发挥主要的作用，让顾客明白企业有能力为他们创造出超越竞争者的超额价值。再次，及时处理顾客的反馈信息，对企业的产品或服务以及相应的经营活动作出更符合顾客需要的调整，为此，员工必须具有为顾客创造卓越价值的态度，并具有相应的工作能力。对于企业来说，必须采取措施来提高员工的积极性与主动性，培训与提升员工为顾客创造价值的能力与意愿，并授权员工解决问题与预防问题，使员工更充分地理解顾客的偏好，更高效地对顾客的意见作出反应。

第二，有形设施与顾客之间的互动。顾客经常会通过企业的有形设施对企业进行评价，新顾客更是如此。如企业的广告牌、顾客接待场所的布置、企业办公楼的部署等都会向顾客传递信息。顾客也往往会根据上述有形的无生命要素从自己的角度进行认知，并对企业进行评价，所以企业要注意某些与体现企业顾客理念相关的标志设计，如为营销与服务部门等职能部门提供更好的办公条件、在企业设计专用的顾客接待区，以及把停车场中最佳位置作为顾客专用车道等都会有利于增进顾客对企业的感情。另外，如果针对顾客的某些建议或需求，企业对有形设施进行了重新布置，这往往能打动顾客的心。商业机构可以通过一定形式的"身体语言"向顾客展示它对顾客的重视程度，需要考虑的因素包括五个方面：场所或建筑，即企业的外观形象对顾客认知的影响；安全，即企业通过有形设施（如适当地方的照明、保安人员、闭路电视摄像机、安全停车场等）向顾客传递企业非常关心顾客安全的信息；对顾客便利性的考虑；指示与欢迎顾客的适当标志；环境氛围——顾客对企业有形设施的整体感受。因此，企业应通过有形设施向顾客传递各种有助于提升企业与顾客关系的信息。

第三，企业与顾客互动的界面。企业在实施品牌关心管理的过程中，还必须重视企业与顾客互动的界面。在顾客购买与使用企业产品或服务的过程中，企业与顾客之间的一系列接触界面，会对顾客的购买行为以及他们的口碑产生重大影响。企业与顾客的互动界面涉及整个企业，与顾客的联系与接触并不仅是营销部门的责任。互动界面的质量与连贯性对顾客关系的维持是非常重要的，一旦出现不连贯或者互动界面不完善，就可能给顾客带来麻烦，从而提高顾客的认知价格或降低顾客的认知利益。从严格意义上讲，企业的有形设施是企业与顾客互动界面的构成部分。顾客在与企业联系的过程中，可以通过各种途径接触企业。究竟顾客能选择哪些途径与企业接触，一方面依赖于企业到底设计了多少可以让顾客接近企业的渠道；另一方面是顾客偏好哪些接触途径，即互动界面必须适合顾客。因此，企业必须根据目标顾客群体的需求，设计合适的互动界面，并管理好这些界面。需要引起重视的是，如果顾客从各种界面上得到的企业信息不一致，或企业在某一个接触面上让顾客感觉企业没有真正尊重顾客，或者企业没有有效的顾客互动界面，都可能导致目标顾客的流失。企业常用于与顾客沟通的接触面包括电话、顾客俱乐部、呼叫中心、互联网、传真、与企业一线员工的交流等等。

第四，顾客与顾客之间的互动。企业在品牌关系管理中，还必须重视顾客之间互动的影响。在企业中有购买产品或服务经历的顾客，都会对企业作出相应的评价，尤其是在服务行业中，其他在场的顾客及行为，会影响企业的服务质量。就戏剧表演与观看体育比赛来说，大量顾客（观众）的到场确实能调动顾客与员工的情绪（Christopher H. Lovelock，1996）；而在排队买票或等候服务的过程中，某些顾客的焦急情绪会导致其他顾客对企业的不满。因此，企业必须提升服务能力，以减少可能出现的排队现象；另外，即使企业不能在短期内提高相应的能力，也要采取相应的措施以增加顾客用于等待的时间的附加值，如提供报纸杂志或供应免费茶点等。

顾客的评价与推荐显然会对企业的潜在目标顾客的购买选择产生重要影响。通过忠诚顾客的引荐与口碑效应来获得新顾客或促进其他顾客对企业的好感，就体现了顾客与顾客之间的良性互动对企业生存与发展的意义。而且，企业的现有顾客如果都对企业有良好的感觉，并有较高的忠诚度，他们之间的互动就会进一步提高各自对企业的忠诚度。因此，企业必须致力于引导顾客之间有效的互动行为，尤其要采取相关措施激励忠诚顾客对其他目标顾客的影响，发挥忠诚顾客口碑效应与引荐行为的作用。

第四节　品牌关系价值的创造

为获得或留住顾客，企业必须提升品牌关系的价值层面，创造超越顾客期望或竞争者的价值。下面主要从为顾客所提供的产品或服务中的价值要素着手，以降低顾客认知价格或提升顾客认知利益来创造品牌关系价值。

一、低价格

低成本战略要求企业积极建立具有有效规模的生产设施，并在努力发挥经验曲线效应的基础上降低成本，关注相关成本与管理费用的控制，但是，低成本必须表现为低价格，否则就无法改变顾客的认知。为了有效地降低产品或服务的价格，企业有必要了解本企业在行业中的相对成本地位。通过了解企业在产品或服务成本总额与结构上的差异情况，明确自己在成本上是否可与竞争对手相匹配，以及如何才能保持长期成本优势，并根据成本链条上的薄弱环节采取前向一体化、后向一体化、节约成本、改进技术等措施。

降低顾客认知价格的另一个措施是降低顾客满足其需要所付出的各种相关成本。销售价格只是顾客对商品或服务认知价格的一部分。对于顾客来说，认知价格涉及商品的制造、销售成本，购买成本（购买商品所需要的时间、便捷程度），使用成本（如维修成本等），以及在购买与使用的过程中所承受的心理代价。因此，企业要深入地了解顾客的认知价格结构，不能根据表象去降低或提高价格。

二、高质量

持续、稳定、可靠的质量是增进品牌关系价值的重要因素。产品或服务质量的提高，可减少由于质量问题而导致的事后处理成本。高质量是企业应具有的质量理念，否则只会使企业不断地面临质量难题，并导致某些顾客的流失。质量改进必须结合顾客的需要，要让顾客真正地感知到企业重视为顾客提供可靠的、高质量的产品或服务。顾客愿意为更优质的产品或服务支付高价格，但是没有什么产品可以一直保持品质领先地位，企业需要不断地根据顾客要求重新修订质量标准。

三、优质服务

保证质量和价格优势是根本，但在当今产品同质化的时代，质量和价格方面的差异越来越小，而服务方面的差距却越来越大，同时，顾客对服务的要求也日益提高。美国一家咨询公司经研究发现，顾客转换供应商的原因，有70%是由服务问题引起的。另有研究资料表明，顾客“由于对服务不满意而离开供应商，比由于价格或产品质量因素而离开供应商的可能性大五倍”。在努力保持顾客的过程中，服务尤其是超值服务将使企业拥有一个显著且较为持久的竞争优势。市场上有众多的产品，顾客作出第一次选择后，往往有一个重新评价的过程，只有服务水平真正优秀，才能留住顾客，因此，为顾客提供优质服务是品牌关系价值创造的重要因素。为顾客提供优质服务的基础是企业注重与顾客进行信息和情感上的沟通，企业把自己的信息传达给顾客，并根据顾客信息反馈调整自身，通过及时关注顾客感受和满足顾客的新需求，实现与顾客的“双赢”。要使企业与顾客的沟通及时、便捷与有效，企业需发展的配套措施是建立顾客信息系统，包括数据库、与顾客沟通的通道等，当前信息技术的发展也使得这项任务的实施变得可能。

四、快速制胜

速度也能实现品牌关系价值的增值，因为速度可以节约顾客时间，减少顾客总成本中的时间成本。企业加快对顾客的反应速度可使顾客获得超值产品或服务，如减少顾客购买商品时的取货和排队付款的时间，加快现金流量周转，提供更多的特殊服务和定制产品。速度策略的关键在于减少顾客价值创造过程所需的时间，这具体体现在一系列连续的价值创造活动上：从接受订单到制造产品，到发货、为顾客提供配套服务，以及努力降低新产品开发时间。依靠速度取得优势的企业必须做到：把企业看作一整套流程，实现跨职能协调；进行时间管理；利用快速反应贴近顾客，增加顾客对企业的依赖性；快速将价值交付体系转向最有盈利能力的顾客群；设定企业的创新步调等。利用速度策略增加顾客认知利益时，企业还必须关注的一个例外情况是：如何面对大量顾客的不满，进行应急处理；或者企业面临重大危机时，如何加快反应速度，从而改变顾客对企业的认知。

五、不断创新

企业通过产品创新或服务创新，可满足顾客不断出现的多种需求，从而提升顾客认知利益。只有企业致力于为顾客提供更有价值的产品或服务，满足不断变化的顾客需求与偏好，企业才能获得持续、稳定、健康的发展。这不仅可以更好地满足顾客的需要，也可以构筑竞争者进入的堡垒。顾客需求的动态变化必须进行持续的顾客价值创新，使顾客感受到企业致力于以更好的方式、更好的产品、更好的服务为他们创造价值，吸引顾客不断地重复购买，从而使企业拥有持续的利润源泉。依托创新来创造顾客价值既不专注于竞争对手，也不拘泥于市场细分来适应顾客的个别需求和差异，而是关注如何向现有顾客提供全新、优质的顾客价值并通过该价值的创新性飞跃和合适的经济价位策略造就新的规模市场。企业必须通过不断创新与学习，以满足或超越顾客的价值期望。企业可在把握顾客需求动向的基础上，设定合理的目标，加强研究活动，开发新产品，满足顾客的潜在需求；或者通过工艺创新改进产品，提高现有产品的技术含量。

六、提升关系资产

关系资产连接顾客与品牌，是顾客的品牌体验价值。提升关系资产的途径包括顾客忠诚度计划、特别的认知和对待、亲和力计划、社团建设计划、知识建设计划等。顾客忠诚度计划包括企业用有形的利益对顾客的具体行为进行回报的行为或行动，例如，企业向忠诚的年轻顾客赠送儿童玩具。特别的认知和对待是指企业用无形的利益对顾客的具体行为进行回报的行为或行动，例如，让顾客加入企业的某个俱乐部、授予忠诚顾客本企业的荣誉称号。亲和力计划寻求创造品牌与顾客之间的深厚感情，并将这种感情与顾客生命中的重要事件联系起来，例如，在顾客的结婚纪念日，以特别优惠的价格向其提供产品或服务。社团建设计划是通过让顾客加入某个社团来巩固与增强顾客与企业或品牌之间的关系，例如，企业可以建立一个网站，通过这个网站建立若干虚拟社团，让顾客在虚拟社团内进行沟通与交流。知识建设计划是通过创造更多、更丰富的顾客知识来阻止顾客与竞争对手再建立关系，例如，食品店紧密跟踪顾客的食物和饮料偏好，并做到随时向顾客提供其所偏爱的食物和饮料，这样，顾客就不太可能再花费精力到其他食品店去选购食物和饮料。

案例分析

迪士尼：遥远的中国之行

正如华特·迪士尼所言，“只要这个世界仍存在幻想，迪士尼乐园将永远延续下去”。华特·迪士尼赋予了人们一个梦幻般的、美妙的童话世界，这也许就是一切力量的根源。迪士尼这个名字，对全世界一代又一代的人而言显然就是童话梦幻的代名词。

当年，迪士尼先生在陪伴小女儿到公园玩耍时，一边坐在长椅上看着她，一边想象着世界上能有一个地方，让他和孩子共同分享欢乐时光。就因为这个梦想，世界上第一个迪士尼乐园于1955年诞生，自此以后，“梦想成真”就成了迪士尼乐园的宗旨。

2005年9月12日，香港迪士尼乐园在香港大屿山隆重开幕，这是继日本之后亚洲的第二个迪士尼乐园，也是中国的第一个迪士尼乐园。与其他迪士尼乐园的宗旨一致，香港迪士尼乐园的口号是“梦想成真”，即以“梦想”为卖点，希望成为带给家庭成员梦想成真奇妙经历的旅游胜地。

香港迪士尼乐园的客户群体定位很明确，就是吸引以儿童为主体的家庭游或者亲子游，而小孩子的心中都有着纯真的梦想，能够亲眼见见大名鼎鼎的米老鼠、唐老鸭自然是愿望之一。此外，营销“梦想”也避免了与其他的主题公园定位相冲突，并且营销“梦想”本身就会勾起人们无限的好奇心，在立意上就使其脱颖而出。然而，在明确了目标客户群之后，还需要解决另一方面的问题那就是，在国外大名鼎鼎的迪士尼，但在中国究竟有多少孩子知道它的存在呢？的确，中国孩子对迪士尼人物应该说有着或多或少的了解，至少米老鼠、唐老鸭是频频出现在他们的衣服、文具乃至食品包装上的，但是他们对迪士尼人物关系的了解有多少呢？迪士尼是否能够成为内地孩子们的“梦想”呢？

迪士尼显然意识到了这个问题，并采取了一定策略。首先，由于政策上的原因，迪士尼并不能在内地推出自己的频道，所以他们尽力通过在香港播出的迪士尼电视节目覆盖一部分华南的电视观众。其次，在内地进行了一系列推广造势活动，比如连续两年在华南举办路演活动，覆盖广州、东莞、深圳及中山，渲染迪士尼式的欢乐气氛；组织全国性的少儿绘画比赛，以及在华南地区开展丰富的暑期活动，让孩子们更加了解迪士尼讲故事的品牌特色，并让他们尽情发挥想象力和创造力。可以肯定的是，迪士尼以上措施是非常正确的，对于重点区域、消费能力较高的华南地区作了很好的市场孕育以及预热作用，但是对于整个内地市场来讲，影响有限。

为贴近内地消费水平，香港迪士尼的定价为全球五家迪士尼中定价最低的，成人平日套票为295港元，假日为350港元；3～11岁儿童平日票价为210港元，假日为250港元；3岁以下儿童免费入场。但是要注意到，它针对的是家庭游客，因此实际上对于以家庭为单位的消费者来说，消费远远大于300港元，乃至翻倍；而在内地，不计旅费的话，300元足够三口之家在一个公园或者游乐场消费一天了。以上海的锦江乐园为例，门票为30元/人，附赠2个游乐项目。因此可以得到如下结论，迪士尼的目标客户应该定位于内地中等以上城市中具有中等收入以上的有孩子的家庭，只有他们有兴趣、也消费得起迪士尼乐园游。

迪士尼以为中国的营销策略已万事俱备，只欠实施。结果在其营销策略推行过程中，却出现了一系列的失误和不妥，一些业界人士甚至大呼“过于强势”，乃至“看不懂”。

在与旅行社合作方面，迪士尼可谓非常强硬，一度曾引发旅行社对迪士尼的抵制。旅行社在迪士尼乐园的市场营销策略中充当着不可或缺的角色，香港迪士尼乐园在2005年6月底公布了第一批旅游包销商的名单，然而这个合作条件一公布，就引发了内地旅行社的不满情绪，原因在于迪士尼方面的要求过于强势，令内地的旅行社很难接受。迪士尼乐园在与内地的旅行社合作中，提出众多的条件，都被认为是非常强势的政策，包括酒店昂贵的押金、门票捆绑销售和时间限定，引起内地旅行社的不满，认为迪士尼是在“强卖”其产品，直接导致迪士尼一度遭遇冷场。

2006 年春节期间，又出现了香港迪士尼乐园拒客事件。从 2 月份开始，由于春节假日大量游客涌入，香港迪士尼乐园爆满，部分游客被拒之门外，引起消费者不满。这一事件传出，更是引起媒体和中国消费者的强烈反响，尽管事后迪士尼方面曾采取一系列的措施，现任迪士尼总裁也曾经出面解释拒客事件，并且在时隔数日之后终于答应消费者的退票要求，但是对于迪士尼的拖沓和迟缓的行为，许多消费者仍然非常不满，严重影响到了迪士尼在消费者心目中的形象。

在出现一系列的负面事件后，迪士尼终于开始觉悟，在北京、上海等要地进行了多场巡演和造势，希望能够吸引消费者前往。虽然每场巡演，观众人数都超乎想象，但是强大的客流量背后却难掩巡演的尴尬和寒酸。慕名而来的人们，不禁对活动现场深感失望，虽然搭建了色彩夺目的舞台，但仅仅 30 平方米的场地，米奇、米妮、唐老鸭等 6 个卡通经典形象及两名演艺人员同时登场，使得原本就不大的舞台拥挤不堪，并且原定每天 5 场、每场 30 分钟的表演压缩成了每场 20 分钟，这让满怀期待想要亲眼目睹“迪士尼”风采的人们非常失望。此外，在演出现场虽然设有商品展示区，摆放着迪士尼最新的故事书和动画电影，并且备有多台电脑供现场观众咨询和互动，但参与其中的观众并不多，虽然演员们卖力表演，并极力调动着现场观众的情绪，但观众的热情却只集中在与卡通人物的拍照留念上。

作为巡演活动的重要环节，迪士尼委托中国国际旅行社负责现场门票预订活动，但生意远没有想象中的火爆，消费者由于担心“五一、十一拒客”等类似事件再次发生，预订前台异常冷清。

目前，上海迪士尼游乐园已在筹划之中，迪士尼方面也一度表示，中国的游乐园将加入许多本土化的元素，以期贴近消费者，但是作为国际知名品牌的迪士尼的遥远中国之行，是否真的能帮中国人“梦想成真”呢？

案例讨论题：

1. 你觉得迪士尼在中国市场的营销策略是否合适？

2. 在旅行社事件和拒客事件发生之后，迪士尼的补救行为仍然收效甚微，你认为主要的原因是什么？应当采取什么补救措施才能防止关系的进一步下降？

3. 很显然，迪士尼品牌与中国儿童才是品牌关系的主题，然而旅行社作为中介的作用必不可少也不容忽视。你认为迪士尼应当怎样权衡三者之间的关系，并采取怎样的措施才能促进与主要顾客间的关系发展？

第 6 章

品牌延伸管理

第一节　品牌延伸理论的形成与发展

一、品牌延伸的定义

品牌延伸是指借助原有品牌已经建立起来的质量、形象或声誉，将原有品牌名称用于新产品或新业务领域，以期达到节约营销成本和提高新产品或新业务被市场接受程度的效果。

二、企业品牌延伸的重要意义

从总体上来说，品牌延伸的意义就在于充分利用现有品牌的市场影响力，以更低的代价和更快的速度来实现新产品的市场拓展，提升品牌资产的价值，满足企业发展的战略需要。

近年来，随着市场竞争程度的加剧和广告费用的日益高涨，新产品的市场导入已面临着越来越大的风险。据统计，在 20 世纪 70 年代至 80 年代企业向市场推出的新产品中，真正获得成功的仅占 20%，其中有 30%～35%的新产品因为不被消费者所接受和过高的市场初期导入费用而失败。解决上述问题的有效途径之一，就是充分利用已有的品牌名称和品牌资产，通过延伸转移到新的产品或服务，从而大大降低新产品进入市场的壁垒。据 Aaker(1990)的另一项研究表明，凡是业绩优秀的消费品公司，在开拓新产品时，有 95%采用了品牌延伸策略进入市场。由 Niclsen 公司所做的调查结果也表明，在 1977—1984 年，所有进入超级市场的新产品中，有 40%是通过品牌延伸完成的。

从不同的角度来看，我们同样可以把企业实施品牌延伸的意义描述为如下几个主要方面：

(一)品牌延伸更好地满足了新产品的市场拓展要求

品牌延伸能节约大量广告费，有助于新产品在短期内打开市场局面。产品期理论告诉我们，在产品的导入期，为在短期内迅速打开市场，必须加大产品的宣传力度，让产品品牌尽可能早地在消费者心中建立位置，这样就需要投入大量的广告费。在导入期，企业投入的广告费有时超出产品的销售收入，而品牌延伸则是利用了早已在消费者心中建立好的品牌位置，这样就减少了市场开拓环节，减轻了进入市场的障碍和难度，既节约了广告支出，又加快了企业进入市场的速度。

丁伟东(2000)也认为，品牌经营者可用某一强劲的品牌来使新产品很快获得识别，品牌经营者因此而节省了包括使消费者熟悉新品牌在内的所有广告费。当新产品或重新定位的产品有消费者已熟悉的成分时，消费者对此新定位所传达的信息有一种熟悉的感觉，这种感觉是通过对原有品牌联想的延伸而获得的。

以娃哈哈集团的"非常可乐"为例，该产品的成功就显示了品牌延伸的重要作用。"非常可乐"是娃哈哈集团连带推广上市的碳酸型饮料，也是品牌延伸策略操作的结果。由于对娃哈哈的先期认同，"非常可乐"顺理成章地成为可乐市场上最响亮的国内品牌，并且打破了原先可口可乐一统天下的局面。虽然娃哈哈也为"非常可乐"的上市进行了规模不小的广告宣传，但与建立一个全新的与娃哈哈无关的可乐品牌相比，其广告投入可谓不多，而其市场拓展的速度也不可谓不快。

国际研究机构认为：在欧美市场成熟的环境下，创造一个新品牌，一年至少要两亿美元的广告投入，且成功率不到10%。北京名牌评估事务所在研究了中国最有价值品牌的广告投入后指出，要在中国维持一个在全国已经有较大市场的品牌影响力，每年平均要投入6 000万～8 000万元人民币，而要在中国创造一个新品牌，则一年要投入1亿～2亿人民币。由此可见，品牌延伸所带来的广告费用的节约是具有强大诱惑力的。

（二）适当的品牌延伸有助于不断丰富现有品牌的内涵

对于很多品牌来说，其创建之初就为品牌的日后发展预留了一定的空间。企业通过品牌延伸来拓展这些空间，能够使得原有品牌的内涵更加饱满，从而得到更多消费者的认同和更大的市场份额。

以海尔为例，其在家用电器领域的品牌延伸，就实现了对海尔品牌的不断充实。多年来，海尔在消费者当中已经形成了"优质家用电器品牌"的市场美德，从海尔最初的产品结构来看，实际上并没有覆盖家用电器市场的方方面面，而海尔从冰箱开始向洗衣机、电视、微波炉、电脑、手机等产品不断延伸，使得其"优质家用电器品牌"的品牌定位更加饱满，自然也就实现了品牌内涵的丰富。另外，品牌延伸也是针对消费者消费倾向不断变化和多样化的有效解决方法。这样既保持了原有品牌产品的地位和风格，又给消费者更多的选择机会。例如美国师林·普飞(Sobering Plough)的科普特(Coppertone)防晒品牌的水宝贝(Waterbabies)品牌就是成功的品牌延伸。这个品牌并不是为了企业发展而去进一步细分市场，而是由于消费者对日光浴的观念发生了变化，新的细分市场由此出现。经过长期的准备工作之后，公司不但成功地推出了品牌延伸产品，同时也巧妙地将核心品牌的定位由"晒黑肌肤"转换为"防晒"。该品牌延伸不仅丰富了科普特防晒品牌种类，而且也为师林·普飞公司带来了规模效益。

（三）品牌延伸有助于形成品牌的"棘轮效应"

"棘轮效应"也叫"荆轮效应"，是信息经济学中的一种理论。"棘轮效应"(the Ratchet Effects)一词最初来自对苏联式计划经济制度的研究。在计划体制下，企业的年度生产指标根据上年的实际生产不断调整，好的表现反而由此受到惩罚，因此，聪明的经理用隐瞒生产能力来对付计划当局。这种标准随业绩上升的趋向被称为“棘轮效应”，其中的“棘轮”一词源于机械设计中的原理，棘轮只能够顺向转，而不能逆向转。其实，“棘轮效应”可以用来解释经济管理领域当中的很多类似现象。在企业品牌延伸当中，“棘轮效应”同样存在，对于一个覆盖多种产品（或系列）的品牌来说，当消费者对其中一种产品（尤其是新推出的产品）不够了解时，他往往会把对该品牌下他所了解的其他产品的评价自然地转移到该产品上。因此，对于一个产品质量和功能有很好保障的企业来说，只要不同产品之间存在一定的市场重叠或有效的信息传递渠道，品牌延伸就可以实现同一品牌下不同产品之间的相互“支援”，提高品牌的市场价值。当然，如果同一品牌下的某种产品出现严重问题，也会给其他产品带来不良影响，也就是负面的“棘轮效应”。

（四）品牌延伸能够提升品牌资产的价值

如前所述，品牌资产已经成为企业资产的重要内容，并且品牌资产作为企业的一种无形资产，在企业并购或者品牌特许经营的过程中也能真正转化为现实资产（品牌转让或特许收益）。因此，品牌价值的有效提升（合理的投入产出）也就成为获取利润以外的另一个企业经营目标。毋庸置疑，品牌延伸已成为品牌价值有效提升的重要方法。首先，品牌延伸有助于品牌资产价值量的增加。在多数的企业品牌绝对价值评估中，除了描述品牌强度的指标以外，品牌所在市场的容量、品牌下所有产品的销售总额、品牌下所有产品的利润总额等指标往往也是非常重要的，而品牌延伸无疑对这些指标的提升具有明显的影响。因此可以说，品牌延伸是实现品牌资产价值高效增长的重要手段。其次，品牌延伸也能够实现品牌投入效率的提高。尽管目前关于品牌投入效率的研究还缺乏理论深度和实证基础，但人们普遍认同的一个观点就是当品牌强度达到一定的水平之后，品牌投入的效率会有所下降，也就是经济学中所说的边际效用递减现象，而品牌延伸无疑为品牌投入提供了新的增长点，能够在一定的期间内提升品牌投入的效率，或者说延缓品牌投入边际效用的递减。

三、品牌延伸理论的形成与发展

品牌延伸问题的系统研究起源于20世纪70年代末，1979年，Tauber发表了学术论文《品牌授权延伸，新产品得益于老品牌》，首次系统地提出了品牌延伸（Brand Extension）的理论问题。20世纪80年代，品牌延伸问题的研究获得了进一步发展并引起了国际学术界的广泛兴趣，Tauber、Boush、Ries、Trout、Anderson、Booz、Allen、Bragg、Lynch和Srull等学者根据大量的案例从不同的角度分析了品牌延伸的效果和价值，并对影响品牌延伸的各种要素、品牌延伸对原有品牌资产的影响和品牌定位的变化等问题作了深入的研究，大大丰富了品牌延伸的理论体系。20世纪90年代以来，品牌延伸问题进一步成为国内外学术界研究的热点，Aaker和Keller分别于1990年、1992年发表《消费者对品牌延伸的评价》及《品牌延伸连续性引入的影响》等论文将品牌延伸的理论研究引入了新的发展阶段。同时，品牌延伸效果的市场测定和评估、品牌的多重延伸、品牌延伸的反馈效应等新的研究课题也已被提出，品牌延伸理论的研究获得了前所未有的发展。

国内关于品牌理论的研究开始于20世纪80年代，但真正涉及品牌延伸问题的研究直到20世纪90年代中期才开始，尤其是1995年以后，陆续出版了30多种品牌和无形资产方面的书籍，发表了近百篇各类学术论文。这些著作和论文结合我国的实际案例对品牌延伸问题进行了分析和研究，促进了品牌延伸理论在我国的发展和推广。

品牌延伸理论发展过程中有如下几种观点：

(一)消费者对原品牌的态度

艾克和凯勒在其1990年的开创性研究中，将此因素构建到其品牌延伸模型中，并用消费者对品牌整体质量的感知作为具体的测量指标。艾克和凯勒认为，原品牌的认知质量越高，消费者对延伸产品的评价也越高，反之则越低。但他们最初所作的研究并没有找到支持这一假设的证据，艾克和凯勒对此的解释是，只有当品牌延伸"幅度"不是太宽时，"认知质量"才会对消费者如何评价品牌延伸产生正面影响。换句话说，如果没有原产品与延伸产品之间的"相似性"或"关联性"相配合，那么即使原品牌具有很高的认知质量，也不能保证延伸产品获得消费者的认可。

桑德和布劳迪在新西兰重复了艾克和凯勒1990年的研究，发现"认知质量"可以直接对品牌延伸评价产生影响，而不一定受控于延伸产品与原产品之间是否具有关联性的制约。在其他文化背景下作的一些研究，也对此提供了支持。由于在艾克和凯勒1990年的研究中，模型变量之间存在高度的共线性，由此可能影响其结果的稳定性。而后面所作的研究，采用"残差中心化"方法消除了共线性产生的影响，从这个意义上讲，这些研究所得出的结论似乎更具有说服力。

实际上，艾克和凯勒在稍后的一项研究中，对其在20世纪90年代的研究结果也作出了某种程度的修正。该项研究发现：对高品质的品牌，即使将其使用到与原产品不太相似的产品上，消费者对延伸产品的评价仍然比较高，这意味着此时"认知质量"的影响可以不受"关联性"的调节而单独发挥作用；对中等品质的品牌，较低的"关联性"将导致对延伸产品的较低评价。据此，艾克和凯勒得出结论，高品质的品牌较品质稍低的品牌延伸幅度更大，即前者可以延伸到更加不相似的产品领域。

当然，"认知质量"对品牌延伸评价所产生的影响并非没有边界。在另一项后续研究中，艾克和凯勒发现，当引入一个极端不相似的延伸产品时，高品质品牌与较低品质品牌在延伸评价上的差异性就会消失，也就是说，此时消费者对延伸产品的评价更多地取决于原产品与延伸产品之间的关联性，而不是原品牌在认知质量上得分的高低。

(二)原产品与延伸产品的关联性

Tauber在研究了276个实际的延伸后发现，消费者是否视新产品与原品牌一致是预测品牌延伸成功与否的关键因素。另一项来自明尼苏达大学的研究报告也对产品之间的相似性会导致更大程度的正面或负面情感的转移提供了经验支持，不仅如此，延伸产品与原产品之间如果缺乏关联性，不但会妨碍正面联想的转移，而且会刺激负面信念或负面联想的滋生。

对于相关性或相似性，有很多测量办法。例如，艾克和凯勒建议从互补性、替代性和转移性三方面对相似性进行测量。也有学者基于分类理论来考察两种或两类产品之间的相关性。例如布什和罗克提出了"品牌宽度"和"品牌延伸典型性"的概念，它们也是用来反映延伸产品到底在多大程度上与原产品具有类似性，而且，当原品牌下的产品不止一种时，这两个概念尤为有用。按照布什和罗克的界定，品牌宽度是指原品牌下产品的变动幅度。例如,如果“海尔”只使用在冰箱上,品牌宽度就非常窄,现在“海尔”已使用在空调、电视、电脑、手机等产品上,其宽度大大扩展了。品牌宽度的增加,实际上意味着产品之间的异质性的增加。“品牌延伸典型性”是指在多大程度上某一特定延伸产品被消费者认为能够代表原品牌。比如,就“海尔”这一品牌而言,“海尔”空调较“海尔”手机更具有代表性。

很明显,从长期来看,品牌宽度是品牌延伸典型性的结果,如果企业总是将品牌延伸到与现有产品相类似的产品上,品牌的宽度会比较窄,反之则比较宽。布什和罗克的研究发现,消费者对品牌延伸的态度与他们对品牌宽度和品牌典型性的评价高度相关。一方面,如果品牌延伸被认为与品牌下的现有产品类似,延伸会得到更高的评价;另一方面,对潜在延伸的典型性的评价又受到品牌下现有产品的宽度的影响,宽度窄的品牌适合延伸到与现有产品比较类似的产品上,宽度广的品牌具有延伸到较“远”产品领域的能力。

还有学者认为,所谓的相似性或相关性应当根据“利益”而不是产品领域的属性来界定。“也就是说,一个品牌,不管它现在使用在何种产品上,只要它使用到另一个产品领域被认为能够提供利益,延伸就具有相关性或匹配性。”实际上,“彼此看似毫不相干的两样东西,基于它们服务于同一目的或目标,就可以归到相同的类别里。而且,一件事物是否具有同类事物的典型性,部分是由它在实现‘目标’的过程中所体现的有效性所决定的”。基于此,Broniarczykh 和 Alba 认为,延伸品牌可以通过激发与利益相关的联系来弥补它在延伸产品领域因缺乏产品相似性所造成的缺憾。这实际上意味着,消费者可能根据他们所追求的利益来形成延伸产品是否与原品牌或原产品具有相关性的判断,如果情况确实如此,现有关于“相关性”的测度可能需要重新检验和审视。

第二节　品牌延伸的类型及风险

一、品牌延伸的类型

品牌延伸的类型主要可以分为以下几种:

(一)品牌的线内延伸

品牌的线内延伸,也就是所谓的产品线扩展,是指母品牌作为原品牌大类中针对新细分市场开发的新产品的品牌。品牌的线内延伸主要有两种具体形式:一是品牌的水平延伸,它是指在不同的品牌范围内进行品牌线或产品线的延伸,母品牌或企业跨越不同的行业,覆盖不同品类的延展,当然品牌水平延伸并不是只采用单一品牌的策略,如著名彩妆品牌美宝莲相继推出美宝莲睫毛膏、美宝莲璀璨唇膏、美宝莲液体璀璨唇膏等。二是品牌的垂直延伸,它是指品牌在既有品牌范围内扩充品牌线,是在本行业间的上下延伸,品牌的垂直延伸也不是只采用单一品牌的策略,同时它又包括向上延伸和向下延伸两种情形。向上延伸就是把原先定位在低档产品市场的品牌延伸到高档产品市场上,向下延伸正好相反。一般来说,向上延伸可以有效地提高品牌地位,改善品牌形象,一些著名品牌,特别是定位在中低档产品市场的品牌为达到上述目的,不惜花费重金向上延伸。相对来说,向下延伸费用低廉,操作简单,但企业承担的风险却比向上延伸要大得多。

(二)品牌的跨类延伸

品牌的跨类延伸,是指原品牌向不同于原产品类别的领域展开延伸,比如大家都很熟悉的奢侈品品牌登喜路,从香烟延伸到了吸烟用品、男士饰品、香水和服装等等。虽然向下延伸对企业来说进入市场相对容易,且营销成本低廉,但其风险要比向上延伸大得多,有可能会严重影响品牌资产的价值,这一点值得我们特别注意。

(三)授权许可品牌延伸

授权许可品牌延伸,是通过授权许可的方式延伸品牌,即准许别人使用你的品牌名称和商标,通常授权对象与原品牌的产品类型不同。消费者之所以购买授权许可的产品,关键在于品牌的良好声誉和消费者对品牌的信任。

(四)副品牌延伸

副品牌延伸,是指用一个主品牌涵盖企业的所有产品,同时给各个产品打一个副品牌,以副品牌突出不同产品的个性形象。所谓副品牌,就是在保持原有品牌不变的情况下,为新产品再起一个小名,这样既可以使各种产品在消费者心目中有一个整体的概念,又使得消费者对企业的各类产品形成一定的比较距离,能体现一类产品的共性,又能突出单个产品的个性,从而避免了直接延伸的风险,减缓了对品牌的消极影响,降低了"株连效应"。

二、品牌延伸的风险

(一)招致零售商的抵制

研究资料表明,零售货架空间的增长率远低于消费品厂商推出新产品的速率,导致货架空间紧张。而FMI(Food Marketing Institute)的一项长达一年的研究表明,零售商可以削减5%～25%的存货单位,这并不会影响其销售,也不会影响顾客的多样化需求的满足。另外,随着各大型零售商创立自己的品牌,零售商与制造商之间的竞争更趋激烈,零售商为了用更多的货架推出自己的产品,留给每位制造商的货架空间有限,对品牌产品的销售带来很大的威胁。

(二)损害原有品牌的形象

无约束、无策略的品牌延伸的真正危险之处在于品牌形象的消耗,而品牌形象驱动品牌的价值。产品品牌是产品独特性的代表,即只有能充分体现产品属性的品牌才能在消费者心目中占据有利地位,这就是心理学上所说的"莱斯托夫"效应,如"劳力士"意味着高贵和气派。如果视目标市场的差异于不顾,在各个细分市场上进行品牌延伸,不但会造成目标市场的混乱,而且会使原来具有独特属性的产品在目标市场上的品质形象受到极大损害。例如,一向以质优价贵著称、象征身份和体面的美国"派克"钢笔,以其高品质的形象成为"钢笔之王"。1982年,其新总经理詹姆斯·彼特森上任后,没有把主要精力放在改进款式和质量上,而是采取品牌延伸策略,把"派克"品牌用于每支售价仅3美元的低档笔,由此破坏了"派克"钢笔在消费者心目中的高贵形象,致使派克公司非但没有打入低档笔市场,反而在高档笔市场大为失利,其市场占有率下降到20%,销售额只及其竞争对手克罗斯公司的一半,使派克销售陷入一片窘境。

(三)品牌淡化

品牌延伸容易造成消费者认识上的混乱，进而导致“品牌淡化”或“品牌稀释”。任何一个成功的品牌都蕴含一个定位，如“百事可乐”定位为“年轻人的可乐”，而这种独特的定位对消费者非常重要，消费者的注意力也集中于此。但如果这一品牌同时被用在两种或多种不同的商品上，很可能模糊消费者的视线，因此这一品牌也就很难再成为类别产品的代名词了。例如美国的“雪佛兰”汽车曾是家庭轿车的代名词，但当“雪佛兰”生产线扩大到卡车、赛车后，“雪佛兰”在消费者心目中的品牌定位便模糊了，导致“雪佛兰”轿车的市场占有率急剧下降，而“福特”汽车则乘虚而入坐上了第一品牌的宝座。

(四)心理冲突

不合理的品牌延伸将会造成消费者的心理混乱，影响原有品牌的市场定位。一个品牌的成功过程同时也是消费者心中产生的对该品牌特定的心理定位过程，如果企业把品牌延伸到与原有品牌不相容的产品上，就会动摇这种特定的心理定位，使消费者的消费心理发生变化。比如，消费者把“999”视为胃泰的联想，这本是品牌成功的标志，但三九集团将“999”延伸到啤酒，推出广告“九九九冰啤酒，四季伴君好享受”。消费者第一个潜意识的反应就会联想起“999”胃泰这种药物，于是产生了心理冲突，怎么能接受这种心理上带有药味的啤酒呢？娃哈哈以其“喝了娃哈哈，吃饭就是香”广告语成为中国家喻户晓的儿童口服液品牌，之后却推出“感冒康宁”，本以回避儿童最忌讳的药物作为娃哈哈的切入点，却又沾上真正的药味，儿童消费者如何适应呢？这种品牌心理冲突不仅不利于新产品的市场推广，反而会导致消费者对原品牌的质疑与疏远。

(五)“跷跷板效应”

一个名称代表两种甚至两种以上的有差异的产品必然会导致消费者认知的游离化和模糊化。当延伸产品在其市场上处于绝对竞争优势时，消费者就会把核心品牌的类别定位在延伸产品上，这样，延伸产品的崛起无形之中就削弱了核心产品的竞争优势。这种核心产品与延伸产品竞争态势的交替升降变化，就是“竞食效应”或“跷跷板效应”。例如，在美国市场上，“Heinz”原本是腌菜中的名牌，而且它占有最大的市场份额，后来公司把“Heinz”延伸到番茄酱市场，做得十分成功，使“Heinz”成为番茄酱品牌的第一名；然而不幸的是“Heinz”在腌菜市场上却被“Vlasic”所代替，丧失了该市场上第一品牌的地位。

(六)产生“株连效应”

一个品牌延伸产品的失败会伤害整个品牌连锁系统。品牌延伸策略下的几种产品，只要有一种产品在市场经营中失败，就可能波及其他产品的信誉，影响其他产品在消费者心目中的地位，甚至导致消费者对总品牌的“全盘否定”，即产生“株连效应”，尤其是当延伸的新产品技术还不成熟、质量还不过硬时，更容易出现这种危险。

第三节　品牌延伸模型

品牌延伸模型(见图 6-1)的基本思想是：消费者对延伸品牌或延伸产品的态度取决于三个因素，即原品牌的感知或知觉质量、原产品与延伸产品的关联性、延伸产品的制造难度。

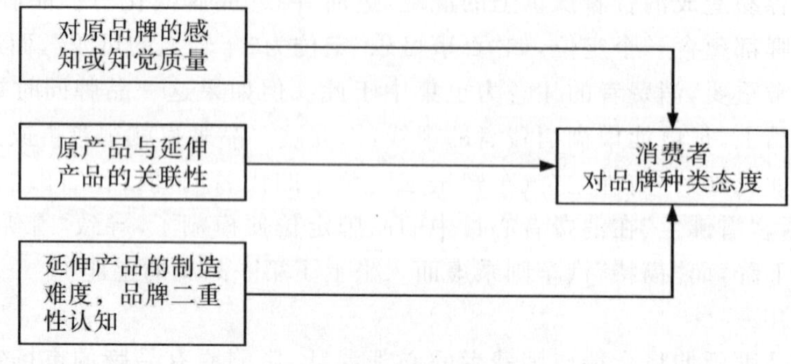

图 6-1 品牌延伸模型

具体而言，品牌延伸模型包含四项基本假设：

(1)消费者感知的原品牌质量越高，其对延伸产品的接受程度就越高；反之则越低。

(2)原产品与延伸产品的关联性越强，原产品的高品质特征就越容易惠及延伸产品；反之，这种惠及或波及效应将受到限制。

(3)原产品和延伸产品关联性越强，消费者对品牌延伸评价越高；反之则越低。

(4)延伸产品设计、制造难度越大，消费者对品牌延伸的评价越高；反之则越低。原因是将高品质形象的品牌延伸使用到价值不大、很容易制造的产品上，可能会使消费者产生反感，甚至使消费者觉得这种品牌延伸纯粹是为了利用消费者崇慕名牌的心理，增加这些“琐细”商品的身价。

可以运用回归分析方法检验上述假设。模型中的因变量 y 由 y_1 和 y_2 两部分构成，其中 y_1 表示“延伸产品的总体质量”，y_2 表示“购买延伸产品的可能性”，两者均用 7 级量表度量，其算术平均值即为自变量 y 的取值。模型中的主变量有 5 个：x_1 表示原品牌或原产品总体质量，该变量采用 7 级量表度量，即 1＝质量极低，7＝质量极高；x_2、x_3、x_4 分别表示“转移性”(原产品设计、制造技术和所用资源是否可以转移到延伸产品的开发、制造中)、“互补性”(原产品与延伸产品共同满足同样或类似需要的可能性)和“替代性”(即在某些情况下原产品和延伸产品相互替代的可能性)，这 3 个变量均是用于测量原产品和延伸产品之间的关联性的，其度量也是采用 7 级量表；x_5 表示“制造难度”，即制造、开发延伸产品的难易程度，1＝极为容易，7＝极为困难。为实验假设 2，即检验 3 个关联性变量与“原品牌总体质量”x_1 之间是否存在交互影响，模型中的自变量还包括 3 项交互影响项 x_1x_2、x_1x_3、x_1x_4。因此，如果用代数式表示，品牌延伸模型可以表达成如下形式：

$$y = a_0 + a_1x_1 + a_2x_2 + a_3x_3 + a_4x_4 + a_5x_5 + a_{12}x_1x_2 + a_{13}x_1x_3 + a_{14}x_1x_4 \quad (6\text{-}1)$$

其中，a_0、a_1、a_2、a_3、a_4、a_5、a_{12}、a_{13}、a_{14} 均为待估参数。

第四节 影响品牌延伸的因素及品牌延伸的边界

上面探讨了品牌延伸模型，那么决定品牌延伸成功与否的因素有哪些呢？影响品牌延伸成败的决定性因素主要有两个:消费者对核心品牌的认知以及延伸产品与核心品牌之间的相似性。前一因素是品牌延伸的优势基础,后一因素是品牌延伸的指导原则,将两者结合起来可以构建一个品牌延伸边界模型。根据该模型,品牌延伸成败取决于延伸产品是否脱离了核心品牌所规定的延伸边界。

一、影响品牌延伸的因素

(一)消费者对核心品牌的认知

由品牌延伸的定义可知,延伸的基本前提是核心品牌具有知名度和美誉度,延伸的目的是借助其知名度和美誉度的光环产生"晕轮效应"。所以,品牌向何处延伸取决于消费者对核心品牌已有的认知。

消费者购买商品时,在很大程度上受到由产品的品牌所提供的先验知识的影响。虽然消费者对核心品牌的先验知识有很多种,如产品类别、产品功能、产品价格、品牌定位、品牌形象等,但这些品牌属性为消费者提供的利益可以归为几大类。品牌为消费者提供了三种利益,即功能性利益、象征性利益和体验性利益。根据三个概念的解释以及消费者行为学常识(人们购买品牌是为了满足生理需要和心理需要),功能性利益可归入与产品有关的属性一类——功能或理性,而后两者可归入与产品无关的属性一类——心理或感性。任何核心品牌都是由功能性和心理性两种属性构成的,即任何品牌都具有二重性,只不过二重性的不同比例组合构成了核心品牌的差异。根据以上观点,如果将品牌的功能性和心理性(或表现性)按高低标准进行组合,将会形成一个矩阵,即 Chernatony-McWilliam 矩阵(简称 C-M 矩阵,见图 6-2)。C-M 矩阵可以反映出消费者对品牌在二重性上的看法,也就是说,所有品牌都可按二重性归入 C-M 矩阵的不同象限。因此,完全可以利用 C-M 矩阵来评估消费者对核心品牌的先验认知。

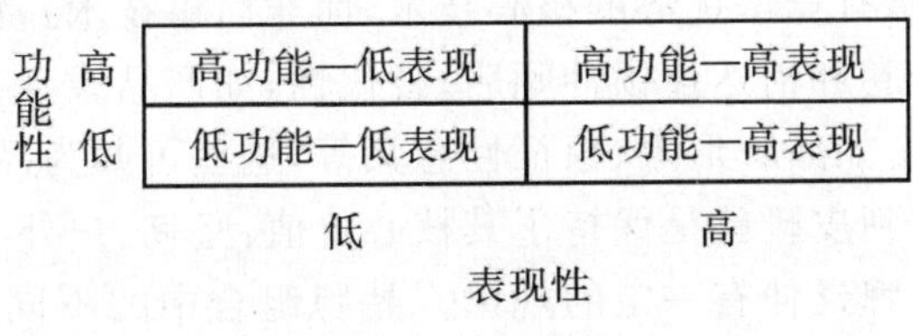

图 6-2　C-M 矩阵

C-M 矩阵把品牌分为四类,分属矩阵的四个象限:(1)高功能—高表现型品牌,这类品牌在消费者心目中既具有完美的使用价值,又是一个很好的表现自我的工具,例如劳斯莱斯、牛津等;(2)高功能—低表现型品牌,这类品牌具有很高的使用价值,但缺乏象征意义,所以无法使消费者感受到心理的满足,例如 TCL、海尔等;(3)低功能—高表现型品牌,这类品牌使用价值平平,并不能给消费者更大的生理满足,但由于被赋予很强的表现意义和象征意义,所以能给消费者极大的心理满足,如路易十三、劳力士等;(4)低功能—低表现型品牌,这类品牌无论在使用价值或是心理价值上都平淡无奇,主要是一些食品、牙膏等。以上四种品牌认知可视为核心品牌现有的资源优势。这些资源优势限制了品牌延伸的能力和边界,决定了延伸产品的范围,延伸产品只有与这些资源优势相匹配才可能成功。

(二)延伸产品与核心品牌的相似性

在核心产品与延伸产品存在相似性的条件下,消费者对延伸产品的评价与核心产品的总体质量成正相关关系,即核心产品总体质量对延伸产品有波及作用。Nakamoto(1990)认为,品牌延伸效果的好坏,取决于品牌原有形象与延伸产品形象之间的相关程度,相关程度大则延伸效果好。Kapferer(1997)认为,只要延伸产品与消费者心目中原品牌概念一致,消费者就可以接受。由此可见,恪守延伸产品与核心品牌的相似性是品牌延伸的基本要求。

相似性又称关联性、相关性,是指延伸产品与核心品牌之间的某种共通性和匹配度。这种共通性并非单指产品方面,还包括非产品方面。例如,海尔、三菱这些延伸产品包罗万象的品牌,其延伸绝非只有遵循了产品特征上的相似性。MacInnis 和 Nakamoto(1990)认为,品牌延伸中的相似性可分为两类:与产品相关的属性或利益以及与产品无关的属性或利益。Park、Milberg 和 Lawson(1991)也认为,相似性并不只反映在与产品相关的联想上,而是可分为两类:产品特征相似性和品牌概念一致性(即品牌形象相似性)。Edward Tauber 曾研究了 276 个品牌延伸的案例,总结出七种基本延伸类型:不同的形式,不同的口味、原料、成分,现有品牌的互补产品,品牌系列消费,利用专有技术,独一无二的利益、属性、特征,独一无二的品牌形象或声誉。归纳起来,前六项是指与产品有关的相似性,最后一项是与产品本身无关的相似性。

从这些研究成果中,可以总结出品牌延伸主要有两条路线:连续延伸和间断延伸。连续延伸是凭借产品技术和资源上的相似性而进行的延伸,如佳能的照相机和复印机、李宁的运动服和运动鞋等;间断延伸则超出技术、资源等物理局限,遵循的是形象、价值等无形的、与产品本身无关的相似性,如雅马哈的摩托车和电子琴、卡特皮勒的掘土机和皮靴等。两类相似性可再度细分,连续延伸可依据的与产品有关的相似性有三类:技术或资源的可转移性(此处的技术是指有竞争优势的核心技术,而非简单技术),如海尔冰箱延伸到海尔冷柜;互补性,如柯达胶卷和柯达连锁冲晒店;替代性,如产品线延伸。间断延伸所依据的是与产品无关的相似性,如品牌形象、象征性意义等,这些可归为品牌的核心价值。例如,卡特皮勒从掘土机延伸到皮靴就是保持了其核心价值:坚韧、户外。

依据相似性进行品牌延伸有一定的规律。品牌组合中的不同成员的品质越是统一,消费者对延伸品牌的评价就越高。换句话说,功能性品牌更容易向技术性、互补性和替代性产品领域延伸,而形象性(或表现性)品牌更容易向价值表现性产品领域延伸。例如,TCL 彩电向电脑延伸获得成功,而万宝路香烟也成功延伸到休闲服装。

二、品牌延伸边界模型

基于以上对两个因素的讨论,笔者试提出一个品牌延伸边界模型(见图 6-3),用以研究品牌延伸的可能范围。该模型的要点在于:(1)根据消费者对核心品牌的二重性认知,将核心品牌分为四类,即高功能—高表现型、高功能—低表现型、低功能—高表现型和低功能—低表现型;(2)相似性有四类,其中与产品有关的包括技术性、互补性和替代性,与产品无关的有价值性;(3)依据相似性原则,根据各类品牌资源优势的不同可确定品牌延伸的边界,超出边界的延伸容易失败;(4)由于技术相似性要求技术具有竞争优势,而低功能性品牌的技术优势并不明显，所以这类品牌并不适合利用技术相似性进行延伸，换言之，高功能性品牌可以利用技术、互补、替代相似性延伸，而低功能性品牌只适合互补性和替代性延伸；(5)任何类型的品牌都适合替代性延伸，因为替代相似性使延伸产品与核心产品差别甚小。要点(1)和(2)在前文中已讨论过，此处不再赘述，以下主要分析后三个要点，研究四类品牌延伸边界的确定。

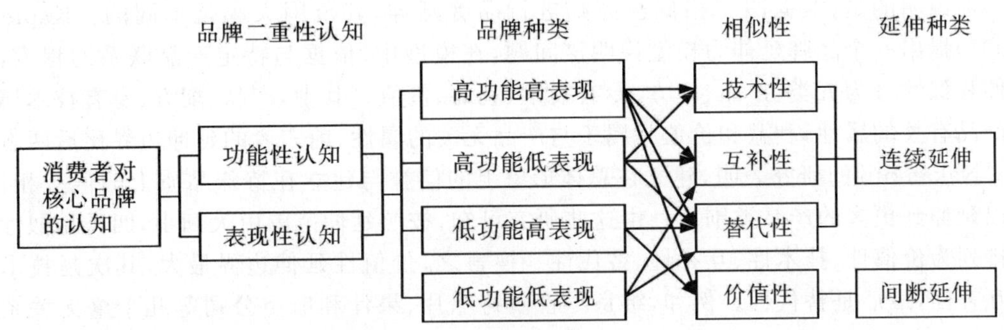

图 6-3　品牌延伸边界模型

(一)高功能—高表现型品牌既可连续延伸又可间断延伸

此类品牌在技术方面优势明显，能给消费者带来很高的使用价值，因而适应于技术、互补、替代性的连续延伸。同时，这类品牌具有很强的象征意义，能给消费者以心理或情感满足，因而可以凭借这种无形的价值资源进行间断延伸。也就是说，这类品牌向功能性和表现性产品延伸均可获得成功。例如，劳斯莱斯轿车可以向私家游艇延伸(技术性、价值性)，可以向专用轿车配件延伸(互补性)，可以推出另一型号的豪华轿车(替代性)；又如，牛津大学不仅开设其他教育机构和出版专业图书(功能性延伸)，而且授权一家服装生产商使用，成为一个颇具人文气息的服装品牌(价值性延伸)。

(二)高功能—低表现型品牌应连续延伸，而不宜间断延伸

此类品牌的优势在于具有先进的技术工艺，能提供很高的使用价值，很好地满足消费者的生理需要，松下电器就属此类。这种优势正是其延伸的资本。由于其功能性属性突出，所以与第一类品牌类似，可依据技术性、互补性和替代性等与产品有关的相似性进行连续延伸。然而，如果执意要向非功能性产品延伸，则消费者很难将延伸产品与核心品牌的优势相联系，所以不易成功。例如，松下可以很成功地延伸到各类家电产品，却无法进入高档手表或名贵香水等表现型产品。

(三)低功能—高表现型品牌应间断延伸，不宜连续延伸(除替代性延伸外)

此类品牌具有很好的象征意义和价值感，能很好地满足消费者的心理需要，这是其延伸的优势资源。如果向功能性产品延伸，通常很难成功，因为消费者对其功能性属性并无认同感。例如，高档洋酒本身并无太大功能性，但其名贵的特征会满足一些虚荣心较强的人的心理需要，所以更适合向名贵家居装饰品或珍藏品延伸，而不是其他副食品。此外，这类品牌还可推出功能类似、档次相当的替代产品(替代性延伸)。

(四)低功能—低表现型品牌相比之下更适合连续延伸

这类品牌无论功能性还是表现性都无法给消费者很大的满足，从理论上讲延伸困难

很大。但是，若要延伸，则间断延伸的失败率通常要比连续延伸大得多。因为这类品牌的表现性很弱，不能满足消费者的心理需要，但却能满足基本的生理需要(这是此类品牌能得以生存的原因)，所以相比之下，功能性要胜过表现性。由于其功能性并不强，故不宜采用技术相似性延伸，而应采用互补性和替代性延伸。例如，一种普通食盐品牌可以延伸到碘盐(替代性)，也可延伸到味精、酱油等其他调味品(互补性)。

需说明的是，根据四类相似性原则进行品牌延伸，其范围大小是不同的。Kapferer(1997)提出一个品牌延伸力模型说明该问题，在模型中，依据与特定产品联系的程度，将延伸相似性分为五类：产品、配方、专有技术、利益、价值。其中，产品、配方、专有技术属于与产品有关的属性，利益和价值是属于与产品无关的属性，前三者的延伸边界比后两者要小。Nakamoto 的研究表明，建立在总体形象上的信誉与建立在特殊品质上的信誉相比，可以延伸到更多的产品类别上。由这些研究可知，按照延伸范围由大到小，四类相似性依次排列为价值性、技术性、互补性、替代性。换言之，价值性延伸边界最大，其次是技术性和互补性，最后是替代性。例如，维京尽管横跨唱片、果汁和航空公司等几个毫无关系的行业，但因为都体现了“创新”的价值观而均获成功；海飞丝的特点局限在“去头屑”这种特有品质上，所以只适合推出“去头屑”的替代性产品。品牌延伸边界模型对延伸产品的范围进行了限制，如果违反其中的原则，则延伸通常要失败。举一例予以说明，荣昌以治疗痔疮而成名，后来延伸到治疗睡眠不足的甜梦口服液，自然也是失败。究其原因，荣昌肛泰属于高功能—低表现型品牌，其延伸范围受限于技术性、互补性或替代性等与产品有关的相似性，而荣昌肛泰与荣昌甜梦口服液无论从技术性、互补性还是替代性上都无法匹配，这注定了其延伸不可能成功。

第五节　品牌延伸的策略

如何让顾客接受采用成名品牌的新产品，并且快速实施购买？关键是要让顾客正确理解新产品与成名品牌之间的关系，从而形成一个合理的新产品期望，把他们对成名品牌的信任和喜爱毫无保留地转移到新产品上来。所以企业应采用如下的品牌延伸策略：

一、关联延伸策略

借助成名品牌在顾客心目中的老产品形象，选择那些与老产品相关联的新产品，使其包装、广告、宣传等尽可能展示出与老产品相关联的做法，让顾客从相关性中快速发现新老产品之间的共性，进而接受采用成名品牌的新产品。这种策略特别适合于那些功能型品牌的产品延伸，因为顾客对成名品牌所推荐的产品的个性、质量、用途、功效保留着深刻印象并存在显著的偏爱，所以保持新老产品之间的高度相关性，就成为品牌延伸成功与否的关键。实行关联品牌延伸，包括关联产品延伸、相似包装延伸、统一分销延伸、相关广告宣传延伸等具体方法。

(一)关联产品延伸

关联产品延伸就是选择那些与老产品在个性、技术、用途、形象等方面具有关联的新产品作为品牌延伸的对象，比如用途相同的产品、伴侣或互补产品、技术先进性与质量水平都很接近的产品、专业用产品、顾客特权类产品等。该方法的基本形式是产品线延伸，即对同一产品线中的新增产品项目采用与老产品相同的成名品牌，其效果是逐步把成名品牌变成家族品牌或统一品牌。

（二）相似包装延伸

相似包装延伸策略主张将新产品的包装设计为与老产品相似的样式，包括包装造型、图案、颜色以及品牌标签等的相似。包装不仅可以保护产品和方便使用，也有吸引目光、展现品牌、表现个性的作用。采用相似包装的方法，可以让顾客快速地联想到成名品牌的个性和特色，进而对新产品产生好感。

（三）统一分销延伸

统一分销延伸就是利用老产品的销售渠道，甚至是新产品和老产品一并展现在零售货架，让顾客在关注老产品时，能够马上注意到采用相同品牌的新产品。

（四）相关广告宣传延伸

相关广告宣传延伸是指将采用成名品牌的新产品与老产品放在相同的或者紧密相连的广告宣传节目之中，让顾客有更多的机会了解新老产品之间的相似性或关联性，加快情感和喜爱向新产品的转移。

二、适度分离策略

关联品牌延伸策略只是一种狭义的品牌延伸，仅适合于功能型品牌概念，其策略功效是极其有限的。广义品牌延伸的基本思想是把一个成名品牌应用到多个不同的产品或产品线，让顾客因为同一个品牌而认知、移情和喜欢企业的众多产品，不论这些产品是否有相似的个性和特色，也不论它们是否属于同一产品线。品牌延伸要突破传统的“一个品牌＝一个特色＝一个产品”的观念，致力于将品牌与产品个性适度分离，让顾客在心目中建立起“一个品牌＝一个信誉＝一组产品”的品牌形象。也就是说品牌不再只是产品的标识，不只代表产品的个性和特色，而是代表着企业信誉和企业对顾客的服务质量。

实现品牌与产品个性适度分离的基本途径是重塑品牌概念，让顾客产生更为丰富的品牌联想。方法之一是改变品牌表达形式，比如建立一个以该品牌名称命名的机构，或者组织一个用该品牌命名的公共关系活动，加上突出品牌信誉的广告诉求，表达企业的善意承诺，并通过该机构的良好的公关宣传，淡化品牌与产品个性的联系，渲染品牌更为丰富的信息内涵，让顾客对品牌产生一种全新的认识。方法之二是专门为新产品策划和组织广告宣传活动，而不必借助老产品的背景。这一方法适用于在用途、技术、市场与分销渠道等方面与老产品有所不同的新产品。比如 TCL 在推出家用电脑和手机时，就采用了与电话机和电视机不同的专门化的促销方式，尽管这些产品都贴有“TCL”品牌。这种做法的好处在于重视新老产品之间的差异，在个性展示、形象塑造等方面尽可能显示新老产品的不同，让顾客意识到同一品牌下的产品可以不同，而且各有特色。

三、多品牌策略

品牌延伸可能有两种失败：一种是顾客不接受采用成名品牌的新产品，一种是顾客在接受新产品以后不再喜欢和购买老产品或该品牌的其他产品。后者亦称为"跷跷板效应",主要原因是不同产品的技术状况、营销活动以及社会经济背景可能存在差异,使得顾客对采用同一品牌的新老产品产生了不同的认知价值和形象概念。理性的顾客选择认知价值较高的品牌或产品,认知价值较低的品牌和产品必将遭到淘汰。

为防止新老产品的营销效果差异对品牌形象产生消极影响,可以在品牌延伸中实行双品牌或多品牌并用策略,通常以成名品牌作为核心品牌,专用于新产品的新品牌为外延品牌。海尔集团在市场上推出的多款产品大都采用了这种策略,以"海尔—神童"为例,外延品牌"神童"传神地表达了"电脑自控、全自动、智慧型"等产品的特点和优势,但消费者对新品牌的认可、信赖乃至决定购买,主要是基于对"海尔"这个核心品牌的信赖。这种"成名品牌"+"专用品牌"的品牌延伸策略,可以说有连带效应。多品牌策略理论认为,在使用成名品牌的同时创造新产品,对于风险管理和新业务发展具有战略意义,多品牌的经营风险比单一品牌的风险要小得多。

案例分析

海尔的品牌延伸

海尔集团是在引进德国利勃海尔电冰箱生产技术的基础上发展起来的,从1984年到1991年的7年时间里,只生产一种产品——冰箱。经过多年的努力,海尔在业界树立了高质量、优质服务的品牌形象,并成为当时中国家电产品的唯一驰名商标,后来逐步推行品牌延伸策略。自1992年到1995年,海尔品牌逐步延伸到洗衣机、电冰柜、空调等家电产品。1998年海尔进军黑色家电领域,1999年海尔品牌电脑成功上市。如今的海尔集团已成为拥有包括白色家电、黑色家电、米色家电在内的多规格、多品种家电群,几乎涵盖所有家电产品,在消费者心目中树立了海尔家电王国的形象。

海尔品牌延伸策略的巨大成功并非偶然,首先,海尔用了7年的时间,在消费者心目中树立了优良的品牌形象,积累了一定的品牌资产,然后才开始逐步实施品牌延伸策略。海尔公司成立之初,在资金、技术、人才等方面实力并不雄厚,于是集中发展企业核心品牌,扩大市场份额,增强企业实力。在企业规模逐渐扩大,积累了多年的管理经验、资金、人才储备与核心技术的情况下,1992年起开始进行相关产品的多元化生产经营,此时,海尔采用了品牌延伸策略,避免品牌外延数量扩张,营造品牌内涵的实质延伸,形成了清晰单一的品牌形象,而且,海尔家电领域产品的延伸,可以利用原有的全国性销售与服务网络,避免了重新筹建分销和服务网络的巨额投入,集中了资源配置。

在进行宣传时,海尔先是打出"海尔,中国造"的广告,在特定时期激发了中国消费者的民族感情,体现了振兴海尔民族品牌的决心,但"中国造"表明海尔此时的诉求中心仍是立足于产品本身,而后来其宣传口号转变为"海尔,真诚到永远",由产品诉求转向了服务诉求,站到了更高的利益点上,这使海尔品牌具有虚化的趋势,海尔不再单纯代表冰箱或洗衣机等某种产品,而是从更深层次挖掘品牌的文化内涵,从而提高了品牌延伸的能力。

同一品牌的新产品,有利于消费者认识到企业品牌不断在创新,而非保守老化,这种创新认识会强化品牌的良性认知,可以为原来的品牌带来新鲜感与成长感,有利于发展品牌意义，使后继产品成为原品牌传播的载体，使品牌蕴含的意义更加丰满。因此，海尔品牌每一次成功的延伸，都会使其与产品相互呼应，从而进一步壮大、强化了原有品牌的形象。

海尔把洗衣机等行业比作一个“蛋糕”，海尔不是在原有“蛋糕”上挖一块，而是要把“蛋糕”做得更大。夏天人们天天洗衣服，需要一种小容量的洗衣机，于是海尔发出了“小神童”、“小小神童”洗衣机。因此，企业在应用品牌延伸策略时，通过分析市场需求，开发针对细分市场的产品，就能提高成功的概率。

海尔公司在品牌延伸的实际操作中，灵活采用了不同手段，如采用品牌输出的方式实现延伸。1998 年海尔进入黑色家电领域，其“海尔”牌大屏幕彩电出产于杭州海尔电器公司。这家公司是海尔集团与西湖电子集团共同创建的，利用西湖电视的生产线进行生产，产品一投放市场就获得了成功，北京、天津等地甚至出现脱销。另外，海尔集团在推出新产品时，往往采用副品牌策略，如外形俊朗、功能先进的冰箱叫“帅王子”，小冰箱叫“小小王子”；新一代变频空调用“帅英才”来表达产品智能变频控制，技术超前的小洗衣机叫“小小神童”，惟妙惟肖地体现了产品的魅力。在费用一定的情况下，集中力量宣传一个品牌较之分散宣传多个品牌更容易提高品牌的知名度与价值。因此，母品牌“海尔”得到了足够多的资源持续支持，子品牌也因为母品牌的强势地位顺利进入市场，同时，子品牌能够直接表现产品特点及个性形象，也便于消费者选择购买。

然而，同是海尔公司，虽然在家电范畴内，无论产品延伸到哪里都非常成功，但当海尔把触角伸向医药、房地产时，尽管也运用了屡试不爽的强大宣传攻势，打出亚健康的概念，却没有得到市场的认同。这主要是因为多年来海尔在家电品牌的形象，而医药、房地产与原有品牌不具有相似性，属于不同的产业领域，而且海尔在家电领域的核心竞争力如人才、工作流程、管理模式、市场渠道等，在面对崭新的产业领域时可被移植、转移的部分很少，可以说在这两个竞争激烈的产业中，海尔并不具有优势，最后的结局可想而知。

(资料来源：王戈：《企业品牌延伸策略研究》，南京理工大学硕士论文，2005 年 6 月。)

案例讨论题：

1. 你认为海尔公司将海尔品牌延伸到医药、房地产是成功的吗？为什么？

2. 你认为海尔在家电行业品牌延伸成功的关键是什么？

第7章

品牌危机管理

品牌危机管理是指在品牌生命周期中，采取恰当的管理活动，以尽可能避免导致品牌价值损失事件的发生，以及在发生品牌危机后尽可能降低品牌价值的损失。企业在商业活动中不确定和潜伏的危机无处不在，它随时可能降临到某个企业的身上，它影响着我们完全确定企业品牌真正目标的能力，影响着我们测量实现目标的进展情况的能力，也必然影响着我们高效、经济地去兑现企业品牌承诺的能力。此外，火灾、突发事故、不明智的品牌决策以及法律纠纷都会招致突如其来的品牌危机，并造成企业战略目标的偏移。这类事件的发生将侵蚀企业品牌原先取得的成功，损害企业形象，有时甚至威胁企业的生存。

第一节　品牌危机的周期及特征

一、品牌危机的周期

品牌危机大致分为三个阶段，如图 7-1 所示。

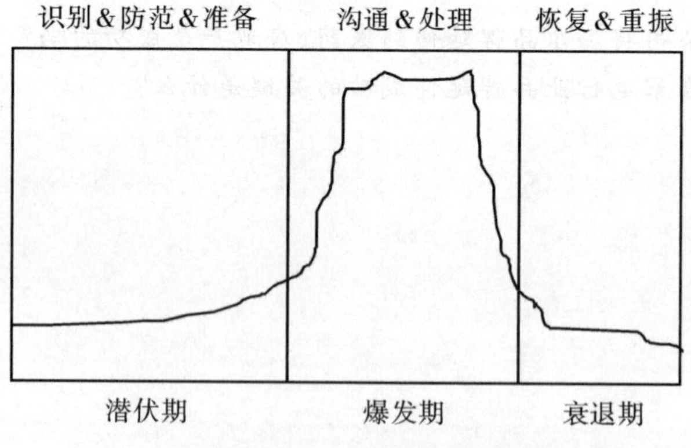

图 7-1　品牌危机周期示意图

(一)品牌危机潜伏期

根据“潜伏期”的存在与否，可以把品牌危机划分为两类，即潜伏性品牌危机与突发性品牌危机。

在潜伏性品牌危机中，企业可以从内、外部利益相关者，社会舆论，媒体那里接受到品牌危机的征兆信号，如顾客对产品质量问题投诉的增多、产品质量下降、媒体对企业形象的负面报道增多等。对于这类危机，在其潜伏阶段，只要我们充分留意，就会观测到某些信号——这些信号相互确认并相互强化，预示着某种可能发展为品牌危机的事态。这是品牌危机潜伏期给企业品牌危机管理人员的一次化解危机的机会，但遗憾的是这些信号却往往未能引起品牌管理人员的足够重视，甚至被有意地忽视了。而在突发性品牌危机中，企业则很少能接受到征兆信号，这就意味着品牌危机越过潜伏期了，所以突发性品牌危机更加难以管理。

(二)品牌危机爆发期

"冰冻三尺非一日之寒"，在品牌危机潜伏期里，品牌危机因素增加，而企业品牌危机管理人员却不能及时发现和处理，当这种因素积累到一定量的时候，危机就会突然爆发。在该阶段中，一般都有重大的事件突然发生，也就是品牌危机的导火索。该事件对企业品牌形象有着较大的影响，更糟糕的是媒体会迅速地将事件报道，从而引起社会公众的广泛关注，他们往往会积极搜寻进一步的信息。此时，企业管理者面临着突然增加的压力，该压力会促使其采取相应的行动(也可能是逃避)，管理者应尽其可能掌握相关信息，进行恰当的信息披露，以填补信息真空，尽可能引导舆论导向，掌握主动权。企业管理者必须聚集、分配企业内外部资源，一方面采取积极的措施，迅速回应危机，尽可能维持企业的正常运营；另一方面进行广泛的媒体沟通，有效控制信息源，准确无误地向外部利益相关者传递危机信息，从而控制品牌危机的负面影响，赢得社会公众的谅解与支持。

(三)品牌危机衰退期

经过潜伏期与爆发期，品牌危机得到了妥善解决，逐渐平息，品牌危机迎来它的衰退期。至此，媒体热闹但烦人的纠缠终于渐渐平息，社会公众试图淡忘曾经经历过的危机，企业赢得公众的同情或鄙弃，企业管理者在"闭门思过"。

此时，从企业管理视角出发，企业管理者的一个重要任务就是重新规划企业品牌乃至企业整体形象的重振，假如企业得到拯救，那么它的品牌又回到市场中。同时，企业管理者的另一个重要任务就是"吃一堑长一智"，注意总结这次品牌危机管理中的得失，提高企业应对类似品牌危机的能力。

二、品牌危机的特征

品牌危机是指由于企业外部环境的变化或企业品牌运营管理过程中的失误，对企业品牌形象造成不良影响并在很短的时间内波及社会公众，进而使企业品牌价值大幅度降低，甚至危及企业生存。它具有以下特征：

(一)破坏性

品牌危机事件的发生在本质上或事实上会产生一定程度的破坏作用，损害到顾客、社会公众的利益，使得公众陷入精神恐慌之中；也会给社会环境造成极大的破坏，并最终导致社会财富直接或间接的无谓损失。品牌危机会破坏消费者对企业产品品牌的感知、识别、联想与忠诚，也会损害品牌的市场力量，进而损害企业的品牌价值。从企业财务管理的角度来看，品牌危机的危害性可直接地表现为企业财务报表或市场价值的大幅下降，如1994年Intel公司就为其CPU中的一个运算程序错误及之后的不良品牌危机管理行为付出了3.6亿美元的代价，或表现为企业品牌信誉乃至企业整体形象受损(这些更难计算)。

(二)突发性

企业的品牌危机总是在意想不到、没有准备的情况下突然爆发的，它具有突发性的特征。企业品牌危机总是在短时间内猛然爆发，具有很强的突发性，一旦爆发即造成巨大影响，令人瞩目。它往往迅速成为社会和舆论关注的焦点和热点，成为一般公众街谈巷议的话题，成为新闻媒体争相报道的内容，成为竞争对手发现破绽的线索等。总之，企业品牌危机一旦发生，就会像一根牵动社会的“神经”，迅速引起社会各界的不同反应，令社会各界密切关注。因此，若控制不力或行动迟缓，势必造成无法弥补的后果。因此，管理者们常以“兵贵神速”这一理念来强调品牌危机管理方案的时效性，甚至有些危机管理专家直接指出，危机发生的第一个24小时至关重要，如果企业未能很快地行动起来，并已准备好把事态告知公众，就可能被认为有罪，直到企业能证明自己是清白的为止。

(三)蔓延性

俗话说：“好事不出门，坏事传千里。”现代社会高度发达的信息技术为人们的信息交流提供了多种途径，除了传统的电视、电台、报纸外，移动电话、因特网等新兴通讯方式在生活中也发挥着越来越重要的作用。负面消息更有利于传播，影响也更大，这一切使得危机的信息以极快的速度蔓延和传播。

(四)低可见性

企业品牌资产受一系列复杂因素的作用，且每个因素间存在交叉性和系统性的相互影响。品牌危机发生后，危机事件往往成为舆论关注的焦点，大量信息或噪音随之产生，这些信息或噪音在传输过程中受到超负荷信息传递系统的扭曲。品牌危机的低可见性，一方面容易导致企业产品的顾客、社会公众等对危机事件本身的恐惧感，引起品牌危机效应的扩散；另一方面也意味着企业管理者往往必须在缺乏充分、准确信息的情况下作出决策，再加上决策时间方面的限制，管理者很难作出果断、正确的决策。

第二节　品牌危机管理模式

品牌危机管理是从品牌危机预警防范到危机后重振的全部管理过程。以下主要以“防范与准确＋反应＋恢复和重振”模式进行探讨。

一、防范与准备阶段

品牌危机的防范，是品牌危机管理的首要任务，也是其第一要旨，它不在于如何处理已出现的危机，而在于如何辨别企业品牌运营过程中潜伏着的危机。企业全体员工在对待品牌危机上应该具有“忧患意识”，时刻警惕破坏性因素，密切关注有关未来品牌危机的信息，并尽量为潜在的品牌危机做好准备。该阶段包含以下几个过程：

(一)识别品牌危机成因要素,制定危机管理预案

对品牌危机要素的识别是品牌危机管理的起点。这主要包括以下三个步骤:

1. 识别品牌危机成因要素

企业可采用一些方法,如头脑风暴法、问卷调查法和德尔菲法等对企业面临的潜在品牌危机进行识别。从系统论的角度来看,企业品牌危机成因的系统分类如图 7-2 所示。

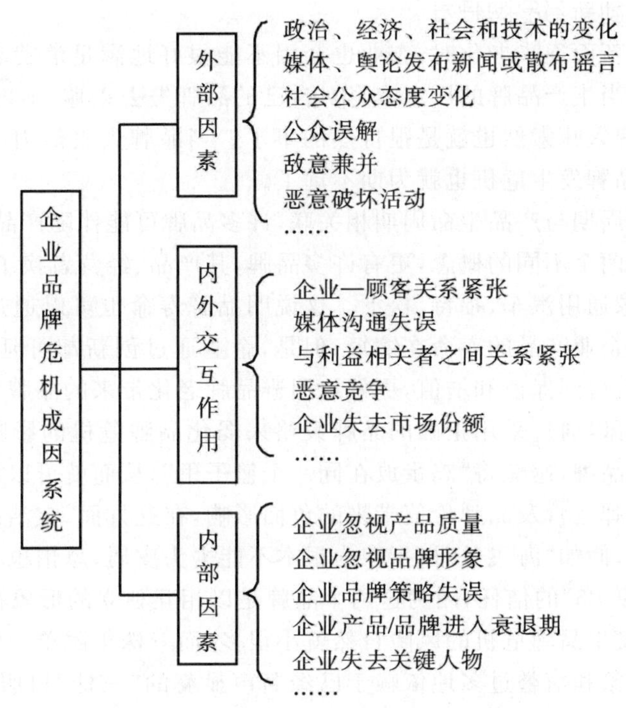

图 7-2 品牌危机成因系统分类图

2. 评估品牌危机成因要素

进行企业品牌危机成因系统分类之后,需要进一步对识别出的品牌危机成因要素进行排序。该排序一般从三个方面考虑:由某一品牌危机成因要素导致品牌危机的可能性、影响后果的严重性,以及对该成因要素进行防范与处理所需应对资源的多少。

3. 制定品牌危机管理预案

当企业认为必须对识别并评估出的若干重要品牌危机成因要素进行管理时,就需要针对每一特定品牌危机成因要素制定科学、合理的品牌危机管理预案,以便为将来的品牌危机防范、准备、应对过程提供指引。只有尽可能完善地为各种品牌危机制订处理计划,才能在品牌危机发生时有条不紊、集中有序。

(二)树立良好品牌形象,提高消费者的品牌忠诚度

企业树立良好的品牌形象,培育与提高消费者的品牌忠诚度是企业能安度品牌危机的一个重要的先决条件。企业能否安然度过其面临的品牌危机的最重要因素之一,就是看其在发生品牌危机时已经建立和积累起来的信誉。信誉对于品牌而言,指的是企业品牌值得信赖、有信用,是诚实的、谨慎的、坦率的、可以亲近的、有效率的及成功的。这种屏

障保护是企业每天、每周、每月、每年通过与企业主要公众建立起来的信任、忠诚和信用而获得的，它是企业的信誉银行，总有一天会派上用场，特别是在企业品牌危机发生时刻更是如此。

当然，在树立良好品牌形象与提供消费者品牌忠诚度方面有许多方法可供企业选择如生产好的产品、制订消费者回馈方案、赞助有价值的活动、致力于公共慈善事业等等。

(三)注重品牌创新与品牌开发

当品牌缺乏创新而逐步老化时，企业也会因不能很好地满足消费者变化的需求而引发品牌危机。试想当生产品牌的厂家本身对自己的品牌失去兴趣、不再创新、缺乏广告创意时，消费者对品牌兴味索然也就是很自然的事了。当品牌失去活力、毫无生机，它也就毫无魅力可言了，品牌发生危机也就为期不远了。

由于品牌生命周期与产品生命周期相关联，许多品牌可能伴随产品的消长而消长，但品牌与产品毕竟是两个不同的概念，更有许多品牌，其产品、经营者换了好几代了，但品牌依旧是那个品牌，像通用汽车、福特、松下。这说明品牌寿命也可以通过不断创新加以延长，也就是说，尽管企业产品的寿命在缩短，但是，企业通过创新却可延长品牌的寿命，重振品牌，使品牌价值得到保值和增值，更好地回避品牌老化带来的品牌危机。

另外，企业也可以通过采用正确的品牌策略来弱化品牌危机的影响。如企业可以通过开发多个独立的品牌，避免将“鸡蛋放在同一个篮子里”，从而就可以压缩某一特定品牌危机对企业整体品牌运营及品牌价值带来的负面影响，在这方面，宝洁的做法是相当值得推崇的。可以设想，假如“海飞丝”被指控为根本不能去头皮屑，恐怕也不会影响消费者对“潘婷”中“维他命原 B5”的信任，因为这两个品牌是以相互独立的形象存在于消费者心中的。这样一来，其发生品牌危机的风险自然就小很多，而三株集团单一的“三株”品牌使得企业其他产品的形象和信誉过多地依赖于已经名声显赫的“三株”口服液，一旦口服液出现危机，自然就殃及所有打着“三株”品牌的产品，从而使品牌危机扩大为危及企业生存的危机，而这已成事实。

(四)唤起“全民危机意识”，加强全员危机训练

当今社会，市场环境、竞争态势瞬息万变。在激烈的市场竞争中，一个企业如果在经营红火时缺乏忧患意识，在顺境时无身陷逆境的准备，那就意味着困难和危机即将出现。因此企业的决策者和全体员工要树立危机意识，进行品牌危机教育。只有广大员工真正认识到市场竞争的残酷性，感到危机时刻在他们身边，才能及早防范，将危机消灭在萌芽状态。比如四年前深圳华为老总任正非就曾以《华为的冬天》为题对企业进行危机教育，文中“狼来了”的危机意识增强了企业面对危机与风险的应对能力，在意识的高度上保障了华为的持续发展。

另外，企业在灌输危机意识之余也不应该忽视对员工的相关培训和预案的演练。如果员工不具备应有的应变能力和应急处理的知识、技巧，那么即使他们有着很强的危机意识，企业有着完善的危机管理预案，在发生危机时，企业品牌危机管理实施的效果也肯定要大打折扣。因此，企业要组建一个品牌危机管理小组，由具有危机处理经验的专业人员负责。并通过规章制度的制定、灌输和执行，以及组织短期培训、专题讲座、知识竞赛等活动，加强对企业员工的危机培训，增强企业员工的应变能力和心理承受能力。

(五)建立有效的品牌危机预警系统及预警指标体系

树立全员危机意识可以提高企业决策层及全体员工的警惕性,但是,仅有这种忧患意识是不足以防范危机的。为了有效防范危机,还必须建立完善的危机预警系统,疏通信息沟通渠道。

信息是品牌危机防范的生命。以科学化、规范化和制度化为标准,建立完整的监测系统,及时、准确地收集相关信息,做到上情下达、下情上达、内通外达、信息交流畅通无阻;此外,建立品牌自检自诊制度,定期或不定期地从不同侧面、不同角度进行检查、剖析和评价,第一时间发现薄弱环节,及时采取措施,减少乃至消除发生危机的诱因。这种自检自诊不是有了问题才检查,而是通过检查防止问题的发生。企业应加强自检自诊工作,并使其制度化、规范化。

品牌安全预警指标体系是对品牌的安全状况进行监控的参数体系,企业可以通过不定期对品牌安全预警指标的检视来诊断品牌的安全状况。

1.品牌美誉度与毁誉度

品牌美誉度是指褒扬品牌的顾客人数比例,其公式为:

$$\text{美誉度}(X_1\%)=\frac{\text{褒扬者人数}}{\text{知晓人数}}\times 100\%(1\leqslant X_1\leqslant 100)$$

品牌毁誉度是指贬抑品牌的顾客人数比例,其公式为:

$$\text{毁誉度}(Y_1\%)=\frac{\text{贬抑者人数}}{\text{知晓人数}}\times 100\%(1\leqslant Y_1\leqslant 100)$$

$X_1>70$、$Y_1<5$ 属于品牌安全线,而 $X_1<50$、$Y_1>10$ 属于品牌危机预警线。

2.品牌指名度与负指名度

品牌指名度是指名购买某品牌产品的顾客人数比例,其公式为:

$$\text{指名度}(X_2\%)=\frac{\text{指名购买者人数}}{\text{知晓人数}}\times 100\%(1\leqslant X_2\leqslant 100)$$

负指名度是指名不购买某品牌产品的顾客人数比例,其公式为:

$$\text{负指名度}(Y_2\%)=\frac{\text{指名不购买者人数}}{\text{知晓人数}}\times 100\%(1\leqslant Y_2\leqslant 100)$$

$Y_2<2$ 就属于品牌安全线,而 $Y_2>5$ 就属于品牌危机预警线。

3.品牌满意度与抱怨度

品牌满意度是指消费了某品牌的产品后感到满意的顾客人数比例,公式为:

$$\text{满意度}(X_3\%)=\frac{\text{满意人数}}{\text{消费人数}}\times 100\%(1\leqslant X_3\leqslant 100)$$

品牌抱怨度是指消费了某品牌产品后产生抱怨的顾客人数比例,其公式为:

$$\text{抱怨度}(Y_3\%)=\text{抱怨人数}/\text{消费人数}\times 100\%(1\leqslant Y_3\leqslant 100)$$

$X_3>60$,$Y_3<5$ 就属于品牌安全线,而 $X_3<50$,$Y_3>10$ 就属于品牌危机预警线。

由以上的分析可以看出,树立良好品牌形象、培育品牌忠诚度、注重品牌创新及品牌开发等方面旨在预防危机的发生，它们是品牌危机预防的第一道防线；对品牌危机成因要素进行识别、评估，制定危机管理预案是品牌危机防范第二道防线；唤起“全员危机意识”、进行全员危机培训、建立危机预警系统及预警指标则是为“迎接”品牌危机的出现而做的准备工作，是品牌危机防范的第三道防线。

二、反应阶段

尽管预警防范在先，但再周详的防范也可能会出现遗漏，或者因企业不可控的外部因素而出现恶性事件，因此，品牌危机还是可能会爆发。品牌危机一旦爆发，便会迅速破坏品牌形象，并且使企业出现人心散乱的危险局面，因此，企业必须及时、果断地作出科学而有效的决策，引导舆论、稳定人心，迅速查清品牌危机的原因，抑制危机事件蔓延，缓解紧急情况，避免急迫过程中的盲目性和随意性，防止危机处理过程中出现重复和空位现象，并最终圆满地解决危机，使企业及其品牌尽快从危机中恢复过来，重塑品牌及企业的良好形象。

（一）确认品牌危机，采取紧急行动，控制危机的蔓延

对品牌危机发生信号的确认，通常是最富有挑战性的。因为，一方面正如狄摩西尼所说的“没有什么比自我欺骗更容易的了。因为人们渴望什么，就相信什么是真的”；另一方面，忙于应付日常运营的企业有时会将已经拉动的危机警报忽略掉，或将问题归于错漏。

因此，在寻找品牌危机发生的信息时，管理人员最好能听听企业内外各种人士的看法，并采用基于利益相关者的“观点”（POV，Point of View）来看问题，与自己的看法相互印证，果断采取措施，尽量把潜伏的危机事件消灭在萌芽阶段。

无论如何，在企业面对品牌危机时，恐惧和回避都无济于事，隐瞒和掩盖更是行不通的。企业应正视摆在企业面前的危机开端，开诚布公地对消费者和社会公众的关注作出合理的回应，那种拒绝和欺骗的做法只会错上加错。美国一位专司企业危机咨询业务的专家考林·夏恩指出：“如果工作中出现过失，你只能面临一个问题，但你如果试图遮盖它，那所面临的问题就是两个了。而且，一旦事实真相被披露，谎言可能会比原先的错误更令你为之困扰。”诺曼·R.奥古斯丁则给出了正确的策略——“说真话，马上说”。显然，当危机苗头出现时，与其忽视甚至漠视品牌危机的出现，不如在品牌危机全面爆发之前将其控制住并迅速平息。

（二）全面调整策略，积极处理危机，弱化危机负面影响

在尽力控制危机的发展之后，接下来最重要的就是从危机反应状态进入积极处理状态，以求迅速平息危机，弱化危机负面影响。此时，企业必须果断地调整管理重心，全面周详地部署企业的品牌危机应对策略。一般包括以下几个主要方面：

1. 成立品牌危机指挥中心

一旦企业确认品牌危机已经无可挽回地爆发后，一方面，企业应选定一群员工，如事先选定的危机管理小组人员作为品牌危机紧急状态下的指挥中心，专职从事危机的处理工作。品牌危机处理小组一般由企业的高层管理人员（如首席执行官）、公关人员以及有关部门负责人组成，致力于尽快弄清品牌危机的真相，并准确确认品牌危机的性质、范围及其原因，提出解决方案，并领导、协调企业完成两个危机管理任务：一是调动企业内外资

源，以处理危机；二是负责内外沟通。另一方面，企业应让其他人继续公司的正常运营工作，也就是说，在企业危机管理小组与企业运营管理小组之间，应当建立一座“防火墙”，使其尽量减少相互间的干扰。

2. 进行积极、真诚的内外部沟通

完美的沟通是指经过传递之后被接受者感知到的信息与发送者发出的信息完全一致，它在成功的品牌危机管理中是至关重要的。它包括两个方面的内容：对内沟通和对外沟通。

(1)对内沟通。在所有的公众里，员工一般是最复杂和最敏感的。品牌危机中，员工既可能成为企业最可信的同盟军，也有可能成为极具破坏性的敌对者，因为，品牌危机中，企业比任何时候都更需要员工作为公司的亲善大使。如果他们支持企业，他们就更可能保持一种积极的态度，这有助于说服顾客、供应商等产生同感。而妥善对待员工的期望、保持员工的凝聚力、缓和员工中的恐惧感和不安情绪，以及在一个企业内部保持一种兴奋和相互信任的感觉，几乎所有这些都是需要进行沟通的问题。可见，在危机中员工应该是第一类需要进行沟通的人，对内沟通成为危机管理中企业不可忽视的能力之一。在品牌危机过程中，企业进行对内沟通必须注意：在品牌危机发生后应及时与员工进行沟通，确保所有的员工基本上能同时得知所有重要的信息，尽可能多地向员工传达有关信息。

(2)对外沟通。品牌危机发生后，除了对内沟通以外，还应加强与有关各方的对外沟通，争取外援。首先要着力获取新闻界的支持，由于新闻媒介在引导社会舆论方面具有重大作用，企业在平时就应加强与它们的沟通，建立信任关系，在危机发生后，更要密切注意新闻媒介的动态，以便掌握主动权。其次要加强与公众的沟通，如果危机发生后，没有人能出来说些什么，那么人们就会用想象来填满所有的疑问，谣言听多了也就成了真理。最后，企业要善于借助具有公正性和权威性的机构来帮助解决危机，而借助专家与政府的力量则是成功解决品牌危机最具权威的方法。政府的态度往往影响着舆论的导向，企业应善于说服政府质量监督等部门，让他们来告诉消费者产品的品质并无问题，或者问题的危害并不是想象的那么大。因此，企业在处理危机时，一方面要做到谦虚自责，勇于承担责任，始终把社会公众的利益放在首位；另一方面也要施展一定的技巧。只有这样才能使企业既能控制事态发展、转危为安，又能由此迈上一个新台阶。

三、恢复和重振阶段

在平息品牌危机事件后，即品牌危机进入休眠期时，企业管理者就需要着手开展企业的恢复与重振工作，一方面尽力消除品牌危机的负面影响，将企业的财产、设备、工作流程和人员恢复到正常运营状态；另一方面则对企业品牌形象与企业自身形象进行重塑与强化，进而求得“企业反弹得比危机前更好”。品牌危机休眠期的“恢复与重振”工作大致可按以下两方面进行。

(一)测评企业品牌形象，总结品牌危机管理经验

在品牌危机处理告一段落，也是企业退一步反省思考，进行品牌形象测评和总结品牌危机防范与危机处理中的经验教训的时刻——这是企业想从品牌危机中“获利”的重要举措。一方面，良好的品牌形象和企业信誉是企业的无形财富，也是企业品牌具有市场竞争

力的重要标志。了解品牌危机对其形象、信誉、知名度和美誉度有多大影响等是企业非常关心的重要内容，也是危机平息后使企业品牌重新得到顾客承认与认可的重要基础性工作，是重振品牌声誉的重要决策依据。另一方面，要注意从社会效应、经济效应、心理效应和形象效应诸方面，评估此次企业消除品牌危机的有关措施的合理性和有效性，并实事求是地撰写出详尽的危机处理报告，为以后处理类似的品牌危机提供依据；同时认真分析危机事件发生的深刻原因，切实改进工作，从根本上杜绝危机事件的再次发生。

在进行品牌测评的过程中，既要调研品牌危机管理效果，又要调研企业品牌运营各环节的协调状况。通过对危机管理反馈效果的调研，可以了解消费者和公众对企业在品牌危机中开展的一系列管理活动的意见（如消费者与公众对危机管理人员的表现的评价等），及时发现企业在品牌危机管理过程中的不合理行为，为进一步强化品牌及企业形象提供决策依据。在调研中，消费者、社会公众、各有关媒体以及危机管理人员等都应被列为调查对象。而对企业品牌运营管理过程中各环节协调情况的调研结果进行分析，也有助于企业改善自身品牌管理的技能。如果企业各职能部门能为实现企业目标而协调一致，品牌及企业的整体形象就会在正确的品牌运营下得到提升；相反，若企业内部各职能部门职责不明、相互推诿，在危机中应对迟缓、杂乱无章，那么即使企业此次侥幸脱离危险，也不利于日后品牌重振，同时也难免不为再度发生危机留下隐患。

可见，进行品牌危机（管理）总结，一方面，要总结企业在品牌危机防范中的失误、遗漏，以及企业在品牌危机处理过程中的疏忽及明智之处；另一方面，要通过对品牌形象的测评，了解品牌危机对企业及其品牌形象造成的不良影响，从而为企业重振品牌提供科学、客观的依据。

（二）恢复正常运营、重振品牌形象

品牌危机导致消费者对企业品牌忠诚度下降，导致企业产品的销售量迅速下降，进而使得危机发生后企业物质流（如原材料、在产品、产成品等）、现金流及信息流情况与危机发生前正常运营时的情况大相径庭。此时，在品牌危机平息后，企业管理者的一项重要任务就是制订恢复计划，并采取一系列策略性措施，努力将企业的生产经营情况恢复正常，维持生产经营的持续性。

但企业品牌危机更经常地表现为无形影响——它影响的是消费者与社会公众对企业品牌的认知、联想与忠诚，进而影响企业的品牌价值与企业的市场价值。彻底根除这些负面影响是任何一个经历品牌危机的企业的共同心愿。然而，即使企业在品牌危机过程中采取积极有效的处理措施，企业的品牌形象和产品销售额也不太可能恢复到危机发生前的水平。因此，企业品牌危机得到解决并进入休眠期后，还远远不是企业品牌危机管理的结束——企业品牌危机管理还要进入重塑和振兴品牌形象的阶段。只有当企业恢复或重新建立企业的良好声誉和美好声望，企业的品牌再度赢得社会公众的理解、支持与合作，品牌危机才谈得上真正转危为安。因此，品牌危机平息后的品牌声誉重建是危机管理中十分重要的一环。它主要包括内、外两方面的工作内容：

在企业内部，(1)要以诚实和坦率的态度安排各种交流活动，以形成企业与其员工之间的上情下达、下情上达、横向连通的双向交流，保证信息畅通无阻，增强企业管理的透明度和员工对企业组织的信任感；(2)要以积极和主动的态度，动员企业组织全体员工参与决策，作出组织在新的环境中的生存与发展计划，让全体员工形成乌云已经散去、曙光就在前头的新感受；(3)要进一步深化全员危机意识，完善企业管理的各项制度和措施，有效地规范组织行为，并为下一次可能的品牌危机做好准备。

在企业外部，企业品牌危机重振的整体要求是：制订一个有效的形象管理计划，并通过实事求是地兑现承诺(行动)与外部沟通(言语)来改进企业品牌的新形象。(1)企业应通过对诚实原则的恪守，以此反映企业对完美品牌形象和企业信誉的一贯追求。承诺意味着信心和决心，企业通过品牌诉诸承诺，将企业的信心和决心展现给顾客及社会公众，表示企业将以更大的努力和诚意换取顾客及社会公众对品牌及企业的信任，是企业坚决维护品牌形象和信誉的表示；承诺同时也意味着信任，企业通过诉诸承诺，使人们对品牌的未来有了更大更高的期待，人们接受了“以后将得到更多”的愿望而信任品牌及企业。(2)企业要吸纳外部利益相关者参与到重振企业的管理中来，让其感到他们在企业危机中是受重视的。(3)要加大对外宣传、沟通力度。危机期间，品牌形象和企业信誉大为减损。在品牌危机平息后，为了重塑、强化品牌形象，企业应积极主动地加大宣传力度，让顾客及社会公众感知品牌新形象、体会企业的真诚与可信。例如，与公众保持联络，及时告诉他们危机后的新局面和新进展；或争取拿出一定的过硬的服务项目和产品在社会上公开亮相，从本质上改变公众对企业的不良印象。可以说，品牌危机平息后的大力宣传是品牌重获新生并有所提升的不可或缺的条件。

第三节　品牌危机管理的措施

品牌的创建、培育和维护是一项系统的管理工程，其中任何一个环节出现危机都会危及品牌的安全。市场又处处都是陷阱，随着各种未知因数的无常变化，品牌危机形式也会越来越多，因此企业必须实施专门的品牌危机管理，把维护企业的品牌安全作为企业管理的一项系统工程来抓。

一、树立品牌安全意识

品牌安全意识的缺乏是最大的品牌危机。任何一个优秀的“百年品牌”，都不可能一蹴而就，它需要科学的管理、踏实的工作、积极的探索，更需要精心的呵护。企业必须要有立足于塑造一个优秀的“百年品牌”的意识，才有可能最终建立一个优秀的“百年企业”。

因此企业的领导者必须要有健全的品牌安全理念，正确处理好品牌发展与品牌安全的辩证关系；必须认识到品牌危机随时都会发生在企业身上，随时作好充分准备以应付各种品牌安全的突发事件，抓住控制事态发展的主动权，控制品牌危机的影响范围，及时进行补救。

二、建立品牌危机管理机构

没有专门的品牌危机管理机构和管理人员，企业就不可能对品牌危机作出迅速的反应并采取及时有效的措施。因此企业应该组建一个由具有较高专业素质和较高领导职位人士组成的品牌危机管理小组，制定品牌危机预防措施和处理方案，清除品牌危机险情，尽量减小品牌危机对品牌形象和企业形象的损害。

国外如宝洁等一些大公司早就设立“品牌经理”专门负责品牌管理，国内企业也应尽快建立品牌经理制，让每一个品牌都有人专职负责。品牌经理既然是公司内外营销力量的组织调动者，当然也就要对他所管理的品牌的产品或产品线的成功与否、安全与否负最终责任。

三、建立品牌危机预警系统及预警指标

品牌危机预警系统是对品牌的创建、培育和维护实施全过程、全方位的监控，并对可能出现的危机预先发出报警的管理系统，也是现代企业必须具备的安全管理系统。该系统包括品牌安全管理信息采点系统、品牌危机管理信息中央处理系统和品牌危机管理快速反应系统。企业要通过品牌危机管理预警系统及时收集相关信息并加以分析、研究和处理，全面准确预测品牌危机的各种情况、捕捉危机征兆，为处理各种潜在危机制订对策方案，尽可能在危机爆发之前消除危机。预警指标给品牌危机管理者提供了认识品牌危机的定量方法，从而具有可操作性。

四、建立品牌危机自我诊断制度

企业应建立一套品牌危机自我诊断制度，从制度上规定品牌危机管理机构和管理人员经常从不同层面、不同角度对品牌运行状况进行检视和诊断，找出薄弱环节，及时采取措施予以纠正，从根本上减少乃至消除品牌危机发生的诱因，从制度上保障品牌运行的安全。

五、重视危机公关

危机可能在极短的时间内毁坏企业的形象，声誉对企业来说是一笔可以无限增值的无形资本，企业由于形象受损而造成的损失及潜在的损失是无法估量的。实践表明，公关策略在所有成功的危机管理中是一个极为重要的因素，在危机发生期间个人或组织沟通不当通常会恶化危机局面。企业危机必然会引起有关外界民众、媒体、政府以及企业员工一连串的疑问，他们急于知道是什么导致了危机、企业目前的状况、是否涉及自身的利益等问题。这时，对有关方面的问题回答不当就可能会导致各方面对企业丧失信心，造成经济损失甚至给企业带来长期损害。很显然，快速而有效的危机公关能力是成功而有效的危机管理的重要组成部分。企业在面向公众时，切不可推卸责任、故意回避，企业发言人不能前后矛盾而导致公众不信任，应争取及时、积极地沟通。

案例分析

强生公司“泰莱诺尔中毒事件”

作为美国最大的生产保健品及幼儿药品的医药公司，强生公司在全美享有盛誉。特别是1982年通过综合运用危机管理的各种技巧，成功地处理了危及公司命运的泰莱诺尔

(Tylenol)药物中毒事件这一品牌危机，在企业品牌危机管理史上谱写了光彩夺目的一页，并因此获得美国公关协会授予的最高奖——银钻奖。

背景

自泰莱诺尔于1975年问世以来，广告即宣称其将代替阿司匹林。这种家庭用药在美国销路很广，每年销售额达4.5亿美元。泰莱诺尔在问世7年内，便赢得了止痛药市场37%的份额，占强生联营公司总销售额的8%，利润的15%～20%。

事故

1982年9月30日早晨，有信息报道说芝加哥地区有7人因服用强生联营公司的一个子公司麦克尼尔用品公司生产的泰莱诺尔牌止痛胶囊而死于氰中毒(据说还有250人生病或死亡)。这一消息顷刻间引起了全美1亿多使用泰莱诺尔止痛药的消费者的巨大恐慌，该品牌及其公司的形象一落千丈、名誉扫地。面对新闻界的群起围攻和别有用心者的大肆渲染，一个巨大的品牌危机呈现在强生公司决策者们面前。一时间，泰莱诺尔全部从货架上撤了下来，有的人甚至要求停止整个生产线，民意测验表明，94%的服药者表示今后不再服用此药，强生公司面临着一场生死存亡的巨大品牌危机。

反应

(1)危机控制：强生公司首先作出了一个至关重要的决策：向新闻界敞开大门、公布事实真相。该公司向新闻界宣布：本公司是坦诚的、愧疚的、富有同情心的，决心解决中毒事件并保护公众。为此，强生公司采取了以下行动：

①成立由公司首席执行官吉姆·伯克(Jim Burke)为首的七人委员会，会员中有一名负责公关的副总经理；

②在数天内撤回了市场上所有的泰莱诺尔胶囊；

③对800万瓶泰莱诺尔胶囊进行试验，查看其是否还受过其他污染；

④电告全国的医院、医生和销售商，提请他们注意；

⑤在药物中毒事件发生后的数天里，坦诚、圆满地答复了从新闻界打来的2 000多个询问电话；

⑥停止报刊广告，尽可能地撤掉广播电视中所出现的泰莱诺尔用品广告；

⑦敞开公司大门，积极配合美国公众和医药管理局的调查，并向公众公布检查结果。

面对公众和新闻界，公司公关部坦率地面对公众，承认生产过程中使用过氰化物，反驳了消费部负责人对此的否认，令社会公众相信该公司是光明磊落的，他们在竭力做到：让人们了解问题只是出现在国内的一个地区，而且只是少数的药瓶受到污染。

(2)危机解决：通过详细调查及医学界的权威人士证实，表明7名中毒者的死亡，并非泰莱诺尔止痛药所致，而是一名疯子将氰化物倒入瓶内造成的；另外250人的生病或死亡与泰莱诺尔药物并无关系。

(3)危机后重振：为了消除人们的疑虑，强生公司决定提出更加坚固的三层密包装的新型泰莱诺尔止痛胶囊。三个星期后，公司便把这种抗污染包装的泰莱诺尔重新推上市场，配合优惠赠销的攻势，让公众再次接受这种新产品。他们走访了上百万人次的医务人员，不惜花费5 000万美元向消费者赠送这种重新包装的药品，求得他们对泰莱诺尔的支持。为了使强生公司以一个曾经失败、后来又重新站立起来的企业形象出现在广大公众面前以博得同情与信赖，他们采取了广泛的公关活动，他们的广告语更是使人感到谦虚谨慎：我们正从悲剧中接受教训、卷土重来，因此，我们不能骑在大象身上吹吹打打，宣布我们的到来。

1982年11月1日，强生公司召开了规模盛大的电视记者招待会，有30个城市电视台参加，通过卫星向全国播送实况。会上，面对500多名记者的提问，强生公司播放了新式包装药的录像，招待会获得了巨大成功。美国各大电台、电视台、报纸都作了报道，强生公司的这些做法得到了社会各界的赞赏。

一年以后，强生公司产品重新获得了广大社会公众的信任，泰莱诺尔止痛胶囊又重新占有了95%的市场份额，而且由于强生公司首开抗污染日用品包装的先例，各大公司纷纷效仿。就这样，强生联营公司彻底摆脱了危机，走出了困境。

对于像强生这样巨大的公司能在短时间内迅速返回市场，许多人认为是一个奇迹，尤其是公司管理者在遭受品牌危机时所表现出的镇定自若，被企业界和新闻界传为佳话。《华尔街日报》发表了以《迅速复员，"泰莱诺尔"重新赢得市场上的率先地位，使厄运断言者们惊诧不已》为题的文章，《时代周刊》于1983年10月17日发表了题为《泰莱诺尔神奇般地重返市场》的文章等，这些都成为泰莱诺尔重获新生的标志。

统计

危机期间，强生公司作了2 500多家媒体咨询和125 000份相关主题的剪报，花费50万美元通知医生、医院、经销商停止使用其旧包装的止痛胶囊，检验了大约800万片药片，仅发现75片含有氰化物(这些全部来自芝加哥的同一组样本)。据报道，强生公司检验和销毁了2 200万瓶泰莱诺尔，其成本超过了1亿(全部危机管理成本为5亿美元)。由于清理和检查存货导致强生公司对乙酰氨基酚药市场份额急剧下降，公众信心受挫和市场份额丢失，侵蚀了强生大约20%(19亿美元)的股票价值。

评述

由上文可以看出，强生公司得以摆脱"泰莱诺尔"危机的原因是多方面的，以下是强生公司在成功处理泰莱诺尔事件中的几处明智之举：

第一，由于没有完整的危机预案，其制胜的关键点在于强生公司的快速反应。当中毒事件发生后，它迅速地拟订了周全的危机处理及重振计划：首先控制事态的恶化，弄清事件真相和原因，并估计该事件所造成的破坏；然后采取措施抑制破坏趋势重新赢得市场。

第二，强生公司在危机之前已经具备了良好的公众形象以及较高的品牌忠诚度。它有着长期向人们提供有益于身体健康的保健药品和服务的成功历史；有一个为公众广为了解、为公司管理人员和一般员工普遍信奉的"企业行为准则"；同时，该公司与其员工、社区、股东、消费者、政府机构等公众维系着坦诚、友好的关系，公司管理有着很好的透明度。

第三，强生公司在整个危机处理过程中，始终把消费者的安全、利益置于首位，不顾巨额损失回收药品，主动提醒医院、医生等慎用其产品，果断地中止了泰莱诺尔的广告，从而使消费者相信强生是一个愿意负责任的企业，也再次证明了它对消费者的关心以及它对道德标准的坚持。

第四，强生公司在危机爆发后，一方面主动取得与新闻媒体通力合作的机会，充分尊重新闻界，主动提供信息；另一方面，广泛利用自己的社会地位和影响力，尽力争取到了许多社会机构的支持，开展高透明度的宣传活动，从而避免了孤军作战所带来的弱势，基本上控制了危机信息的传递。透过多渠道的宣传，强生公司一再表明其妥善解决、彻底调查危机的立场，从而赢得了消费者和新闻界的谅解，为查明危机真相、圆满平息危机扫除了来自外界的阻力。

第五，通过详细调查及权威人士证实宣布危机真相，一方面体现了强生公司对危机追查到底的诚意和能力；另一方面使消费者消除对其泰莱诺尔止痛胶囊的疑虑。

第六，在危机处理告一段落后，强生公司一方面紧锣密鼓地开始其重建品牌形象的一系列包括抗污染包装改革、播放新式药品包装实况、争取公众的同情及信赖等有效措施，从而彻底消除了消费者的疑虑，品牌迅速复员；另一方面，及时总结公司在此次危机中的经验教训。例如，强生公司的首席执行官吉姆·伯克在事后的总结中提到两点处理泰莱诺尔事件的经验："如果你经营的是一个面向大众的公司，你就不能无视公众的存在"；"机构的信誉比大多数人所认识到的要重要得多，起作用的词是信誉……当你迫切需要人们相信你的时候，人们能否相信你，取决于在危机前的多年间你的公司在公众心中建立起来的信任度"。

总之，当企业遇到各种各样甚至是毁灭性的品牌危机时，积极地开展品牌危机管理是摆脱危机的有力武器，而最好的危机管理总是与本企业正确的经营理念以及对公众利益认真负责的精神联系在一起，"泰莱诺尔"药物中毒事件就充分证明了这点。

案例讨论题：

你认为强生公司处理该事件最成功的措施是哪些？

参考文献

[1]芮明杰等.中国竞争力报告[M].上海:上海人民出版社,2004.

[2]丁燕涛.品牌经营的时代来了[N].中国知识产权报,2002-5-31.

[3]Gardner B.,Levy J. The Product and Brand[J]. Harvard Business Review,1955(3—4):33-39.

[4]Low,George S. and Ronald A. Fullerton. Brands,Brand Management,and the Brand Management System:A Critical-Historical Evaluation[J]. Journal of Marketing Research,1994.

[5](美)菲利普·科特勒.营销管理[M].中国人民大学出版社,2001.

[6]泰雷斯·E.笛尔,爱伦·A.肯尼迪.企业文化:现代企业的精神支柱[M].上海:上海科技文献出版社,1989.

[7]辞海[M].上海辞书出版社,1979.

[8]刘光明.企业文化[M].北京:经济管理出版社,2001.

[9]威廉·大内.Z理论:美国企业界如何迎接日本的挑战[M].北京:中国社科院出版社,1984.

[10]理查德·帕斯卡尔,安东尼·阿索斯.日本企业管理艺术[M].北京:中国科学技术翻译出版社,1984.

[11]托马斯·J.彼得斯,小罗伯特·H.沃特曼.成功之路[M].北京:中国对外翻译出版公司,1985:6.

[12]Edgar H. Schein. Organizational Culture and Leadership[M]. Jossey-Bass,Inc. Publishers,1985.

[13]Allan Williams,Paul Dobson and Mike Walters. Changing Culture[M]. Institute of Personnel Management,1989.

[14]Lee Roy Beach. Making the Right Decision:Organizational Culture,Vision,and Planning[M]. Prentice Hall,1993.

[15]Jacalyn Sherriton,James L. Stern. Corporate Culture,Team Culture:Removing the Hidden Barriers to Team Success[M]. Corporate Management Developers,1997.

[16]约翰·科特,詹姆斯·赫斯克特.企业文化与经营绩效[M].北京:华夏出版社,1997.

[17]Charles W. C. Hill,Gareth R. Jones. Strategic Management[M]. Houghton

Mifflin Company,2001.

[18]迈克尔·茨威尔.创造基于能力的企业文化[M].北京:华夏出版社,2002.

[19]杰斯帕·昆德.企业精神[M].昆明:云南大学出版社,2002.

[20]Burleigh B Gardner,Sidney J levy. The Product and Brand[J]. Harvard Business Reciew,1955:3-4.

[21]Judi Lannon,Peter Cooper. Humanistic Advertising,A Holistic Cultural Perspective[J]. International Journal of Advertising,1994(2).

[22]J Lannon. Mosaics of Meaning:Anthropology and Marketting[J]. The Journal of Brand Management,1994(3).

[23]J Lambin. Strategic[M]. London:McGraw Hill,1993.

[24]让·诺尔·卡菲勒.战略性品牌管理[M].北京:商务印书馆,2000.

[25]Marc Gobe. Emotional Branding[M]. New York,Allworth Press,2001.

[26]Leslie de Chernatong. From Brand Vision to Brand Evaluation[M]. Batterworth Heinemann,2001.

[27](美)达里尔·特拉维斯.品牌情感[M].唐菁,等,译.北京:新华出版社,2002.

[28](美)斯科特·戴维斯.品牌资产管理[M].刘莹,等,译.北京:中国财政经济出版社,2006.

[29]年小山.品牌学[M].北京:清华大学出版社,2003.

[30]周朝琦,侯文论,等.品牌文化——商品文化意蕴、哲学理念与表现[M].北京:经济管理出版社,2002.

[31]Barwise. Brand equity:Snark or Boojum? [J]. International Journal of Research Marketing,1992(10):93-104.

[32]韦福祥.品牌战略研究[M].兰州:甘肃文化出版社,2000.

[33]David Allen. Creating Value:The Financial Management of Brands[M]. London:The Charted Institute of Management Accounts. 1968.

[34]Keller K. Strategic Brand Management[M]. Prentice Hall,1998.

[35]范秀成.品牌权益评估方法[J].南开管理评论,2000(1).

[36]Cobb Walgren&Ruble&Donthu. Brand equity,brandpreference,and purchase intent[J]. Journal of Advertising,1995,24(3):25-40.

[37]Aaker D. Building Strong Brands[M]. The Free Press,1996.

[38]屈云波.品牌营销[M].企业管理出版社,1996.

[39]韩光军.品牌策划[M].经济管理出版社,1997.

[40]计 建,陈小平.品牌忠诚度行为——情感模型初探[J].外国经济与管理,1999(1).

[41]Thomas O. Jones,W. Earl Sasser,Jr.. Why Satisfied Customers Defect[J]. Harvard Business Review,1995,Novermber-December:88-99.

[42]Cartwright,R.掌握顾客关系[M].涂颀,等,译.广西:广西师范大学出版社,2001.

[43]F. Reichheld. 忠诚的价值[M]. 常玉田，译. 北京：华夏出版社，2001.

[44]Philip Kotler. Marketing Management[M]. 10th ed. Prentice Hall Inc，2000.

[45]詹姆斯·赫斯克特，厄尔·萨塞. 服务利润链[M]. 北京：华夏出版社，2001.

[46]Frederick F. Reichheld，Thomasteal. The Loyalty Effect[M]. Harvard Business School Pre，1996.

[47]万正峰，刘云华. 西方的顾客忠诚研究及实践启示[J]. 当代财经，2003(2)：89-92.

[48] Henry. Assael. Consumer Behavior and Marketing Action [M]. 6th Edition. South Western College Publishing，1993.

[49](美)菲利普·科特勒. 营销管理[M]. 亚洲版. 中国人民大学出版社，1997.

[50]张维迎，柯荣住. 信任及其解释：来自中国的跨省调查分析[J]. 经济研究，2002(10).

[51]范秀成. 基于顾客的品牌权益测评：品牌联想结构分析法[J]. 南开管理评论，2000(6).

[52]Dacin，P. A. and D. C. Smith. The Effects of Brand Portfolio Characteristics on Consumer Evaluations of Brand Extensions[J]. Journal of Marketing Research 1994(3)：1149-1158.

[53]Smith，Robert E. and William Swinyard. Attitude Behavior Consistency：The Impact of Product Trial versus Advertising[J]. Journal of Marketing Research，1983，20：257-267.

[54]符国群. Interbreed 品牌评估方法评介[J]. 外国经济与管理，1999(11)：37-41.

[55]俞满娇. 品牌资本是一个有用的工具吗？[J]. 南开管理评论，2001(1)：78-80.

[56]Blackston，M. Observations：Building Equity by Managing the Brand's Relationships[J]. Journal of Adverstising Research，1992(5/6)：101-105.

[57]Fournier，s. Consumer and Their Brands：Developing Relationship Theory in Consumer Research[J]. Journal of Consumer Research，1998(3)：343-373.

[58]Aaker，J. ，Fournier，S. &Brasel，S. Charting the Development of Consumer-Brand Relationship[R]. Research Paper Series. Graduate School of Business Stanford University，2001(11)：6-18.

[59](美)汤姆·邓肯，桑德拉·莫里亚蒂. 品牌至尊——利用整合营销创造终极价值[M]. 廖宜怡，译. 北京：华夏出版社，2000 年.

[60](加)Barnes，J G. 客户关系管理成功奥秘——感知客户[M]. 刘祥亚，郭奔宇，王耿，译. 北京：机械工业出版社，2002.

[61]卢泰宏. 品牌资产的评估模型与方法[J]. 中山大学学报(社会科学版)，2002(3)：33-36.

[62]卢泰宏，周志民. 基于品牌关系的品牌理论：研究模型及展望[J]. 商业经济与管理，2003(2)：1-5.

[63]张平淡，韩伯棠，徐会奇. 顾客资产及其评估[J]. 市场营销，2001(10)：28-30.

[64](美)Rust,R T,Zeithaml,V A & Lemon,K N. 驾驭顾客资产[M]. 张平淡译. 北京:企业管理出版社,2001.

[65]Blackston,M. Observations: building equity by managing the brand's relationships[J]. Journal of Advertising Research,1992,32(5/ 6):101-105.

[66]Fournier,S. Consumer and their brands: developing relationship theory in consumer research[J]. Journal of Consumer Research,1998,24(3):343-373.

[67]刘启明. 品牌价值的检测[J]. 企业研究,2001(7):19-21.

[68]乐国安. 当前中国人际关系研究[M]. 天津:南开大学出版社,2002.

[69]Christpher H. Lovelock. Services Marketing[M]. 3th Edition. Prentice Hall, 1996.

[70]李广修. 如何维系老顾客[J]. 企业管理,2000(2):37-38.

[71]Bob Hartley,Michael W. Starkey. 销售管理与客户关系[M]. 张永,等,译. 北京:机械工业出版社,2002.

[72]李庆华. 基于顾客价值创新的企业战略定位研究[D]. 浙江大学,2001.

[73]Aaker,D. A. & Keller,K. L.. Consumer Evaluation and Brand Extension[J]. Journal of Marketing Research,1990(54).

[74]Keller,K. L. & Aaker,D. A.. The Effect of Sequential Introduction of Brand Extensions[J]. Journal of Marketing Research,1992(29).

[75]Aaker,David A. and Kevin L. Keller. Consumer Evaluations of Brand Extension [J]. Journal of Marketing,1990,54(1):27-41.

[76]Sunde. L. And R. J. Brodie. Consumer Evaluations of Brand Extensions: Futher Empirical Evidence[J]. International Journal of Research in Marketing,1993(10):47-53.

[77]Bottomley,P. A. and J. R. Doyle. The Fomation of Attitudes towards Brand Extensions: Testing and Generalizing Aaker and Keller's Mode[J]. International Journal of Research in Marketing,1996(13):365-377.

[78]Keller K. L. and D. Aaker. the Effects of Sequential Introduction of Brand Extensions[J]. Journal of Marketing Research,1992 24(2),35-50.

[79]Tauber,E. M.. Brand Leverage: Strategy for Growth in a Cost—control World [J]. Journal of Advertising Research,1988(8/9):26-33.

[80]Boush,D. M. And B. Loken. A Process-tracing Study of Brand Extension Evaluation[J]. Journal of Marketing Research. 1991,28(2):16-28.

[81]Broniarczyk,M. Susan and J. W. Alba. The Importance of the Brand in Brand Extension[J]. Journal of Marketing Research,1994,31(5):214-228.

[82]张声雄. 21 世纪管理新理论:学习型组织管理[J]. 哈尔滨市委党校学报,2002 (2):69-72.

[83]Lane V,Jacobson R. Stock market reactions to brand extension announcements :the effects of brand attitudeand familiarity[J]. Journal of Marketing,1995,59(1):63-77.

[84]Wilson L O,Norton J A. Optimal entry timing for a product line extension[J]. Marketing Science,1989,8(1):1-17.

[85]Sullivan M W. Measuring image spillovers in umbrellar branded products [J]. Journal of Business,1990,63(3):309-329.

[86]Lane V,Jacobson R. Stock market reactions to brand extension announcements:the effects of brand attitude and familiarity[J]. Journal of Marketing,1995,59(1):63-77.

[87]Aaker D.,等. 品牌管理[M]. 北京:中国人民大学出版社,哈佛商学院出版社,2001.

[88]Tauber E M. Brand franchise extensions: new product benefit from existing brand name[J]. Business Horizions,1988,24(2):36-41.

[89]DeGraba P,Sullivan M W. Spillover effects,cost savings,R &D and the use of brand extensions[J]. International Journal of Industrial Organization,1995,13:229-248.

[90]David Aaker and Kevin Keller. Consumer's Evaluations of Brand Extension[J]. Jounal of Marketing,1990,54(1):27-41.

[91]符国群,约翰·桑德斯. 中、美、新三国消费者对品牌延伸的评价[J]. 经济评论,1995(5).

[92]卢冰. 企业品牌危机管理研究[D]. 厦门:厦门大学,2002.